韶华若素

张 华/著

中国财富出版社有限公司

图书在版编目（CIP）数据

韶华若素 / 张华著. — 北京：中国财富出版社有限公司，2021.11
ISBN 978-7-5047-7596-2

Ⅰ.①韶… Ⅱ.①张… Ⅲ.①张华—自传 Ⅳ.①K825.46

中国版本图书馆 CIP 数据核字（2021）第 249109 号

| 策划编辑 | 郭 玥 | 责任编辑 | 张红燕 郭 玥 | 版权编辑 | 李 洋 |
| 责任印制 | 尚立业 | 责任校队 | 张营营 | 责任编辑 | 杨恩磊 |

出版发行	中国财富出版社有限公司		
社　　址	北京市丰台区南四环西路 188 号 5 区 20 楼	邮政编码	100070
电　　话	010-52227588 转 2098（发行部）	010-52227588 转 321（总编室）
	010-52227566（24 小时读者服务）	010-52227588 转 305（质检部）
网　　址	http://www.cfpress.com.cn	排　　版	北京贝壳互联科技文化有限公司
经　　销	新华书店	印　　刷	天津雅泽印刷有限公司
书　　号	ISBN 978-7-5047-7596-2/K·0238		
开　　本	710mm×1000mm　1/16	版　　次	2022 年 9 月第 1 版
印　　张	16.75	印　　次	2022 年 9 月第 1 次印刷
字　　数	266 千字	定　　价	72.00 元

韶华舞流年　真情做教研

贾　玲

　　张华老师的著作《韶华若素》就要出版了，可喜可贺！这是一本带有自传性质的书，叙事真实，真情流露，十分感人！

　　这本书分为6章，共60个小节，每小节记叙一两个小故事，以时间为节点、事件为主线，讲述了她从童年到耳顺之年的成长经历、感悟，以及她为人、为师的故事。其中，童年时，多写生活中的趣事、学习中的成长，以及对小玩伴爱的萌发；青春期，写她学工、学农、学军的难忘生活；青年时，记录了她上山下乡、初入社会接受再教育的知青经历，以及参加高考、走进校园、在校学习与对社会、爱情的思考和认识。值得一提的是张华老师在书中真实地呈现了自己的初恋、对美好情感的追求，让我们看到了人性之美。

　　书中还写了她因年龄增长而不断加深的生活感悟，她的教师生涯和工作境遇，她在生活、工作中的责任与担当，她的"语文人生"，以及她对生存、生活、人生的认识，对生命的尊重和对信念的坚守等。总之，她用讲故事的叙事方式，采用日记、书信、诗歌等不同形式，将她的心路历程一一呈现，真诚自然，一如她的为人。

　　源于教研工作，我与张华老师认识也近二十年了。她对生活的热爱和对工作的热情，给我留下了深刻的印象。基层的教研工作无疑是繁杂的，但每每在工作场合见到她，从不见她有丝毫的烦躁和倦怠，她总是神采奕奕、妆容得体、大方雅致，很有亲和力。她总是以饱满的热情投入工作——听课调研、教学指导、研究教法、听课评课、课题研究、教师培训等。作为一名语文教研员，她不仅给大家讲教师阅读与写作的重要性，更愿意将自己对教育生活的感悟，以及教师职业的幸福感讲给年轻教师，引导他们走上专业发展之路。

　　现在，张华老师已经退休了，但她退而不休，发挥余热，继续为教育教研工作、为青年教师的成长而忙碌着。正如她所说："无他求，就是热爱！"我想，这就是一位教育人的情怀吧。

　　唯有真情写人生，唯有真心做教研，唯有真诚做教育！

　　在这里，我真诚地祝福张华老师韶华永驻！也祝福所有的教育人真情永远！

2020年5月4日

　　（贾玲，西安市教育科学研究院副院长，语文特级教师，陕西师范大学硕士生导师，西安市人民政府首届特聘督学）

落笔流年首回望，历尽沧桑独自量

张　华

　　热爱可抵岁月漫长。经过近两年的时间，《韶华若素》终于将要出版了。更换书名、删减内容、调整结构、打磨文字……几经修改的不易情景至今历历在目。成事难，成书亦难。难得能化难为易，化繁为简。简单地做人，简单地做事，简单地写作，简单地出书，以简单的方式讲述我简单的人生故事。简单到唯微笑面对生活，唯真情书写人生。

　　阅读与写作是我人生的两大爱好，出书更是我一直以来的愿望。

　　一是源于生活。还未上小学的时候，我就给在湘西参与剿匪的爸爸写信，不会写字就用符号和简单笔画代替。比如：表达家里很好，我就画房子和鸡、鸭、猪。想要爸爸给我带回来甘蔗，我就画一根长棍和三个节间。爸爸之前带甘蔗回家，是把它当作扁担挑行李的，在我的记忆里，甘蔗的味道好甜。想让爸爸带元宵回来，那就更简单了，画一个圆圈爸爸就能知道了。信写好后，让妈妈塞进信封找人邮寄。小小年纪的我就知道用书信的方式表达自己的心愿，画着画着，我学会了写信、写日记。小学至大学期间，我的作文一直很出色，经常被老师当作范文在班上读。工作以后，我的教学计划总结、科研报告、论文设计、教育案例，以及演讲稿件等都有特点。成家后，我依然勤于写作，我有写日记的习惯，似水流年在我的日记中清晰可见。可以说，从小到大，到老，我一直喜欢写作。

喜欢写作，源于父亲对我的影响，写书、出书，源于父亲在世时未完成的心愿。我的父亲，辽宁庄河人，大专学历，毕业于位于长春的空军医学院，一辈子从事临床医学工作。他曾经参加过抗日战争、解放战争、抗美援朝、湘西剿匪等。二十几岁就荣立特等功一次。父亲一生治病救人，人们亲切地称他为张医生。父亲天生勤奋，做事认真。五十多年的从医生涯，使他养成了勤于学习、善于总结的习惯。他根据自己的临床经验与实践经历，撰写了近百万字的医学案例分析。他在世的时候，一直想整理出版，但终抵不过年事已高，力不从心，出书的心愿没有实现。他留下四门书柜的医学书籍和近百万字的医学案例分析，是他从医五十多年的宝贵财富。他把一生都献给了医疗事业。身为医生，他还酷爱文学，特别是诗歌。家中书柜里那一本本诗集，都是他精心挑选买回来的。他不仅教育儿女要博览群书，诵读诗文，还利用闲暇时间与我们对诗、赏析，教我们背诵诗词曲赋，让我们从小就受到文学的熏陶。他的身体力行、以身作则对我们的影响是潜移默化的。他希望儿女也能像他一样勤于读书，善于写作，甚至希望我们能写书、出书。我写日记的习惯就是受父亲的影响，这次出书也是为实现父亲的一个心愿。他去世后，留给我们最为丰厚的遗产就是他的书籍和手稿，我准备将这些书籍和手稿藏于我的草堂新家。整理时，我偶然发现了一个信封，里面装着钱和纸条，纸条上写着："用于藏书与手稿。"看到这张纸条，我被父亲的良苦用心感动了，跪下身去对着他的遗像哭得稀里哗啦……我深深感受到父亲对书的热爱，对出书的渴望，对我的期望。我再次坚定了要写书、出书的信念，以实现父亲未完成的心愿。从父亲无言的爱中，我读出的是"知识改变命运""知识是力量的源泉"。

我出生在辽宁省沈阳市，又在庄河、大连、吉林等不同城市生活了15年，血脉中流淌着东北人的率真、质朴；又在西北地区生活了45年，骨子里铭刻着西北人的豪放、义气。庄河的河，大连的海，吉林的江，这一河一海一江的水，赋予了我性格中的柔情、耐力和坦荡，让我具有了水之韵；庄河家乡的馒头山、步云山，吉林的长白山，西安的秦岭，这些有形有色的山，塑造了我性格中的且挺且直，山的内涵与包容滋养了我，让我具有了山之律。东北的黑土地，西北的黄土坡，给了我生命的底蕴；塞北的雪，西北的风，又给了我生活的气息。父亲是我今生最爱的人，他不但生我养我，更在我因煤气中毒处于死亡边缘时，想方设法救治我，在我人生路遇不顺时鼓励我。父亲给予了我生命，父亲造就了今天的我，父亲是我一生的贵人。

二是源于工作。我是教师，也是教研员，教师的专业成长、职业技能、教材教法，甚至师德师风等培训都是我日常的工作。培训中，每每讲到教师的阅读与写作时，老师们更是喜欢听我对教师生活，以及职业幸福感的讲述，当我结合自己的经历娓娓道来时，会场一片静寂，老师们沉醉于我的故事之中。他们会问："张老师，有书吗？不论是您的专业书，还是写您个人生活的书，我们都喜欢。"我回答说："会有的。"还有的老师说："我们因喜欢您，而喜欢您的书、您的报告；也会因为喜欢您的书、您的报告，而更喜欢您。"培训一场，被老师们感动一场，我暗暗将感动化为心动，落实为行动。老师们喜欢听我的专业报告，喜欢听我结合个人经历讲述教师的职业幸福感，实际上这表现出当今社会教师群体对真、善、美的追求，对美好生活和职业幸福感的憧憬。我的家人朋友，我的同学同事，我的师者长辈，他们都希望我能分享对生存、生活、人生、生命的思考和对真、善、美执着追求的故事。可以说，年幼时对生活的希望，青春期对爱情的渴望，中年时对被认可的期望，到老年时，从未停息过的对读书及写作的热爱是我写作的动力。

三是源于内心的愿望。父亲的心愿、工作的需要、老师们的诉求、亲朋好友的期待，还有我个人崇尚自然，对人生真、善、美的追求，这一切都唤起我写作的激情。

撰写前先确定文体，是小说还是自传？最终我决定以自传的形式呈现，自传更具有真实性，真人真事真情境，"唯真情打动人心"。意在明示读者，普通人也可以写自传，普通人的生活也可以是精彩的。再是内容的选择，经年尘事，流年轻叩。岁月不待，流连过往。世事沧桑，初心不忘。书真善美，倡和为贵。最后是框架结构，时间暗线，事件明线。心路历程，一一铺展。从当年师范校园里写的360多篇日记中，曾经发出和未发出的近百封书信底稿中，几百首诗中，还有历历在目、隐藏心底的往事之中选取写作素材，从我阅读过的《读者》杂志（从1981年创刊至今我一直订阅）上不计其数的文章中，从我读过的获得茅盾文学奖的作品和外国文学名著中寻找灵感。在父亲的引导下，我朗诵过、背过大量古今中外的诗歌，特别是唐诗宋词，还有普希金、雪莱、莱蒙托夫等作家的抒情诗。勤于读，善于记，厚积薄发，我的写作一气呵成，从2018年9月开始动笔，于2019年9月完成了初稿。因为没有出版经验，所以，书写好后才着手出版的事，一来二去的，忙完家事，2020年的春节到了，又赶上了新冠肺炎疫情的非常时期，所以出版事宜一直被搁置至今。

写作过程中，得到了来自不同群体众多贤者的关注与关心。特别要提到的是书中的三个主要人物——李明、康福德、丈夫程和阳。李明通过电话、信息，帮我回忆一起经历过的童年趣事。康福德为我提供写作素材，并为书稿提建议、动笔改。"落笔流年首回望，历尽沧桑独自量"中的"历"原为"阅"，哪个更好呢？他告诉我说："据传有人曾经把乾隆诗句中的'阅千年沧桑'提笔改为'历千年沧桑'，有气魄，给人以'从远古走来'的气势，一字之别，天壤之差。"是啊，"历"相对于"阅"的轻浅、主观，语意更厚重，沧桑感、画面感更强，也更客观、自然一些。他字斟句酌，为我坚持写作助力良多。丈夫程和阳说："你青春期的经历是你个人的隐私与往事，我尊重你。结婚后，我们风雨同行，我了解你也理解你。"两句话，使我深知什么是夫妻间真正的包容、理解、懂得与尊重。这份理解与支持不是言于嘴，而是践于行。为了让我有更多的时间能静下心来投入写作，他主动承担起一些家务，以自己的行动支持我。他是一个书法爱好者，也是陕西楷书研究会和草堂书画研究会的会员，主动为本书题写书名。

在此，我再次感叹：感谢与李明的相遇，感动于康福德的相助，感恩丈夫程和阳的相知、相守，感激众多贤者的支持，特别感恩父亲对我一生的影响。我今生为师为友，为妻为母，为同学为同事，一路走来风景无限，有你们的陪伴我幸福无限。

谨以"落笔流年首回望，历尽沧桑独自量"作为这本书的自序，向正在阅读的你分享我的平凡与精彩，以示我对你的敬意。我想你读这本书不仅仅是在阅读书中的文字，阅读书中的故事，更是在阅读我这个人。感谢阅读！感恩相遇！

且以一首词《蝶恋花·心路》，开始我的故事吧。

蝶恋花·心路

落笔流年首回望。历尽沧桑，尘事独自量。
追逝水忆江城岸，逐行云思古城墙。

红尘陌上梦里恋。月下醒酒，诗里字漫淌。
余生缱绻淡墨朗，奈何韶华情痴狂。

2020年4月

目录

第三章 红尘陌上梦里恋

第四章　月下醒酒，诗里字漫淌

第五章　余生缱绻淡墨朗

第六章　奈何韶华情痴狂

第一章

逝水忆江城岸

01　初识爱师——夏复新

　　20世纪70年代初，我们跟随父辈们又一次"南征北战"，由大连金县（今大连市金州区）这个海滨小城去往被称为"北国江城""雾凇之都"的位于松花江边的吉林市。

　　一列绿皮火车载着空军某部队留守处的工作人员、家属在东北的黑土地上昼夜穿梭。那些装在闷罐车厢里的家什儿被包裹得严严实实的，立在车厢内。客车厢里，年龄稍大的人躺在硬卧上哼着小调，年轻的父母们坐在硬座上山南海北地聊着天，孩子们在车厢过道里相互打趣嬉闹着。白日的客车厢里一片欢声笑语，没有谁去顾及车窗外的景，车厢里的人们都沉浸在对未来生活住地的向往中。

　　列车一刻不停地行驶在空旷的原野上，此时的我隔着玻璃窗能看到西边的落日，圆圆的、红红的，那一刻天边被火烧似的，霞光满天，晚霞映红了大地，也为道旁的树和建筑物镀上了一层绚烂的色彩。转眼，夜幕降临了，车厢内也安静下来了，所有的人都进入了梦乡。黎明到来了，朝霞满天，那圆圆的、红红的太阳从东边地平线上升起，挂在天边闪耀着，霞光映照在车厢内孩子们的脸上。随着列车的奔驰，霞光不停地变换角度，像一个调皮的孩子在车窗周围跳来跳去。不知不觉中列车到站了——吉林省吉林市。

　　吉林市是中国唯一一个和所属省份同名的城市，也是吉林省的第二大城市。吉林市有雾凇之都、国家历史文化名城、中国书法城等美誉。

　　吉林省因吉林市而得名，吉林市满语称"吉林乌拉"，意为"沿江的城池"；因康熙皇帝东巡吉林所作《松花江放船歌》有"连樯接舰屯江城"之句，故吉林市又被称为"江城""北国江城"。我在吉林市生活了五年，在那里，有我喜欢的同学，有我敬爱的老师，有我少年时的无限乐趣，也有我喜欢的长白山、松花江。吉林的山水养育过我，我把那里视为我的第二故乡。

列车到站了，家长们领着孩子们下了车，站台上熙熙攘攘，一片繁忙景象。货物被吊上卡车，所有人都乘专车，卡车和专车一同驶向了位于吉林市江南岸的空军某航空学校——我们的新住地。

空军某航空学校，一个训练专业飞行员的院校。下了车，一排排苏式高楼矗立在我们眼前，院子里各式各样、大大小小训练飞行员的专业器械，吸引着孩子们的眼球，有的男孩子已经跑过去，在训练器械上伸胳膊踢腿了，我们女孩子却不敢上去试试身手，就围着这些训练器械好奇地看着。

那是1971年的春天，我们这些孩子正是上学的年龄。家安顿好了，我们也要上学了。当时由一位王阿姨出面联系，几个一同来的孩子，全部就读于吉林市船营区第二十四小学。记得我与同院的一个女生焦华和一个男生李明同时被分到了三年级（2）班，我与李明成了同桌。我从此与他"三同"：同院、同班、同桌。

最初入班时，记得我们的班主任并未到位，是由年级组长李老师代班的。大约过了半个月，我们的班主任夏复新老师才接任。夏复新，多有学问的名字呀，夏天是孕育生命的季节，有了夏的孕育才会有春的新生、秋的果实。第一次见夏老师，她一副高挑的身材很匀称，一头齐耳的短发更显青春活力，一张漂亮的面孔流露出亲切和善的神情，一双杏核眼闪着智慧的光芒。年级组长李老师介绍完后，夏老师便用很柔和的语气、很标准的普通话对我们说："同学们，你们好！今后我就是你们的班主任了，将和你们一起学习和成长。"话音刚落，全班四十多个学生齐鼓掌，欢迎夏老师的到来。我和李明不约而同地说："美丽漂亮的夏老师这么年轻呀！"说完后，我俩扮起鬼脸、伸出舌头相视着，得意着。

我们都喜欢夏老师，经常去找老师，并且爱在老师面前表现一番。夏老师对我们这些说大不大、说小不小的孩子也特别喜欢，经常在放学以后，把我们带到她家的院子里玩耍，有时候还会让我们在她家吃饭。临走时，夏老师的先生于老师还会从自家地里拔出新鲜的生菜，让我们带回家吃。夏老师把我们当作她的孩子看待，我们也享受着夏老师给予我们的母亲般的爱。生活上，夏老师万般照顾我们；课堂上，不论是讲语文、教算术，她都会用很多方法，开启了我们学习知识的大门。记得三年级第二学期期末考试，我的语文、算术成绩都是100分，特别是语文卷子，连个标点符号的错误都没有。其他班级老师不服气，拿着我的试卷拉网式地找错处，最终，五位老师不仅没有找出一处错误，还夸我卷面上的字写得工整、漂亮，老师们为我的认真细致而惊讶。其实，我那时转入这个班也就半个学期，夏老师也因为我而感到自豪。48年后，我与夏老师、李明回忆当年这件事时，夏老师还夸奖我了。

放假前，夏老师对我们班上的情况全面了解后，就带领全班同学选定我为班长，李明为学习委员。宣布完毕，我和李明又不约而同地扮起鬼脸、伸出舌头相视一笑，我们又一次流露出得意的神情。只是这次我更得意些，因为我是班长，是可以管学习委员的。

接任班长后，我认真负责，在班上逐步树立了"威信"，大家也支持我的"工作"，但有时我也会犯点儿小错误。

02　欺同桌软

记忆深刻的是，我不止一次地欺负同桌李明。那时我俩的桌子中间有一道刻画的"三八线"，不管他的胳膊肘超没超过"三八线"，只要我们的胳膊相碰，我都会用力将他的胳膊顶回去，还用眼睛瞪着他，嘴上不停地说："超线了，超线了！"每到这时，李明就会很快地将胳膊收回去，眼睛里流露出无奈的神情，无助的他从不反驳我，其实有好几次是我"越线"了。我坐在他的左边，写作业时握笔的手慢慢向右移动常会碰到他的左胳膊，但我仗着自己是班长，有些趾高气扬，即使错了也把责任推到他身上。

还有一次，不知为什么一个坏主意在我脑中一闪，我趁他收作业本的空当，把他放在桌子上，正好还是翻开的、写完了的语文作业，用橡皮很麻利地全部擦去，然后将本子合上，坐在座位上跟没事儿人似的。没一会儿，他收得差不多了，就回到座位上顺手把他的本子和我的本子一起拿走了，我看着他抱着一摞本子去了夏老师办公室。第二天，夏老师发现了被我擦过的作业本上的痕迹，就把我俩叫到办公室，问我怎么回事。我当着李明的面就是没有承认是我擦的，可是夏老师也没有再问其他同学。这件事虽然就这么过去了，但被我欺负的李明心里很是委屈，借着收发作业本的机会，他总是在夏老师面前转来转去的，仿佛在说："夏老师，班长张华又欺负我了。"其实夏老师早有察觉，后来就把我俩调开坐了，把他调到我的后面与另一个姓程的男生成了同桌。

从此，我就再也没有机会欺负他了。虽然不再是同桌，但我们依然一起上学，一起放学，那时也没有约定，但我们总会在楼下的什么地方相遇，然后他就会跟前跟后地保护我。下午放学，有时我们会分别打扫卫生。每次轮到我打扫卫生，特别是扫地、擦桌子、摆放凳子时，他都会帮我做这些事，结束后，我们一前一后地走回家。

03　怕同学硬

有一次，李明的同桌程同学将我两条半米多长的大辫子辫尾部绑到椅子靠背上了。李明看到后一边制止程同学的不良行为，一边用尺子敲打我的后背，告诉我辫子被绑了，不要站起来。自习课，老师没在班上，怎么办呢？我因为无法起身，只得干巴巴坐在椅子上，气得满脸通红。正在我尴尬窘迫的时候，突然觉得头发不那么紧绷了，原来是李明把两条绑在椅背上的辫子解开了，我终于可以站起来了。可是我一站起来，脱口而出的不是"李明，谢谢你！"而是"你为什么帮我解开被绑的辫子？我的事不用你管！"听了我这劈头盖脸的一番责备，李明一脸疑惑地望着我，心里仿佛在问：是我帮你解开了，我是为你好，你为什么还要指责我？是呀，我也不知道自己为什么会向一个没有欺负我的人发火，而对欺负我的人居然什么都没敢说，我自己都不清楚这是为什么。但当时的情形就是那样让人不可思议！下了自习课，也放学了，李明尽管被我"误伤"，但还是与我一起走回家，路上依然跟前跟后地保护我，一直看我进了楼道，他才回家。

48年后，我与李明、夏老师回忆这些事时，在聊天软件里这样说道：

张华：夏老师，我们很想您！您虽然只教了我们几年，但您对我们的影响却是一生的。

夏老师：你们是我从教时带的第一个毕业班。那时年轻，能和你们玩到一起，印象极深。

张华：小时候的事记忆深刻。我从大连金州转学到吉林，一、二年级没怎么读，直接升入三年级。您是我人生中第一个真正意义上的老师，您委任我为班长，经常表扬我做事认真、学习又好。那时，我经常欺负同桌李明，您从不批评我，还保护我的自尊心，可您又心疼李明，把他调到我的后面一排。许多年少的回忆甚是美好，再见您时，我们好好叙叙旧。

李明：夏老师好！张华好！特别想念你们。见两位老师聊得这么快乐，我忍不住想说几句。夏老师，您虽然只教了我们几年，但您的品德、情操，您对生活的乐观态度等，对我们有着深刻的影响，让我们在长大后的工作和生活中受益匪浅。我和张华一样，每每想起您，就会有不尽的感激。盼着有机会能见到您。

夏老师：张华呀，你对小时候的事记忆好深哦，把老师剖析得这么准。你偶尔欺负李明时，李明就跑到我的身边转来转去的，我就知道咋回事了，好玩得很。

张华：李明，你好！因为咱们是一个部队大院的，父母关系又都很好，所以你从不计较我欺负你。你看到你的同桌把我的辫子绑到椅子背上时，还告诉我并制止了这种行为，而我还不领情。谢谢你了，有机会见面，你可以"报仇"哦。

夏老师：李明，小时候的你朴实善良，是个认真又帅气的小男孩，偶尔受到张华的"优待"。想起你俩的表情，一个趾高气扬，一个垂头丧气，好可爱。我从不认真地批评谁，因为我知道你们在部队大院是玩伴，在班上是同桌，彼此之间发生点不愉快的事，过会儿就和好了。想想这些事，老师都觉得自己年轻了。

李明：老师您好！您夸我，这是对我的认可，其实这些都是您教导的结果。您的与人为善和宽以待人对我的影响很深，张华小时候多次欺负我，我都原谅了她，这不光是因为我们在一个大院，父母之间关系好，是玩伴，主要还是您教会了我宽以待人。

夏老师：李明，好厉害的口才。你和张华口才不分上下，上学斗嘴，留下很多美好的回忆。张华，等再见面你让让李明吧，让他四十多年的委屈得以"释放"。到时候我还要在场哦。

张华：夏老师，您对李明的肯定很准确，李明说得也很对，我们都是发自内心喜欢您。李明，我一定要找机会把你和夏老师约到一起，当着夏老师的面向你道歉，请求你的原谅。借信息之便，先跟你说声"对不起"！夏老师，您回到吉林市后，我俩相约去看您。

回到家后的我写完作业，便想起了自习课上辫子被绑到椅子靠背上的事，很是委屈，便不由自主地哭了，心里想着要是没有这么长的辫子就好了，至少不会被绑。我双手捋着两条长辫子，对着一面白墙发呆、流泪。妈妈发现后问我怎么回事，我便一五一十地告诉了她，妈妈听后，便用商量的语气对我说："三姑娘，要不咱们把长辫子剪短吧？这样也便于梳洗打理，也不会遇到这种情况了。"我从小就很乖，特别是在妈妈面前，从不说"不"字，都是妈妈说什么就是什么。既然妈妈说了剪短就剪短吧，我点点头以示同意。于是，妈妈便拿起她早年在沈阳新燃缝纫学校学习时发的那把大剪子，三下五除二地把我的两条长辫子剪了下来，两条粗黑发亮的大辫子瞬间离开了我的头。看着剪下来的辫子，我心里觉得好可惜呀，就用当时很流行的绿色塑料头绳把它们绑在一起，然后放到了我的小木箱子里摆放整齐。后来，搬家次数多了，小木箱子里的东西也渐渐被遗忘了，从日后的照片上可以看出，我小学时就再也没有留过那么长的辫子了。

对着镜子看到两条小短辫，我突然间有一种轻松的感觉，想着再也不会有人绑我的辫子了，心里还蛮舒服的。我又想到李明再也不会为此而受委屈了，这样看来剪掉辫子于人于己都好，便也欣慰了些许。不再生气的我，决定第二天早上跟李明道歉。第二天早上，当我走出楼门时，看到李明在不远处的小路上等我呢，可我道歉的话还没说出口，李明就抢先于我说："你辫子剪短了？因为昨天的事吗？"我回答说："是的。被妈妈剪短了。"李明又说："太可惜了，多好看的长辫子呀！"说完便用失望的眼神望着我。看到他眼睛里流露出的无奈的神情，我突然间觉得，眼前这个李明是那么好，让人那么有安全感，我从心里开始有些喜欢他了，总觉得他比我要懂事得多，尽管年龄上他小我一点儿，但和他在一起，我能受到保护，多好呀！

从此，我再也没有欺负过他。以前是他在我身边跟前跟后的，后来是我跟前跟后地同他一起上学、放学、活动玩耍，一时间真的是除了回家吃饭、睡觉，其余时间我们都形影不离。他的人缘特别好，比他个子高的矮的、比他年龄大的小的，都不欺负他，他也从不欺负别人，也许是他从小有着良好家教的原因。在他身上表现出来的是诚实善良、宽以待人、勤奋好学、乐于助人、友爱同学。他虽年少，但是个很懂事的孩子。

他性格温和，有些腼腆。一双长腿使他的身材显得很匀称，一头乌黑的浓发，一双大眼睛很有神，他总是笑眯眯的，是个很帅气的男孩。吉林市歌舞团招舞蹈演员，他被音乐老师推荐，因为年龄小未被选入。从此，他在我眼里、心里有着不同于其他同学的地位了，我想要是和他一直做同桌多好啊，我后悔当初的举动了。

五年级的时候，我跟随妈妈一起回辽宁庄河老家，去探望生病的爷爷、奶奶，要去大约一个月时间。临走时，妈妈为我请了假。在此，我插入一段我对家乡的印象。提起辽宁省大连市，你们一定很熟悉，但对大连市庄河县（今为庄河市，大连市代管的一个县级城市）就有些陌生了。在此，我告诉大家，庄河是个很美的地方，据说是因为这里庄庄有河，因此得名庄河。庄河真的是山亦青青，有许多名山；水亦清清，有许多名岛。可谓是依山傍水的好地方。一方水土养一方人，庄河面临黄海，有丰富的海产品，享有"世界贝库"美誉，杂色哈、河豚、大骨鸡、绒山羊、食用菌、优质大米、黑岛鸭蛋和歇马杏，构成闻名中外的"八大地方特产"，真可谓"风景优美、物产丰饶"。

出生后，我便跟随父亲、母亲在沈阳居住生活。三四岁未上学前，国家处于困难时期，我便由妈妈带着回到爸爸的老家，也就是庄河的爷爷奶奶家。我的学前时期是在庄河爷爷奶奶家度过的，所以我对庄河有着深厚的感情。

早年父亲随部队在外转战南北，从解放战争到中华人民共和国成立后的湘西剿匪，一直参加救治工作，一年到头很少回家，是妈妈带着我在庄河老家生活。那时也没有幼儿园，据妈妈说，小时候的我很喜欢玩沙子，常常在沙堆上立起一个又一个的贝壳，把这些贝壳当作学生，嘴里念念有词地给这些"贝壳学生"讲课。那时妈妈是家里的顶梁柱，既得伺候老人，又要抚养孩子，真的很不容易，好在我从小就很乖巧，让妈妈省心不少。

记忆中，爷爷奶奶家有前后院子，后院有海棠树和樱桃树，每年春天，红色的海棠花和粉色的樱桃花开满枝头。前院有桃树、菜园子，一到秋天，会有拳头大的桃子吃，菜园子里有生菜、水芹菜等。一年四季，除了冬季没什么菜，其他三个季节还真是要什么菜就有什么菜。记忆中妈妈需要什么菜时，就会让我去菜园子里摘什么。三个女孩子中，我虽最小但最听使唤。

1966年，我们又跟随父亲随军到了大连市金县生活。1967年，到了入学年龄，我就在金县吴家屯小学就读。刚入学时，老师见了我就说，这孩子脸是圆的，头也是圆的，跟个圆铜钱儿似的，像个日本小姑娘。我因为小，什么也不懂，觉得学校有人喊我"日本姑娘"，就不想去上学了，基本在家混着，从此便开始了我"三天打鱼，两天晒网"的小学生活。1971年，我们再次跟随父亲所在的部队，从大连市搬至吉林市空军某航校院内的某部队留守处，我也就在吉林市船营区第二十四小学（原吉林市师范附小）就读，以前一、二年级没怎么读，到吉林后直接上三年级第二学期，并结识了我今生最爱的老师——夏复新老师。

由于离开学校回庄河老家时间比较长，夏老师就让李明代理我的班长工作。后来听老师说，李明代理班长时，可认真负责了，每天点名记事，维持班级纪律，开展相关活动，甚至辅导同学完成作业，带头吃忆苦思甜的野菜粥，班级工作他样样做得很精细，成绩也很突出。同时，他的学习委员工作也没有耽误，按时督促同学完成课堂作业，按时收作业送到老师办公室，老师批改后又及时把作业本发给同学。班务虽然多，但从未影响到他自身的学习，学期结束，他的语文、数学、常识都是100分，名列全班第一。

一个多月后，我回来了，他告诉我说："你走后，都是我在代理班长工作，你现在回来了，我也该结束这份代理工作了。"他接着又说，"这么多天没来，你是生病了吗？我去你家找过你，总是见门上有锁，你干什么去了？"还说，"我可是替你做了多次值日的。"他一口气不停地问来问去，我都没机会插上话，但我听了还是满心感动和欢喜的，不像以前那样不领他的情了。我说："我跟随母亲回老家了，谢谢你帮我做了这么多事，下次轮到你做值日时，我替你做。或者我们一起做，我扫地、擦桌子，咱俩一起架椅子，再放下来摆整齐。"他"嗯"了一声，算是答应了。

五年级时，我们十三四岁了，处于青春萌动期的我，虽不懂得情感的事，却很喜欢与李明待在一起，但凡有一天他有事或生病不来上学，我就会有些失落。

有一次，李明生病了，找我来送假条给老师。那天，我们一家人正在吃早饭，我一看他满脸通红的样子，猜想他一定是发烧了。可是当我听到他不是来找我爸看病，而是找我替他送假条时，我不知为什么也满脸通红起来，极度地惶恐不安。旁边的姐姐提醒我："张华，快去把假条拿上呀！"可我就是迟迟不动，没办法，坐在外边的大姐接过他手中的假条递给了我。拿上他的假条，望着他即将离去的背影，我一直傻傻地站在那里，听着家人你一句我一句的责怪声。现在回忆起这件事，我都想不通我为什么会是那样。

到了学校，我把李明的假条给了夏老师，夏老师说放学后去看看李明，还说要带上我们几个班干部一起去。知道放学后要去看望李明，我暗自窃喜，真希望时间过得再快些，那一天的课都不知道老师讲的是什么，只盼着早些放学。

终于盼到放学了，夏老师带着我们几个班干部来到他家，只见他躺在床上，脸依然红红的，眼睛也没那么有神了。看到老师和我们到来，他勉强地坐了起来，夏老师用手抚摸着他的额头，发现他还发烧呢，便用毛巾给他冷敷起来，进行物理降温。这时王阿姨也回来了，看到夏老师和一屋子的同学来看望李明，阿姨蛮高兴的，赶紧给我们拿糖果吃，还给我们倒水喝。夏老师让我给李明讲讲今天学的知识，哪知我支支吾吾地说不出来，老师见状说："张华，你今天怎么这么笨嘴拙舌的？"李明看到我支支吾吾的样子，立刻说："不用跟我说了，到时我自己看看书就补上了，还可以看看你的作业本学习学习。"我一听他要看我的作业，当晚，我写作业时比往常更加用心，更加细致，好让他对我有个好印象。其实，他好了以后并没有看我的作业，我也没因此而失望，因为他病好了以后，我们又一如既往地一起上学、放学。

生活上，夏老师无微不至地关心我们；思想上，夏老师也很重视我们的健康成长，会经常利用自习课或课前几分钟，给我们讲一些革命故事，比如《吉鸿昌》《小兵张嘎》《鸡毛信》等。从这些故事中，我们认识了许多中华民族的英雄，从这些故事中，我们知道了哪些事是应该做的。夏老师对我们的影响是潜移默化的，我们从她那里学习知识，学习如何明辨是非，如何对待困难，甚至她的言行举止、衣着打扮，她写的粉笔字，我们都会去模仿。那些发黄的奖状，记录了我们在小学阶段的成长。从小接受的教育让我们许下了这样的誓言：长大后一定做共产主义事业的接班人。这是我们那个年代每个孩子的理想和追求。

04　活动站，活动赞

　　除了做共产主义事业的接班人外，我还被王阿姨，也就是李明的妈妈要求做她的儿媳妇呢！在我看来，做共产主义事业的接班人，是我的理想和追求，是很神圣的事。至于做王阿姨的儿媳妇是什么意思，那时我并不懂。

　　那是在四年级时，我们在活动站活动学习时发生的事。寒暑假期间，大院的叔叔和阿姨们是不允许我们这些小孩子睡懒觉的，为了让我们健康成长，他们成立了活动站。王阿姨是我们活动站的站长，负责总体工作，还为我们聘请了高水平的解放军叔叔做辅导员，其中有一个上海兵黄玉林，我们叫他黄叔叔。说是叔叔，其实他年龄并不大，或许只比我们大了不到一轮儿。黄玉林叔叔充满青春活力，得体的蓝裤子绿军装让他显得格外精神，他的脸上永远带着微笑，两腮的酒窝更显他的帅气。他的特点是"未见其人，先闻其声"，他的笑声很特别，只要听到这笑声，我们就知道他要进活动站了。他说一口上海普通话，语调柔和且有韵味。他是一个有魅力的人，活动站的孩子们都喜欢他，喜欢听他讲故事，喜欢在他的引领下开展各种活动。由于活动开展得好，他被吉林市相关部门奖励过，媒体还做了报道。当然，他也是我喜欢和难忘的辅导员。

　　我们在活动站里，每天必做的就是写假期作业、看书、开展一些活动。

　　有一次，王阿姨来我们活动站检查我们的活动情况，正好赶上我们写完作业。黄叔叔让我们每个人讲一个故事，当时举手的只有我和李明，黄叔叔就叫我到前面给其他同学讲故事，我讲了小人书《一支驳克枪》里的

刚到吉林市那年冬天，我觉得那里比大连金县要冷得多。吉林冬季的滑冰场尤其吸引我们的眼球，看到成年人在滑冰场上滑冰，我们羡慕极了，要求活动站为我们购置冰鞋。开始学滑冰时，一般穿的都是花样冰靴，因为平稳，是初学者的首选。寒假里我们每天都会到滑冰场上练习滑冰，因为不会滑，只能在里圈，每人双手推着一把椅子，用脚一蹬就能滑个几米远。有些男孩子学得快，一天不到，就不需要再用双手推椅子了。李明就是第一个脱离椅子能自如滑冰的人。看到他滑得好，我就想让他教，但是又不好意思说出来，只好偷偷地看着他自如地滑着，看着看着走神了，我一不小心摔了个屁股蹲儿，扶着的椅子也滑出去好远。第一次摔跤，在冰场上笨手笨脚地半天爬不起来，爬起来也站不住，又摔，气得我干脆不爬也不站了，索性坐在那里。李明看见后，立马滑了过来，先是把椅子帮我推过来，然后双手扶起我的胳膊，让我把双手搭在椅背上，一使劲我便站起来了。隔着厚厚的棉衣和手套，我仿佛感到他拉我时的手那么暖，心里美滋滋的。特别是在我被扶起来的那一刻，我俩又一次扮起鬼脸、伸出舌头，他仿佛在说："你好笨哟！"几次三番地摔，三天五天地学，我终于学会了，不再借助椅子就能自如地滑了。然后，又开始学花样滑冰，动作类似舞蹈，伸伸胳膊，或者身体转圈之类的。

寒假学滑冰，暑假就去学游泳。活动时，我们会在黄叔叔的带领下，来到松花江边学游泳，由于学生多，活动站找了当时在吉林市舟桥部队的战士们教我们学。下水学游泳，男孩子比女孩子来得简单，长裤、长衣一脱，穿条短裤就可以下水了。可女孩子就比较复杂了，下身要穿合适的短裤，上身要穿合适的背心，那时也没什么泳衣，每次去游泳都很难过，因为没有合适的衣服下水，只好坐在岸边看着别人在水里游来游去的。为了能在以后的日子里下水去游，我让妈妈给我买了小背心。可是有了小背心后，我还是不能游，主要是不好意思下水。发育中的身体和自卑的心理，让我对游泳失去了兴趣。像我这种从小生长在河边、海边、江边，却不会游泳的人是少之又少的。

寒假滑冰，抽陀螺；暑假游泳，采蘑菇。爬山拣蘑菇对我来说，没有什么害羞的。我个子小，爬起山来还挺快，我们每次爬山都会带上家什，诸如筐、小铲子之类的，顺便拣些蘑菇回家。在黄叔叔的带领下，上山后活动范围固定在道路两旁一定的距离内，我们就自由去拣蘑菇，我眼疾手快，不一会儿装蘑菇的小筐就满了，不同颜色、不同形状的蘑菇在筐里显得十分新鲜。李明拣蘑菇的速度远不如我，因为他一边拣，一边还想着看空中的飞鸟，想着捉只蛐蛐带回家，所以我就帮他拣，他提着筐，我拣一个放进去一个，不一会儿他的筐也满了。然后我们就在山坡的草丛中逮蚂蚱、蛐蛐之类的虫子，听蝈蝈的鸣叫。有时也因为专心玩不注意而被飞虫叮咬。我最怕的就是杨树皮上的毛毛虫了，那家伙跟树皮颜色差不多，浑身长满毛毛，又长又软的，令人毛骨悚然。记得与我同龄的韩同学用草棍挑了一条毛毛虫来吓唬我，看到草棍上正在蠕动的毛毛虫，我吓得哭喊起来，这时韩同学把毛毛虫扔到我的脚边，那家伙朝我脚爬来，我使劲大声喊李明。李明看到此景立刻奔了过来，把快要爬到我脚上的毛毛虫捏住然后甩了出去。后来才发现，他的手被毛毛虫蜇了，他对我说："痒痒的。"我看到被蜇过的地方好像有些肿了，一片红。现在想起这件事，我依然特别感谢李明，这位小时候的玩伴，总是在我被欺负有困难的时候帮我解围。当然，有时我也会帮他。记得那时我们都喜欢斗蛐蛐，我弟弟有一只可了不起的蛐蛐，叫"斗不败"。李明与别的孩子斗蛐蛐时，他的蛐蛐很不争气，总是输给对方，我知道后，就把我弟弟养在玻璃罐头瓶里的那只"斗不败"偷着送给他，让他拿着我弟弟的蛐蛐去斗，结果他终于赢了。我俩又一次扮起鬼脸、伸出舌头，相视一笑，这次我很得意，好像在说："不是人厉害，而是蛐蛐厉害吧！"他用我弟弟养的蛐蛐斗败了对方后，简直太得意了。

05 游戏有"戏"

当年的活动站，就是我们快乐成长的摇篮，活动站组织的活动，让我们学了知识，长了见识，也练了胆识，让我们这些孩子从小就接受了良好的教育。活动站的辅导员，那个我们都喜欢的黄叔叔，他对我的影响更是潜移默化的。思想品德上有启迪，性格脾气上有造就，兴趣爱好上有引导，组织才能上有提升，让我们这些从小生活在部队大院里的孩子走入社会后有与众不同的表现。心境、眼界、为人处世无不与当年的正面教育有关。

那时候除了一起参加活动站组织的活动，我们业余时间也在一起玩耍，发生过许多令人难忘的事。

我们那时爱玩翻纸包，把废报纸及作业本撕下来折叠成大大小小的纸包，然后摔到地上，翻几个赢几个，有时玩这个游戏还挺上瘾的。有一次，李明和同伴翻纸包没有按时回家吃饭，王阿姨来找他时，我先看见了，立刻去告诉了李明。李明当即让我把他的纸包收好，以免被王阿姨发现，我就帮他把纸包"窝藏"起来。王阿姨看到李明后，问李明在干什么，是否又在翻纸包。李明撒谎说没有，说和我在一起看小人书！阿姨问我时，我说是的，并且使劲点头证明李明说的话是真的。王阿姨相信了我俩，就将李明领回家吃饭了。第二天，我问他挨揍了吗，他说没有。我俩又一次扮起鬼脸、伸出舌头，相视一笑，显出得意的神情。

男孩子喜欢翻纸包，女孩子爱积攒糖纸，把弄得平展的糖纸夹在本子里，然后与同伴交换自己没有的图案，玩得可入迷了。记得同伴陆英敏的糖纸最多了，因为她的老家在江苏无锡，经常有老家人寄来糖果，各种图案的糖纸也就多起来了，她把重样的分别给我和焦华、李玉梅，我们三人也把自己重样的给她。我们都很享受互相交换的过程，交换的不仅是糖纸，还是一种乐趣，更是相互间友情的传递。从那些糖纸中，我们有了美育的启蒙。特别是我，有时会用不多的蜡笔仿照糖纸上的图案画一画，不论画什么，我都会在右上角画一个红太阳，左下角画几棵向日葵，小葵花向着红太阳微笑。即使现在，我仍然喜欢太阳，喜欢向日葵。家中的布艺、饰品中不能少了向日葵的点缀。

我们院子里的孩子，有时会在一起玩丢沙包。每次轮到我丢包时，我会朝李明怀里送一个沙包，他很快就能接住；轮到他丢时，他也会朝我怀里送一个沙包，让我轻易地接住，这样可以"救活"一个同伴。丢着丢着，我俩的秘密被发现了，引来小伙伴们的不满，然后就散场了，但我俩可开心了。

除了丢沙包，我们还会玩攻城游戏。有一次，李明不小心被对方撞倒了，夏天衣服穿得单薄，他膝盖磕破了，流出了血。几个同伴看见后立刻跑了，只有我扶着他来到爸爸所在的卫生科。找到爸爸后，我说了事情的经过，就把李明带到护士跟前，因为伤不重就没有包扎，简单处理敷药后，我又扶着他把他送回家。刚好王阿姨下班在家，她看到自己儿子受伤了，问我怎么回事儿，我就一五一十地告诉了阿姨，阿姨看看膝盖只是磕破了皮，也就放心了。王阿姨对我说："你能带他去处理伤口真好，要不时间长了天气又热，会感染的，谢谢你！"我说："王阿姨，不用谢。我该回家了。"王阿姨又说："你们好好相处，有什么事要相互帮助，相互关心，别忘了，长大了做阿姨的儿媳妇。"我高兴地"嗯"了一声回家了。对于"做王阿姨的儿媳妇"有什么实际意义，那时我真不懂。回到家以后，爸爸也下班了，问我把李明送回家了吗。我说是的，刚从他家回来，还与爸爸主动说了王阿姨对我说的一番话。没想到，我刚说完，一边的姐姐就笑出声了，爸爸也好奇怪地望着我。眼前姐姐和爸爸的表情、表现让我感到很不自在，我就问姐姐：

"你为什么笑？爸爸为什么奇怪地望着我？"

"你知道做儿媳妇的意思吗？"

"我不知道。"

"做儿媳妇就是长大后要与李明成为一家人，在一起过日子。"

"什么叫成为一家人，在一起过日子？"

"就是每天从早到晚一起吃饭、睡觉、过家家。"

"噢，我明白了。"

"你明白什么了？"

"一起吃饭、睡觉、过家家呀！"

当时想那是长大以后的事了，反正不是现在，所以我当时也没有表现出有多么高兴或不高兴，或者说有多么自在和不自在，但是姐姐似乎不是这样想的，她一定在想：这是一件多么难以启齿、令人害羞的事呀，怎么妹妹就不懂呢？

那时姐姐已经上初中了，我还在上小学，所以姐姐懂得的事我未必懂得。小学两年半的时间，我和李明一起学习，一起活动，一起玩耍，那时过得可真快乐，没有压力，充满童心、童趣，现在回忆起来也是满满的幸福。

一张毕业照片结束了我的小学生活。记得那是一个寒冷的冬天，时值年末，冰天雪地，我们这些学生们都穿着棉衣，一个个像豆包似的鼓鼓的、绵软的。要拍毕业照了，我们还蛮高兴的，男生在李明的带领下，抬桌子，搬椅子，然后我们在老师的指挥下按大小个子各自就位。最前边一排是老师们，我在老师后面一排，李明在最后一排站在桌子上，我靠左，他靠右。一张小学毕业照将时间定格在了1973年的12月份。记得那年冬天可开心了，不用写寒假作业了，也没有老师管我们了，痛痛快快地过了年。来年春季，也就是2月份，1974年的春天，我们升入吉林市第二中学。

从小学到中学，对我们来说就是换了个校园，由船营区第二十四小学升入吉林市第二中学，两个校园距离我家都很近，没有太大的变化让人感到不适应，一切都那么顺其自然。

06　学贵有疑

升入中学，我们这个年级总共6个班，我和李明被分配到当时的（3）班，当班主任冯老师宣布我俩做同桌时，我高兴极了，李明也很高兴，我俩又一次扮起鬼脸、伸出舌头，仿佛都在说：跟屁虫，怎么又坐到一桌了。我俩又一次成为"三同"：同院、同班、同桌。我暗自发誓，这次做同桌不再欺负他了，一定好好学习，争取考试拿第一名，让他瞧瞧我的厉害！我要给教数学的班主任冯老师一个好印象。数学课上，我专心听讲，积极发言，遇到难题，其他同学回答不准确，冯老师就会把我叫起来，我一回答一个准，因此总会得到冯老师的表扬。每到这时，李明都会笑眯眯地看着我，仿佛在说：你真行！我也很得意，就更加喜欢学习数学了。兴趣是最好的老师，于是，数学的课内外作业我也毫不含糊，认真细致完成，特别是课堂作业，经常被冯老师用醒目的红笔写着"继续努力"和"优秀"。由于我学习努力，进班不久，我被选为学习委员，李明被选为体育委员，一个姓田的女生被选为班长。

作为学习委员，不能只学好数学，其他学科也要学好。我的语文学习也备受教授语文的高老师的关注，她在班上多次表扬我写字认真，作业准确率高，朗读也好。第一次的作文《一件有意义的事》被老师当作范文讲评。入学不久，高老师在征求同学们的意见后，指定我做了语文课代表，主要任务是收发语文作业本，代替老师布置作业和传递相关信息。这样，我有机会进出老师们的办公室，久而久之，我和所有任课老师都很熟悉，既是学习委员，又兼任语文课代表，也就有理由经常与所有任课老师交流学习上的问题。

当时吉林市第二中学教风很正，学风很浓，各学科老师们都很认真负责地教书育人，就算是地理课、历史课的老师也对自己的教育教学工作尽职尽责。地理课的邵老师给我的印象最深，他一看就是个很有智慧的老师。上课从不拿教案，只拿两样东西，一个是地图，另一个是地球仪。有一次上课，老师问我们各省的省会城市名字时，我一口气给他报出了十几个。邵老师惊讶于我的地理知识，其实他不知道，这些都是我从姐姐的课本里看到的。姐姐每到期末复习时，就会背这些省会名字，有背诵不对的地方让我给她指出来，我在帮姐姐复习的过程中也不经意地记住了不少省会名字。邵老师表扬了我，我得意地朝李明一笑，仿佛在说：厉害吧，我不但数学好，语文好，地理也好。然后我就像老师问我一样去问李明。我说青海，李明说西宁；我说江苏，李明说南京……我俩就这样问着说着，两个人都爱上了地理课，我们经常提前预习邵老师要讲的章节。

有一次，邵老师在课堂上告诉我们，今天所讲的章节中有一处错误。他还提示道："如果你们懂得辩证思维，就会发现错在哪里了。"这激起了全班同学积极思考的热情，大家不约而同地相互商量着，我和李明也不例外。在他的启发下，我稍有胆怯地举起了手，老师看到我不太自信的表情，就鼓励我说："你大胆地说吧，说错了也没关系。"听了邵老师的话后，我鼓起勇气说："书上写'随着地壳的变化，山脉或丘陵也会变低'是有错的，应该是'变低或变高的'。"我不自信地说完后，老师激动地说："对！对！为什么，为什么呢？接着说，接着说！"我想了想说："有变低就有变高，高低是相对的。"这时邵老师干脆跑下讲台，来到我的桌前，竖起大拇指说："你年纪不大，却懂得辩证地去思考问题，同学们，你们明白了吗？"全班同学齐声高呼："明白了！"从这件事后，我养成了质疑的习惯，凡事都要问个为什么，学贵有疑，特别是敢于挑战书本。这种思维品质的形成，源于我的地理老师——邵老师对我们的培养，这是我人生遇到的第二个我佩服的老师。后来听说邵老师去了东北师范大学任大学教授了，由此可见邵老师的人格魅力与丰厚学识！

在他的影响教育下，我和李明养成了看书时一定要多问为什么的习惯。记得我俩看过一本小人书《一支驳克枪》，其中的一个画面和下面叙述的文字有一处矛盾的地方，我俩都解释不了，就一起到办公室找到邵老师，邵老师对我们说："这处文字叙述与画面不相符，建议你俩给出版社写一封信，指出这处矛盾的地方，请他们修改。"这件事过去差不多半个月吧，有一天，邵老师居然拿着一封信，当着我们全班同学的面表扬了我和李明，说我们两个读书学习很用心，发现错误之后能写信给出版社，并且也表扬了出版社能给我们两个中学生回信，并告诉我们出版社修改后再次印刷，还赠送了我们两人各一本《一支驳克枪》小人书。这件事，对于我俩日后的做人做事影响特别大，感恩邵老师对我们的教育。再则是出版社工作人员对出版工作的态度，令人敬佩！

中学时，所学的科目多了，每到期末复习时，各科老师都会制订复习计划，列出提纲。我和李明会把所有学科提纲上的内容都认认真真地复习一遍，有时还去找老师请教一些不解之处。邵老师看到我俩的复习本上所写的内容非常满意，于是鼓励我俩用一张大白纸将复习内容抄写下来，张贴于走廊过道，便于其他同学复习时使用。老师让我们这么做，既帮助了其他同学，又提高了自己，因为在抄写的过程中我们已经把内容背下来了。俗话说：眼过千遍不如手过一遍。其实，文科的学习是需要记忆的。反复记忆、善于积累，让我俩各科学习成绩在班级一直名列前茅，当然，我的体育成绩除外。

07　尴尬事一二

我的体育成绩不仅是达不到合格，而且是差，这对我来说简直就是天大的打击，身为学习委员的我尴尬极了，也自卑极了。由于身体发育越来越明显，害得我是不敢跑也不敢跳。每学期一次的百米测试不及格，跳山羊不及格，造成了我极大的心理压力。李明是体育委员，他告诉我说："你的成绩不合格是要补考的，我帮你训练。"于是，每天回到家，他就带着我在航校的操场上训练百米跑，他每次是带着我跑的，因为周围没人，所以我也毫无顾忌。他跑我也跟着跑，似乎也没差多少。可是一到课堂上，周围站满了学生，我就不好意思跑了。其实是心理问题，李明那时根本不知道是这个原因，我也不可能跟他说。跳山羊呢，只要跑的速度上去了，一跃而起就跳过去了。补考时很幸运，只有李明和体育老师在近处，其他几个和我一样补考的同学在远处。我没了心理压力，速度自然就上去了。我补考合格了，看到李明把成绩登在名册上，不由得说了句"谢谢你"。

李明作为体育委员，早操时，他站在主席台上，面对全年级三百多个学生，对着喇叭喊操、领操。喊操时，他口齿清晰，从不喊错节拍，从来都是："一二三四，五六七八；二二三四，五六七八；……"别看就这么简单的一组数字，有很多人会喊错，从而影响台下三百多个学生做广播操的效果。李明是唯一一个从未喊错过节拍的体育委员。其他班上的体育委员一上台没喊几节，就被"请"了下去，换上李明。看着李明在台上喊操、领操的神气劲儿，我羡慕极了！有他做同桌真好！每次下操走回教室的路上，他都会问我他今天喊操、领操还好吧，我干脆说，好得没法再好了。于是，我们又扮起鬼脸、伸出舌头，仿佛在说：喊操节奏好！领操动作标准！

每学年一次的运动会，一般在五月份。运动场上少不了李明的身影。百米赛他跑年级第一，四人接力赛他是最后一棒，在落于人后的情况下赶超前人，又为班级拿下第一。一身运动装，背上贴着号，跑起来像一匹白色的战马，一阵风似的从你眼前飘过。迎着朝阳，伴着和煦的风，跑道上的他又开跑了，一头黑发迎风吹起，更显得他雄姿英发。我没有参加项目，属于板凳观众，只能坐在赛场外边为他加油助威！那时，我发现人在运动中的形象是最美的，运动场上运动员的身影也是最迷人的。他赛跑结束后，我把自己喜欢吃的奶糖、高粱饴软糖递给他，他也不拒绝，从我手里接过去剥开糖纸，就吃了起来。看着他得意地吃着，我也很开心，仿佛糖在我嘴里含着，一直甜到了心里。

到了中学，开设了英语课，教英语的马老师个头高大，一头白发，走起路来身板挺得直直的，戴着一副眼镜，颇有学者风度。马老师教我们从"ABC"学起，然后学习单词，当我们有了一定的词汇量，就开始学习对话了。那时的中学英语课本里有两个人物，大家也许还有记忆，我和李明更是如此。因为课本中的两个人物名字与我们两个人的真实姓名、性别是一字不差的。每次老师读到"Liming and Zhanghua"时，全班同学会不约而同地将目光投向我俩，然后用比平时提高十倍的声音喊着："Liming and Zhanghua！"接着就干脆不读后边的内容了，而是全班哄堂大笑！马老师也不知道这是为什么，他带六个班的英语课，短时间内不可能记得所有学生的名字。看到此情此景，马老师就会停止讲课，停下来维持纪律，让这种现象不再发生，可是不起什么作用。

我和李明可真不自在，每到这时心里就发慌，害怕同学们拿我俩取笑，结果同学们偏偏不顾及这些，有意地取笑我们，怪声怪调地读着我俩的名字。这时，我会无奈地看着他，他也会无助地看着我，都是大红脸，神情沮丧，仿佛在说：课本中的这两个人物名字为什么会和我们一字不差呢？真是不幸啊！后来老师才了解到真实情况，并且知道我们还是同桌。

马老师并没有回避这个问题，反而让我们学会接受，只是名字相同而已，并且在课堂上有意地叫我与李明读课本中两个人的对话。听到马老师叫我俩一起读对话，我们就更尴尬了，可我俩又都是班干部，老师的话是必须听的，当马老师读"Liming"，李明就站起来，接着读"李明"的话，马老师又喊"Zhanghua"，我就接着读"张华"的话。几次三番这样训练后，不但没有消除同学们的起哄现象，反而让我俩更加不好意思起来，我和李明连平常的话都说得少了，甚至上课时也不敢小声交流问题，放学都不敢一起走回家。从此，我心里有了负担，害怕上英语课，也不喜欢学英语了，因而我的英语成绩并不好。也许是因为英语成绩受到影响，我在第一学期结束时，被通知从初一（3）班调到（5）班，并担任班长。

08　结识副班长——林平

差不多两个月的假期过去了，又迎来了新的学期，我被调至（5）班，从此，结束了英语课上同学们关于"Liming and Zhanghua"的起哄。从此，我便与李明同学不在同一个班学习了，也从此，我结识了（5）班的新同学。

到了（5）班，我的同桌留给我的印象极差，因为我是班长，班主任崔老师就把班上男生中表现最差的一个安排与我做同桌。记得那个男生有吸烟的习惯，满身的烟味，让我受不了，我几次三番地找崔老师调座位。崔老师把这个男生调走后，又把女生中表现最差的一个安排与我做同桌，这个女生虽然不吸烟，没有烟味，却一身的怪味，头发脏、衣服破不说，还邋遢，简直令人难以忍受。那时提倡"一帮一，一对红"，我现在能理解班主任老师的用心，可是又有谁能理解我年少的苦楚呢？好在学期快结束时，这个女生转学了。中学不同于小学，小学生的调皮捣蛋不那么令人生气，可中学生就不同了，我是班长，每天要做的事就是维持班级纪律，每天早读前，我要把几个调皮捣蛋的学生收拾利索，然后让副班长林平点名。

林平是我到（5）班后结识的第一个印象好的男生，因为我是班长，他是副班长，所以有机会交流班级工作。与他在一个班级学习、共事，其实也只有一学期多一点儿的时间，后来我就跟随父亲搬迁到西安，从此，与吉林的同学就没什么联系了。

时隔38年，也就是2013年6月，林平通过我的另一个同学王树忠，查找到了我的下落，要知道可是有成千上万和我重名的人。王树忠把电话打到我家的座机，也报了他本人的姓名，可我早就对他没有印象了，王树忠不甘心，居然还报了他的外号"老母鸡"，我还是没想起他。我第一反应就是诈骗电话，正准备挂机，王树忠报出了林平的名字，我才相信这件事的真实性。确认了此事，我简直无法相信这是真的，他们千方百计才找到我，这是老同学的一片心意。2013年7月底，利用暑假时间，我乘飞机到长春，在长春龙嘉机场，林平居然一眼认出我来，分别这么多年，我们再次相见，简直做梦一般，我很感动。

林平不像李明总是笑眯眯的，而是很冷静的样子。印象当中，我都不记得他有过笑容，身材又瘦又高，眼睛也没有李明那么大，但有神。他每天早读前要点名，"1号……2号……"叫着同学们的学号和姓名，同学们也都配合他答应着，偶尔有几个调皮的学生胡乱应答，我就会站起来去制止。点完名后，林平会把记录当天出勤情况的点名册及请假条一起给我，一周之后，我转交给班主任崔老师。记得有件事让我很尴尬，有一个女生经常会在假条上写"月经"之类的原因，我很纳闷，我去问林平，林平睁着比平时大得多的眼睛望着我，说："你是女生都不知道，我是男生更不知道，你去问老师吧！"

林平的话使我百思不得其解，课间，我怀揣着满腹疑问，拿着一叠请假条及点名册去办公室，一脸不解地问崔老师：

"崔老师，这里有四五张请假条都是一个人的，是咱们班一个女生的。"

"哦，有什么问题吗？"

"崔老师，为什么她有月经就可以不来上学？"

崔老师抬起头，一脸诧异地望着我说："我以为你懂事了，让林平点完名后把假条给你，你再转交给我。没想到，你还没懂事。"

我听了之后心里挺难过的，就说："崔老师，我挺懂事的，不管在家还是在学校，大人们都说我是个懂事的孩子。"

崔老师说："我说的这个'懂事'与你说的那个'懂事'是不一样的。行了，你回去吧，我处理这些事。"

我特别委屈地走出崔老师的办公室，又走进教室，来到林平身边，一脸委屈地说："林平，你不懂，我也不懂，崔老师还说我不懂事。"

林平望了望我说："那你还是没有弄明白？"

我说："是的！"

那时的我已经15岁了，但没有人告诉我这是怎么回事。虽然我有两个姐姐，但是她俩也没有告诉过我，而15岁的我还没有来月经，算是成熟晚的女孩子啦。

09　看"禁读"的书，互谈理想

来到（5）班，难忘的第二件事就是班主任换得勤，一学期换了三个，但这并没有影响我们班的纪律及学习。（5）班在年级开展的一些活动中往往还是第一。第一个班主任是崔老师，教历史的，年级开展讲故事活动，我们班就是第一名。第二个班主任是吕老师，教农业科学的，我们班的试验田就种得好。那时，我们有一份特殊的寒假作业，就是到马路上捡拾牛马粪，甚至猪粪，积攒起来（冻着），到开学初交到班上，倒在试验田里。即使是捡粪这类的作业，我都认真对待，每次都超额完成规定的数量。

有一次，我在马路上捡粪的时候，刚好遇到李明也在捡粪，于是我俩沿着马路破冰捡粪，捡到差不多时一起回家，路上还交流了一下彼此作业完成的情况。放下粪筐，他约我到他家看书。那时，能够看的书并不多，可不知为什么，他家却有许多书，都是我从来没有看到过的。记忆中有《破晓记》《野火春风斗古城》《青春之歌》《这里的黎明静悄悄》《苦菜花》等。因为有的已经残缺破损、发黄，所以我没法将书带回自己家看，索性就在他家看。这一看不要紧，我完全被其中的情节所吸引，小说中的人物给我留下了深刻的印象，像林道静、金环、银环都是那个时候看到的，是记忆中的英雄。这些正面人物形象对我的人生影响很大，对我的教育也很大。看完以后，我们还会交流对书中人物的看法。我们都痛恨甫志高，都羡慕双枪老太婆，都很同情江竹筠。

在那个年代，有这些书看实属不易，其实这些小说对我的文学之路有启蒙意义，并让我受到英雄人物的熏陶。李明也一样，从小受到故事中正面人物的影响，做人做事也都是非分明。当然除了看书以外，我们还能经常看电影，像是《卖花姑娘》《一个护士的故事》，还有《英雄儿女》《上甘岭》《地道战》《地雷战》《铁道游击队》《永不消失的电波》《铁道卫士》等。每次礼堂里放电影，我们就会去看，哪怕是看过的也要重复去看，记得我和李明仅《英雄儿女》就看了好几遍，《一个护士的故事》只要播放，我们就会一起去，不厌其烦地看。看书、看电影是那个年代最大的精神享受了。

我看了很多书，也看了很多电影，自我感觉思想成熟起来了。记得我经常会和同班、同院的女生去照相馆照相，穿着妈妈亲手缝制的黄军装，八九个中学生来到照相馆，请摄影师为我们留下青春的倩影。后来，我再看到这些照片时，不无感慨那个年代留在我们身上的痕迹，就是严肃、认真地做人做事，共同朝着共产主义事业接班人方向努力！

七八个女生在一起畅谈理想，记得杨同学说，她的理想是做地质勘测队员，走遍祖国的山山水水，去发掘宝藏。杨同学的爸爸是高级俄语翻译，妈妈是一个科研单位的技术人员，受家庭的影响，杨同学从小就看了很多书，骨子里是很浪漫的，懂的知识也比同龄人多。其实那时，我根本不知道地质勘测队员是干什么的。贾同学是我们班的英语课代表，父母也都是中国人民解放军第二二二医院的医生，受父母的影响，她的理想是当兵参军，献身国防事业，最终她也实现了当兵的愿望，甚至在部队干到了正团职。侯同学的父母也是医生，也许受到父母从医的影响吧，她的理想是做一名救死扶伤的医生。虽然她没有实现做医生的理想，但是现在从事医药与食品的管理工作也算与医学相关。而我的理想则是做一名教师。

于是，在日常学习中，我们都很努力，特别是我，由于偏爱语文，又读了很多文学书，平时的作业、作文、发言，总有让高老师意想不到的亮点。讲评作文，高老师多次用我的习作当范文读。那个年代作文题目无非就是"一件有意义的事"，虽然题目一般，但我总能令高老师满意。她给我的评语是"选材新颖，是一件有意义的事""语言表达流畅且有文采""书写认真"之类的话，还有一道道的波浪线，令我很有满足感。记忆中，我写过如何帮助我的同桌，也写过我如何在数九寒冬的天气下去马路上捡拾粪，甚至也写过我把自家备的常用药送给需要的同学。

高老师看到有同学的字写得比我好，就把那个同学的作业本给我看，希望我也有一手好字。记得我看过同年级（6）班皇甫同学的作业本，还仿照他的字体练过一段时间，在后来的作业中，高老师对我的字也是很满意的。可惜后来我转学了，没有坚持练下去。而皇甫同学却一直坚持练字，恢复高考后，他又考上了美术学院，现在已经是国内外知名的画家了。我还是用一手不成体的字，书写着自己的人生。长大后，我实现了当初的理想，成为一名光荣的人民教师，甚至是教师的"教师"，因为退休前，我从事的是教学研究与教师培训工作。

字没有练成，书却看了不少。这期间，我仍然坚持去李明家看书。我们一边专心致志地读，一边交流，读到某些章节时，还会表达各自的看法。李明说，要向许云峰学习，保护同志，保护党组织。我也表示，向江姐学习，宁死不屈，献身革命。

记得有一天晚上，我俩看完书，也写完作业，我正准备回家时，王阿姨进来了，和我们一起聊书中的人物，也聊我们的学习情况。王阿姨还希望我常去她家，与李明一起看书学习。王阿姨虽然不是我的老师，但可以说她给我的影响和启发，比我的老师给予我的还令人难忘。

王阿姨对李明的教育极严格，有一次，李明的考试成绩是年级第一，他高兴地拿着成绩单回家给他的妈妈看，结果因为他妈妈没下班，李明就放到平时写作业的书桌上了。等到他妈妈回来时，李明说了这个好消息，并去拿成绩单给妈妈看，结果找来找去也没有找到那个写满各科成绩的成绩单。他妈妈有些怀疑李明在骗她，就教训了他一顿。挨了揍的李明很委屈，可是没有找到成绩单，说什么都没用。

后来才知道，李明的妹妹考试成绩不好，不敢给她妈妈看，就把自己的成绩单及李明的成绩单一起藏在了床上的褥子下面。因为李明妹妹的这个举动，李明白受了委屈。

10　同桌年少离别

新的学年开始了，我升入初中二年级。一开学，就被通知去工厂学工半个月。

我所在的初二（5）班被安排在吉林市水工厂学工，走进工厂，看到好大的厂房，偌大的车间，工人师傅在各自的岗位上忙碌着。那是我第一次走进工厂，看到工人们所从事的劳动，觉得他们非常伟大，决心向工人师傅学习。

记得我和侯同学，也是我的闺密，被分到同一个车间的同一个师傅那里。师傅身着一套深蓝色的工作装，虽然布料很粗，但穿在身上显得格外精神。我们每天就跟着这个师傅学习翻沙子，做铸模，在机械上锻压成品。随着在工厂时间的推移，有一天侯同学对我说："长大后，我也要做个这样的工人，就到这家工厂。"我很奇怪，并不理解她说这话的意思，觉得她这是对工人师傅的一种尊重，也是对劳动者的尊重吧。其实，她话中有话，后来她告诉我她喜欢这个师傅。

学工结束离开工厂时，我和侯同学还合伙给师傅送过一个礼物，是一个很精致的日记本。

回到学校开始了正常学习。有一天，我到侯同学家找她玩，突然发现从她家出来一个很帅气的解放军叔叔，浓眉大眼，一身军装更显英俊。我便问侯同学："这是谁？"侯同学告诉我说："这是我爸爸的属下，学医的，从事药物学工作。"本来他们是要一起出去转的，没想到我来了，侯同学就不好意思跟他出去了，就和我一起送走了他。我也是后来才知道，这个解放军很喜欢她，但是，侯同学依然喜欢那个工人师傅。我发现侯同学在此期间，特别喜欢看《一个护士的故事》这部电影，但凡礼堂放映，她都会拉着我去看，看到那个战士与给自己献血的护士告别后，她就不看了，拉着我再回去。路上她很兴奋地告诉我，她将来一定要从事医学工作，救死扶伤。后来，她虽然没有成为医生，却从事与医药有关的工作。现在我们仍然是朋友，她也算实现了当年的理想。

学工结束后，学农也开始了，不过，学农就在学校试验田里。记得我们种过玉米、高粱、大豆，甚至蓖麻等，翻地、播种、浇水、施肥、除草等都做过。我们不定期、不集中学农，时间大都在下午放学后，利用一节课时间去试验田学做农活。

到了初二年级，各班安排的事不在同一时间段，这期间我与李明的接触就不像之前那么频繁了。尽管如此，我还是经常去李明家，有时他不在，王阿姨就招呼我先看书，等他回来我们再一起看。

有一天，我到李明家去看书，书还没看，却发现他家里变得十分凌乱，许多箱子都打了包装，被捆得严严实实立在屋里，什么书呀之类的东西也都不见了，我奇怪地问王阿姨："怎么会是这样的？"王阿姨告诉我说："我们一家要去另一个部队了，应该在辽宁辽阳。"还说，"你们家也要去西安了"。听了王阿姨的这番话，我无心在此待下去了，正要出门，见李明回来了，我说："你要搬走了吗？"李明说："是的，我要跟随父母去辽阳了。"我不记得我听了他的话后是怎么走出他家的，只记得当时心情失落，脚步沉重，眼泪在眼眶里打转。回到家后，我问爸爸我们是否又要搬家了。爸爸很肯定地说："是的，再有半个多月，我们就搬迁到西安。"看到李明家打好的包装箱，听到爸爸说的话，我又激动又难过。或许是对新住地的向往，我有那么一点儿兴奋，或许是留恋李明等同学，我又十分难过，突然意识到我要和平日里共同学习的同学、老师、朋友分别了，心里很不是滋味。可是部队换防的事是由不得我们这些小孩子的高兴与不高兴的。我的好伙伴陆英敏也是这个时候因父亲转业举家去了无锡，她临走的时候，我和焦华、李玉梅为她送行，我们每个人都哭得稀里哗啦的。

　　时间就那么一天天地过去了，我也在既高兴又难过中度过每一天，只记得李明临走时来过我家，我没有向他要通信地址，内心的那种舍不得，也不会表达。李明——我的发小、同学、同桌、亲密的小朋友，先于我离开了吉林市，去了辽阳。从此一别四十多年，只是后来通过吉林的老同学才互相有了联系。

第二章

逐行云思古城墙

01 搬迁西安，读高中

1975年3月7日，我再次跟随父母"南征北战"，由吉林市来到有着悠久历史的古城西安。西安，古称长安、镐京，为陕西省省会，副省级城市，是国务院批复确定的中国西部地区重要的中心城市。在漫漫历史长河中，周、秦、汉、唐等13个王朝在此建都。从1975年至今，我在西安生活了四十多年，也算是地道的西安人了。有人说在中国，看五十年的历史到上海，看五百年的历史到北京，看五千年的历史要到西安。可见西安历史文化是多么悠久。

如今的我，早已习惯了西安人的生活，会说一点儿西安方言，也爱吃白鹿原上的油泼面、羊肉泡、肉夹馍，还能接受西安人有凳子不坐，蹲在凳子上的"八大怪"习俗。来到西安，我们的住地是空军某部队的家属院。这个家属院与我在吉林市某空军航校家属院的住房风格不同，这里没有一排排苏式高楼，仅仅是20世纪70年代初建起的砖混结构的楼，也是一排排的。初到西安，与吉林不同的是，3月初的西安花红柳绿，春意已浓，室外比室内还温暖，而吉林这个时节还是比较寒冷的。

来到西安，家安顿好了，我们一同来的孩子们就该上学了。由于学年起始时间不同，吉林是春季，西安是秋季，我本应该读初二第一学期，实际是我直接升入高一年级，这就意味着我初中只读了一年半不到，也就是只读了初一全部课程，初二只读了一个月的时间，所以，初二的第一学期我基本没学多少知识，只记得有语文、数学、英语、政治、地理、历史、农业等科目，大部分时间都是在学工、学农中度过的。文化课的学习还没有接触物理和化学，物理、化学是初二第二学期才开设的课程，数学的函数我也是零基础。这导致我学习高中数理化真的很吃力。

我记得不仅学习数理化吃力，其他方面也不适应，课堂上，我几乎没法听课。一是任课老师们大都说的是陕西关中话，我刚来听不懂。二是班级纪律混乱，老师们几乎每时每刻都在维持纪律，教数学的韩老师年纪较大，看上去风度翩翩的，也很儒雅，可是降不住这些调皮捣蛋的学生，所以高中的函数课我几乎没怎么学。更"不幸"的是，我刚来班上，就被班主任冉老师指定为学习委员。冉老师不仅是班主任，还带我们的语文课，是个很有学问的人，就是满肚子蝴蝶难飞出——不善辞令的那种，后来冉老师被调到出版社从事编辑工作了。我本不想接受这个职务，一是原来的学习委员还在做，我刚来就接替他，无疑使他对我产生误解；二是我听不懂关中话，许多老师讲课用方言，听起来很吃力；三是我清楚自己数理化的学习情况。于是，我找老师谈不做学习委员的事，结果没有如愿。为此事我还哭了几鼻子。

02　忐忑不安

我和同院的几个孩子被分到同一个班，其中就有前面我提到的韩同学，还有我的好伙伴焦华。因为我个人长相有特征，入班不到三天，就被同学起外号。我又为此哭了几鼻子。每天上学，我都是怀着忐忑的心情走进校园，打了铃我才敢进教室，这样我能避免被叫外号。那时，我因被叫外号有了心理障碍，甚至害怕上学，害怕进教室。每到这时，我就特别想念李明，如果他在，一定不会有人给我起外号。

我被老师指定为学习委员后，承担着收发作业的任务，有些学生就是不交作业，老师不理解我，就让我去要，我要也要不来，就干脆拿走他们的本子，替他们写完交上去。一次、两次可以，一个人、两个人也可以，可是慢慢多了，我真是顾不了了，可那时没人能解决这个问题，只能自己想办法。每到这时，我就又会想起李明，如果他在，一定会帮我解决这个问题的。

我的精力全都用在想办法避免同学叫我外号，用在如何收作业和代替不交作业的学生写作业上，哪有心思听课啊？化学课，因为没有基础，所以老师讲的是什么我根本听不懂，那时能看的课外辅导书也少。化学听不懂，物理就更听不懂了，听不懂老师讲课时的关中方言，也听不懂什么电阻等电学知识，就是两个字：不懂。数学也不懂，什么三角函数，一样的不懂。从此我对数理化学习失去了兴趣。其他科目的学习可想而知了，基本上没什么长进。作业呢，也都是看着书做的，对错老师只是看一下，根本不细致批改。读了两年高中，没学到应该学的知识，倒是学工、学农、学军的事给我留下了深刻的印象。

03　学工学农又学军

学工。由于学校距离西安五金厂很近，学校经常安排我们去五金厂学工。在五金厂，我学会了使用车床加工零件，但是加工零件的速度很慢。与工人师傅在一起，我们是学生，经常被他们教育，那时我觉得当一个工人很光荣，也很自豪。这让我想起在吉林第二中学时，我们在水工厂学工，我学会的是翻沙子、铸模、锻造。在五金厂我学会了使用车床加工零件。

学农。那是初冬时节，陕西关中地区的小麦已经出芽了，玉米棒挂在农家院子里的屋檐下或大树杈上，还有醒目的红辣椒一串串挂在墙壁上，像辫子一样编着的大蒜头也同样挂在门外边的墙上。我们去的是咸阳农村，属于关中地区，那里的农民以面食为主，有面条、锅盔、面糊（拌汤），总之就是面。刚开始吃不习惯，每天晚上睡觉前都是饥肠辘辘的，难以入眠。后来我就慢慢习惯了，毕竟饿的时候，吃什么都觉得香。学农，首先要学会吃面食。

白天下地干活，我们主要是给冬小麦浇水，平整土地，拉着一车农家肥送到田间地头，干的都是体力活，吃不饱简直没力气干活。由于天寒地冻，我们的脸上、手上都被风吹得皲红，特别是脸上，满是一道道红血丝。晚上坐在农家的堂屋里，借着昏暗的灯光，我们住在同一户农家的三个女生围坐在一起，帮农家剥玉米粒。先用锥子在玉米棒上穿几道，然后，再用锥子的木把将没有脱落下来的玉米粒剥下来，不然半天也剥不出几个玉米粒儿来。

当时负责我们学农的老师姓董，是当地人，他边剥玉米边给我们讲他小时候在农村干活的事，一样不会干活，一样由大人们手把手地教。那时因为用的是煤油灯，所以基本不熬夜，差不多八点就睡了。当时我想，现在条件要好得多，起码有电灯了。但晚上想用热水洗脚，那是不可能的，躺在冰凉的炕上，翻来覆去难以入睡。

整整20天的时间总算过去了，我带着一身的疲倦，带着被风吹得皲红的脸回到了学校，也回到了家。这次学农，让我体会到了农村生活的艰苦。

学军。高二时，我们在学校的统一组织下，来到了驻陕西华阴县某部队学军。学军安排在8月份，天还热，有蚊虫叮咬。记得我们班的女生都住在一间屋子里，每人一床板就地摆着，没有支撑，床板上没有褥子，也没有铺凉席，放下被子就躺下睡觉。

一天夜里，突然听到一阵嘈杂声，同屋的女生们都很敏感，爬起来就往屋外跑，甚至边跑边穿外衣，等我清楚是要进行夜间集合训练时，已经晚了其他同学许多。让我着急的是我的另一只鞋找不到了，记得睡前就在枕边放着的啊，怎么会不见了呢？当我发现另一只鞋在门旁边时，已经来不及穿上，就一只脚穿着，另一只脚光着，手上拎着还没有来得及穿上的鞋站在队伍中。

还没站稳，甚至还没安下神来，就听到教官的喊声："张华，出列！"我一下子蒙了，不知为什么让我出列。这时听教官说："你是最后一个从屋里出来的，动作、反应都太慢。"我只好手拎着那只鞋站在所有同学的面前，头低着。这时，听到带队的董老师说："你是军人家庭出身的孩子，身上没有一点军人应有的干脆利落的气质。今天夜间集合，你是全班最后一个出来的，还衣装不整，手里拎着鞋，简直就像一个逃兵。"听完这些话，我的眼泪在眼眶里直打转，想着要是有一个地缝，我会立即钻进去的。

从小到大，我都是好学生，听到的都是老师表扬我的话，如今却被老师、教官在全班同学面前点名批评。突然，那个教官向我这边走过来，从我手上接过那只已经拎了好久的鞋，弯下腰平放到地上，温和地说："赶紧穿上鞋吧！"听到教官说的这句话，我来不及擦干眼泪，便立即弯下腰，迅速穿上鞋并把鞋带系上。穿好了鞋，教官让我归队。

后来，教官就当天的夜间集合训练做了总结，听着听着，突然听到他说我是个认真守规则的学生，一定要把衣服穿戴整齐后才来到集合地点，不像有些学生边跑边整理。这时我才发现，许多同学外衣没穿，鞋也没穿，光着脚就跑了出来，只是我过于追求服饰整齐，于是我是最后一个入列的。在部队，时间就是命令，不容置辩。

记得我曾经看过的一篇文章，写的是美国西点军校的生活。一名中国士兵在两分钟内没有洗完澡，当他听到集合命令的时候，他的头上正打着一头的肥皂泡泡，结果他冲洗掉之后，入列晚了十几秒，被教官罚了。任何时候，只要命令一下，就要执行！哪怕是头上顶着洗发水的泡沫呢。

我的学军生活，让我养成了在任何时候，去任何地方都不迟到的习惯。这次夜间训练，我受批评了，但后来的整理内务，叠被子我又受到了表扬。被子形状绝对符合军训的要求，有棱有角，宽窄适度。因为这点，教官和董老师表扬了我，让所有同学观摩我怎样叠被子，并让我在同学们的面前当场示范，我在规定时间内完成并符合标准。这让我小得意了一次，挽回了一点儿丢失的面子。除了叠被子外，站军姿我也受到了表扬。

回想起来，学军生活虽然耽误了课堂学习时间，可我从学军过程中所获得的人生感悟又是多么重要啊，如果没有这次学军的经历，我会有此生事事遵守规则的习惯吗？

除了军训以外，我们曾和部队的战士们一起在烈日炎炎下铲土筑坝。

早上，我们会和所有的解放军战士一样，肩扛着一把铁锨，手提着一个装土的筐子，排着整齐的队伍，唱着歌出发。来到筑坝工地上，我们铲的铲，装的装，抬的抬，大家互相配合，干得热火朝天。中间休息时，会有人送来一大桶绿豆汤，我们就拿起碗，一人一碗地喝着，还有人会在这时拉歌，放松一下，紧接着就你追我赶地再干上一番。临到中午，我们吃着大白馒头，喝着冬瓜汤，简直香极了，比起学农时吃的要美味可口得多，有时是冬瓜汤泡着馍吃，有时是冬瓜汤泡着米饭吃。由于劳动量增大，我们的饭量也增大了，我一个女生一顿饭吃三个大馒头是很正常的事，有时还外加一个大菜包子。

有一次，我和几个女生各自吃完了三个馒头后，每人手里还拿着一个大菜包子。教官说："你们吃不完就送回炊事班吧。"我们一听这话，觉得是没舍得吃才拿在手里的，送回去不就吃不上了吗？于是，我们几个女生当着教官的面，又把一个大菜包子三口两口地吞下。我们的饭量让教官也刮目相看了。

04　知青点——人生的起点

1977年7月，我高中毕业离开学校，1977年8月，恢复高考制度，1977年10月21日，中国各大媒体公布了恢复高考的消息，并透露本年度的高考将于一个月后在全国范围内进行。具体考试时间我不记得了，只记得同年，也就是1977年8月，我被安排下乡到西安市北郊谭家公社浮沱大队，成为一名知识青年，我实际到知青点的时间是1977年的12月份。我永远忘不了那一天，雨雪交加，寒风凛冽，天气很冷，但车上的我们却非常激动，没有因为雨雪和天气寒冷而影响心情。我们一起下乡到这里来的五个人，乘坐解放牌卡车，在空军某部队留守处外联办龚干事的护送下，一路颠簸来到浮沱大队知青点，我便成为最后一批下乡知识青年中的一员。所以，恢复高考第一年，我已经下乡了，而在生产队没有一年的知青生活经历是不能报考的。我清楚地记得，第二年，也就是1978年年初，我去找过生产大队主管我们知青的孙书记，她对我说："档案记录你的下乡时间是1977年的8月份，实际到知青点却是12月份，现在是1978年的年初，你自己算算你下乡多长时间，我不可能给你报名参加高考，因为在你之前还有许多老知青，他们也要报考，所以我只能先考虑他们。"我听后也觉得有道理，就没有再为此事费神了。

我被分配到当时的五队，其他四人被分配到不同的生产队。下乡的生活更是令我难忘。首先是住的方面，一排两层小楼房是女生的宿舍，一个戏台下的地下室是男生的宿舍。我和同来的两个女生没在同一房间。陕西关中地区，冬天是十分的寒冷，屋内没有暖气，也没有生炉子取暖，洗过的毛巾不到十分钟就冻硬了。天虽然冷，但知青点人多，反而热火朝天、热热闹闹的。老知青看到有新知青到来了，很是热情地招呼我们，帮我们拿行李铺床，我们很快地安顿下来了。过程中，大家互相介绍自己，没一会儿工夫都相互认识了。

在生产大队，吃的方面有知青灶，有专人负责为我们做饭。下地劳动一天，中午，主食有面条、蒸馍、米饭，副食有豆腐、肉类、萝卜和白菜等。只是我拿了一个小搪瓷碗，直径不足10厘米，可想而知盛不了多少饭，劳动量增加了，我总是感觉吃不饱。负责灶房管理并给大家打饭的老赵对我说："张华，你要换一个碗，这么小的碗打一次吃不饱，再去打就没有了。"可是我只带了这么大的碗，所以刚去的几天，我几乎是天天饿肚子，后来老赵给我找了个大碗，一次盛得多些才吃饱。老知青对新来知青的这种关心，让人感到很温暖。

业余生活呢，我们也有许多乐趣。男生住在地下室，他们收工回来就唱歌，印象深的是爱唱《打靶归来》："日落西山红霞飞，战士打靶把营归……"当然偶尔也唱"坐牢算什么？我要把牢底来坐穿"，因为住的是地下室嘛，阴暗潮湿，所以才那么唱。有时还会唱："疯子在吼，哑巴在叫，……瘸子一蹦三丈高，瘸子一蹦三丈高……"女生呢，业余时间有的织毛衣，有的钩毛线，有的看书，还有的几个人坐在一起聊天，互相讲讲自己遇到的趣事，或者交流一下各自的干活经验。

男生宿舍上面说是戏台，可我下乡那段时间，从未看到村里人在此唱戏演节目，就连陕西人最爱的秦腔戏也没有听唱过。倒是我们这些知青有时会登上台去，在戏台上边唱边舞，时不时地唱上几句样板戏。

生活设施不便。我们的院子里有一口水井，辘轳绞水，每逢洗衣服时，要从井里绞水。有一次我在绞水洗衣服，一同下乡的韩同学和另外一个生产队的刘知青，随手扔过来两件脏衣服，因为是内衣便觉得不应该帮他们洗，我就拒绝了，结果他俩合伙把我的水桶装满砖头瓦块沉入井底。我没法继续洗了，气得我眼圈含泪，内心在喊："李明，你在哪里？有人把我的水桶沉入井底了，快来帮我呀！"此时的李明正在磐石市当兵，并不能听到我的呼唤。

李明在辽阳读完高中，于1977年元月参军了，来到吉林省磐石市某部队汽车连，成为一名解放军战士，也就是汽车兵。来到汽车连，他很快学会了驾驶。两个月后，居然就能带徒弟了，那时他只有十八岁。

他远在东北，没人帮我，我就借用同宿舍人的水桶，一桶一桶往上绞，终于将衣服洗完了，将我水桶沉入井底的两个人也没趣地将自己的衣服拿走了。下乡那会儿，只要得空儿，我就经常回家复习功课，准备参加来年的高考。初到知青点，我见识了家以外的吃、住、行是个什么状态，感受到了农田里劳动的艰苦和农村生活的艰难。当然，相对城市来说，我下乡的地方环境是艰苦一些，但是，与偏远的山区相比，还是比较好的了。一年四季，风调雨顺，种植的粮食、蔬菜年年丰收，属于比较富裕的地方了，毕竟是西安市郊区。

05　劳动增长见识

　　陕西关中地区的冬天本应是农闲时节，但那个时候生产队也会安排一些农活，比如平整土地，送粪，给冬小麦浇水，这些农活在冬天也是要做的。拉着装满土的架子车，途经坑坑洼洼的小路，然后将满满一车的土，朝着不平整的地方倒出去，填平很多沟沟壑壑的地方。这个活儿，一般都是男性青壮年拉车，女的或年龄大一点的男人铲土，男男女女大家边干边聊着天，中午回到灶上吃饭，干一天下来感觉很快。每天都是迎着朝阳出工，背着晚霞收工，大家在一起干着聊着，倒也快乐。

　　干活也不总是快乐的，送粪这件事对我来说也是个不小的挑战。日复一日，我独自拉着架子车，车上装满了农家粪，在坎坷不平的被冻住了的田间小道上吃力地拉着，拉到田头，还要一股劲儿掀起车身，才能把一车的农家粪倒出去，然后再去拉。我一天要拉十几趟呢，开始时，走得两脚都磨出了水泡，久而久之，磨出水泡的地方又长出厚厚的茧子，慢慢地也就习惯了，拉起一车农家粪对我来说也不是什么难事了。

　　除了拉粪送粪，我还被安排给麦田浇水。我一个人在一大片麦田里，一会儿挖开，一会儿合拢，看着水流到麦田里，我就不自觉地想上厕所。头几次浇水时，有人陪我，教我怎么做，我不担心。后来我就独自浇水了，看着一望无际的麦田，心里不免有些害怕。这时若有个什么事，简直是呼天天不应，喊地地不理，尤其是一看流水我就想小便，广阔天地就是没有厕所，刚下乡的知青又不习惯随地解决，就只有憋着了，实在憋得难受，我就开始大声呼喊以分散注意力，憋到中午回到知青点，再解决"个人问题"。有一次，我把此事告诉给我安排活的芳嫂子，让她不要再安排我浇水，结果芳嫂子告诉我说："傻姑娘，什么时候憋不住了，就随地解决了，别舍不得给麦田流肥水哦。真是活人还能叫屎尿憋死呀，你这娃这么不灵光的。"于是，她就安排一个叫臭臭的小姑娘陪我浇水，让她教我怎么在田间地头找地方方便。一切都得向贫下中农学习，包括生活中的细节问题。生产队的老老少少、男男女女都很关心我，我也与他们相处得很融洽。

一转眼，陕西关中地区迎来了一年当中最繁忙、最关键的时候，要割麦子了。麦收时节正是6月天，太阳高照，一地的麦子，麦芒尖尖划在皮肤上，便是一道血痕。大好天气要抢收，不然一场雨就会使成熟了的麦子在地里发霉，就会出麦芽，导致磨出的面粉不好吃。所以麦收时节，村子里，家家户户、老老少少都会出工，割的割，运的运，拾麦穗儿的拾麦穗儿，送绿豆汤的送绿豆汤。中年男子弯腰挥着镰刀，不一会儿一大片挺立的麦子被放倒了。中年妇女也是弯腰下去，稍不留神，一片麦子躺在了田地上。再看打麦场上，机器轰鸣，一排排打麦机不停地转着，麦粒噼里啪啦地四处飞溅，大家将麦子收拢成堆，一堆堆打出来的麦子呈现在人们面前，然后就会有人将麦堆摊平、晒干。由于我刚下乡，头一年还不会使用镰刀，便给了我一个"光荣而艰巨"的任务，就是将老大妈们捡拾回来的麦穗儿过秤，交回生产队做记录，按斤算工分。

印象深刻的是一位老大妈让我过秤时，我把秤杆抬得很高，她一屁股坐在地上，哭了起来，边哭边喊："娃呀，你咋这样秤啊，我一个老太太拾点麦穗儿不容易，你看你把秤杆抬得那么高，简直没法干活了！"我被她的这个举动惊呆了，想我明明是好心呀，才把秤抬得如此高，你怎么就不理解呢？我不解地说："我为你好才把秤杆抬高的，你不领情还指责我。"说完，我的眼泪夺眶而出，委屈的泪水似泉水般流出。这时这位大妈立刻不哭了，站了起来，拍着我的肩膀说："哎呀，我的娃，看来你是真不懂啊！我给你说，卖东西时，秤砣固定在斤数的刻度上，你要将秤杆抬高，买东西的人就高兴；可是收东西时，你要把秤杆压低，这样交东西的人就高兴了。"如此这般，我终于明白了。我是代表生产队收麦穗儿的，每个人交多少取决于我称的斤数，秤压低了就表明多交。有了这个大妈的教育，我对过秤有了新的认识。若没有这个经历，这辈子我对秤的认识恐怕还只是停留在买卖的工具上，至于这其中的奥秘也只有在生活中去揭开了。

我终于明白后，就把秤杆压低，甚至秤砣往下滑掉在地上，交麦穗儿的人才高兴呢。每天如此，每人如此，我终于利用手中的这点权力换取了大妈们的信任和感激。她们这么一高兴，还请我去家里吃饭呢，可以吃到关中地区的锅盔馍夹辣子，香啊。我在劳动中对贫下中农有了更深刻的了解，彼此也有了些许感情。麦收后，我工分换取的麦子也多，吃不完，他们就帮我把麦子磨成面粉，让我带回家，百十斤的东西我一个人驮不了，他们就帮我送回家。劳动挣工分，年底按照工分发粮食，对我来说也算是自食其力了。

6月麦收结束后，紧接着7、8月份玉米长了上来。人钻进玉米地锄草，出来浑身都湿透了，加上玉米叶子似刀一样划得胳膊、腿上一道道血印子。我在玉米地锄草，必须要戴草帽，还有穿长裤、长袖衣服。

玉米锄草后，长势很好，到十月份收玉米时又开始忙了。秋天是雨季，玉米如果不赶在晴天时收，一样会在雨地里发芽，还影响下季农作物小麦的播种。麦子是在收完玉米后播种，一季作物赶着一季作物，农民很辛苦。收玉米时，先要把玉米掰下来，再把玉米秆放倒扎成捆，人力运回来当柴烧。玉米要剥皮，来不及搓成粒的就用玉米叶子捆扎成一辫一辫的，挂在屋檐下或树杈上。收玉米的同时，还会收菜地里的萝卜、白菜，还要挖红薯，除了白菜不能摘下来生吃外，萝卜与红薯都可以。水津津的大萝卜，扭去缨子，在石头上一磕，就能生吃了，有了生萝卜吃，白天干活都不用喝水了。红薯也一样，偶尔挖断的红薯露出白白的薯瓤，还流着浆水，像牛奶一样白，吃到嘴里甜甜的感觉。生产队分给我的萝卜、红薯、大白菜，我一个人吃不完，有的送给村里人，有的我就带回家。

关中地区几乎是靠天吃饭。地里播种的小麦，11月就发芽了，嫩嫩的、绿绿的麦苗，给冬天的田野增添了生命的颜色。新的一轮小麦田间管理又到了，浇水是必不可少的。至此，作为下乡知青，农田里的活我干得也差不多了，一年四季该干的也都干了，该经历的也都经历了。

1978年整整一年，我从1月开始干农活，一直干到1979年的春节前。一年四季不得闲啊。

06　知青点的烟火事

冬天的农村，特别是我们的知青点，因为没有热炕，所以在床上完全靠被子保暖，大冷天谁都不愿意离开热被窝。时间久了，知青点的新鲜事也就传了出来。谁和谁好了，互相取暖的同时也开始了相互间的热恋，谁又请了很长时间的假去了医院。这样的烟火事在冬天里、在知青点里时有发生。

漫长的冬季总算是过去了，开春的乡村小路冻了化，化了冻，一片泥泞，即使如此，我们也得下地干活，翻地播种，下水插秧。5月份，水田里的水，冰冷刺骨，下田插秧大都是光着脚，裤子挽起来，水凉还能忍受，让人忍受不了的是水田里的蚂蟥，那家伙一钻到腿上很难将它弄下来。我就遇到一次，被蚂蟥吸咬后，吓得在水田里放声大哭起来。想起小时候害怕的毛毛虫，现在那蚂蟥比毛毛虫更可怕，可惜李明没法帮我了。遇到这件事，我不由得又想起了李明。

5月的东北也开始解冻了，备战工程建设又开始了，李明拉着一车又一车的沙子、石子等建筑材料来回奔驰在工地与沙场之间。每到收工时，沙场上的人是要随同车一起回到驻地的，据李明后来说，每次他的车最后一趟基本不再拉沙石了，而是拉了一车年轻的姑娘。是呀，年轻的女孩都愿意坐他的车，久而久之，有些兵就开始忌妒了，报告了汽车连连长。连长就将人数固定好，早上出发时，将年轻男女平均分配到每一辆车上，回来时也同早上出发时一样，不许个人随意换乘车。可是过了不久，那些没在他车上的年轻女孩子就与在他车上的男性青年调换，一来二去，李明的车上又是一车女孩子，他也无奈，最后连长也管不了了，就随她们自己愿吧。

是呀，我们知青点的烟火事是不同于李明所在的连队的。

07　报名高考

1979年2月，春节过后，我再次去生产队报名，参加当年7月的高考，结果孙书记不给报名。我不知道这其中的原因，便想向同一生产队的知青贺姐打听一下。贺姐大我两岁，下乡时间比我长，对孙书记比我更熟悉些。于是，我利用在一起干活的歇息时间，问贺姐怎样才能报考。贺姐看到我着急的样子，答应帮我引见孙书记。我报考心切，并且一直在复习。孙书记了解到这个情况后，就给我报了名，还准我假回城复习。这样一来，我几乎不用在知青点待下去了，可以在家安心地复习功课了。

写到此，我真要感谢贺姐，要不是她帮我引见孙书记，我连参加高考的机会都没有。1977年高中毕业就下乡，1978年没资格报考，1979年如果不是贺姐帮忙出主意，我哪里还有希望报考呢？报不上名，哪里还能参加高考呢？贺姐，我人生的一个贵人。多少年以后，我与贺姐在我爸爸所住的军干休所相遇，原来贺姐的父母也是军人，离休后与我父母住在同一所干休所，并且是同一个楼的同一个单元。我父母年龄大了，家里的一些家务事弄不了，诸如有天然气使用不当，造成做饭时打不开燃气灶等事，就去找贺姐帮忙，贺姐也总是有求必应。在此，感谢贺姐。

报名以后，我就积极准备复习所用书籍，作计划安排余下时间，想尽快投入复习。

可是，事情不是想象的那么简单。因为我物理、化学的起步知识没学好，基础差，借助书本，化学勉强能看懂一些，物理的电学我一点儿也看不懂。以这样的基础去参加高考，肯定是不行的。

我必须自学，也只能自学，要想自学就得有书，那个年代手里要是有一套数理化自学丛书，高考路上就有一半成功的把握了，我多么希望自己也能有这么一套书。我把这个想法告诉了爸爸，爸爸也为我没有书而发愁，买是买不到的。没有书可学，没有老师可请教，没有同伴可互帮互学。我从知青点回到家，本以为可以安心地复习了，可是找不到复习用书，我只能干着急。

08 一书难求

时间在我一天天的焦虑中过去了。后来我听说在西安东大街骡马市口，有一些已经考上大学的人，他们愿意用手中的数理化自学丛书换取粮票。于是，我把此消息告诉了爸爸。从此，爸爸便开始风里雨里骑着自行车，带上粮票，去东大街为我换取我所需要的书。跑过很多次后，只换到了两本，两本书肯定是不够的。数理化自学丛书分上下册，齐全应该是六本，还缺四本呢。不过还好，总算有了两本书，我便投入了复习。以后的日子里爸爸也常去，但总是空手而归。仅有的两本书，我已经看过很多遍了，对爸爸的空手而归，我既心疼他，又掩饰不了自己失望的心情，复习时间有限，我自然着急。想着自己眼下的状况，一个下乡知青，请假回城复习，如果考不上，往日的知青生活还要继续。那个孙书记今年准我高考，考不上，明年就不会再把机会给我了，我也不好再向她开口了……真的没法往下想了。书，书！哪里有书啊！？记得那段时间，我每天都是在既盼望又失望的心情中度过的。掐着指头算时间，离高考也就剩5个月了，6月初是麦收时节，我还得回生产队收麦子。这样一来，我的时间就只有4个多月了，这么短的时间，要学习、复习如此多的科目，怎么可能呢？更何况眼下连书都没有找全哪。急啊，急啊，怎能不急啊！？

日子一天天地过着，我自己是一天天地着急，焦虑的心情总是在失望、盼望中交替轮回。终于，我对自己没有书也弄不到书的现状彻底认命，不抱有改变的希望了，每天就是坐在写字台前，对着窗户发呆。一天中午，爸爸回来后，高兴地对我说："书！书！书有了！"从不爱笑的爸爸那一瞬间笑容满面，那笑在他的脸上停留的时间很长。他怀里抱着四本书，一下子放到了餐桌上，我一眼就看到了这四本书的名字。我简直不敢相信这是真的！

"书？！数理化自学丛书！哪里来的？"我的声音一句比一句高，我疑问的语气一句比一句重，我的表情也一句比一句惊讶，我的内心更是一句比一句激动。

"留守处卫生科康护士的。"

"他哪里来的书？"还没等爸爸回答，我紧接着又问道，"他不用吗？"

"他也在利用业余时间自学数理化的高中课程，虽然不能参加高考，但是他很好学，多学些知识将来退伍回原籍总是能用得到的。"

"明白了。"

双手捧着这些书，我的眼泪夺眶而出。我一边流着泪，一边把这些书放到了写字台上。擦干眼泪，转身对爸爸说："爸爸，我一定好好复习，不辜负您的期望，也对得起康护士的雪中送炭。"

这个对我来说不太熟悉的人的一个善举，改变了我的命运，从此我对他从陌生到熟悉，再由熟悉到爱慕。考上师范学校后，我一直爱慕他。在学校上学期间，我写了上百篇日记，记录了我对他的爱慕、敬佩，甚至对他退伍回原籍后的不舍与思念，以及到多年后，想忘掉他却又不能的无奈。我人生的第一封情书就写给了他。

有了书以后，我很快制订复习计划，学习也好，复习也罢，从来都不是什么轻松的事，必须懂得吃苦。多少次，每当遇到难题无法攻克时，我就想起爸爸天天骑着自行车，到东大街的骡马市等候，期待有人愿意用书换取他手中粮票的情景。想到爸爸如此艰辛、执着为我换书、找书，让我复习，我倍感肩上的责任重大。爸爸风里来雨里去的身影，让我耐下心来解决难题。

多少回，每当夜深人静、月影挑灯的时候，我会偷偷溜出房门来到康护士的窗下，月光朦胧了我的身影，窗前的灯光点亮了我的眼睛，地上徘徊的脚步扰乱了我的心绪。隔着玻璃窗，看到灯光下他被拉长的影子，想象着他是个什么模样的人。眼前浮现的是他在我想象中的笑容，想着他为了我放弃自己的学习，我心中充满了感激与力量。多少日，时间从早到晚，我夜以继日地在字里行间耕耘；多少夜，地点从床上到桌前，从屋里到屋外，我一丝不苟地在数字王国演算。不止一次想起自己的现状，没有退路可走，只能勇往直前。

09　走进校园

四个多月后，我充满信心地参加高考。功夫不负有心人，终于在1979年8月接到了录取通知书，西安市卫生学校护士专业。刚接到通知，我就知道自己学不了护士专业，因为我有晕血症。医院开了证明，我又被调至西安师范学校。从此，我的知青生涯结束了。我的知青生涯是我人生中很重要的一段经历，高中刚毕业，就来到农村，从高中生到知青，从城市到农村，从优越的生活环境到艰苦的田间地头劳动，让我学会了自立、自强。

如果说下乡经历让我尝到的是苦，我说的这个苦，应该是从学生到社会公民的角色转换；应该是从城市到农村生活环境的不适应；应该是成长过程中对前途的茫然；应该是初次离开父母、离开家庭开始独立生活的不自信；还应该是千百年来人们对于农耕生活的轻视和不理解……干什么不苦，做工不苦？从军不苦？学生不苦？人生不苦？没有苦，哪来甜？我始终认为不是农村苦，而是人心苦。人生起点不同而已，我对农村、对农民从陌生到熟悉，从不了解到理解，我很难忘下乡这段经历，也很感激国家让我有了这样一段经历，让我历练了胆识，使我的内心强大起来。自强、自立是我下乡的最大收获，要不然我还不会有日后生活当中坚强面对困难及挫折的人生态度。很多人认为下乡是一段不幸的经历，而我却认为我有幸成为最后一批下乡知识青年是幸运的，因为在田间地头，我懂得了生活；在与农民以及来自不同地方的知青打交道的过程中，我懂得了人生。懂得生活，经历人生，我想这就是我下乡的全部意义了。

从农村回到城市，从田间地头走进校园，生活给了我全新的感受。那个年代，每周只有一天休息时间，所以学生大都吃住在学校。周日休息我们大多数同学会乘五分钱一票的公交车回家去。当年的西安师范学校位于育才路上，我先坐5路公交车到火车站，再倒9路公交车回家。

在校学习期间，我的文科成绩一直名列前茅，但数学和物理、化学成绩就一般了，特别是体育成绩还是很差。班主任戴老师找我谈话，希望我的百米跑成绩能达标，这样当三好学生就没有问题了，并让我主动去找教体育课的马老师练习。这位已经50多岁的马老师可真是认真负责，每天下了晚自习，也就是晚上9点钟，他就拉着我在操场上、路灯下练习半个小时的百米跑，因为路灯昏暗，我基本上没有什么心理压力，不像中学时那么自卑。第二天早自习前，他又让我到操场上找他练习百米跑，坚持了差不多一个学期，我的百米速度终于达到了标准。因此，第一学期结束，我被评为三好学生。后来在马老师的鼓励下，周日回家都不睡懒觉了，天刚蒙蒙亮，我就爬起来，在家属院里或院外跑步，这样不但锻炼了身体，还磨炼了意志。锻炼身体指的是我冬天穿着不太暖和的棉衣，却很少感冒生病的。我所说的磨炼意志，指的是在校的学习更加刻苦、认真，做什么事也惯于坚持了。

我原本是不善辞令的，上了师范院学校后，我们的语言学老师宋老师对我的影响甚大。他经常给我布置作业，让我去图书馆借来普希金、莱蒙托夫、拜伦、雪莱的抒情诗，先抄下来，然后再背诵，最后去诵读。记得那时的图书馆藏书并不多，仅有的书也都是要按时借阅和按时归还的。在老师的特别关照下，我常去图书馆，借了书之后抄啊，抄啊，两年内总共抄了七八个精装笔记本，到现在我还留存着当年所抄的诗。因为年轻，也因为喜欢诵读，所以抄完以后，我也都能背诵下来了。背下来之后，老师就让我每天早晨去学校的花园里，找个没人的地方，对着花草树木高声朗读，读着读着，就成了朗诵了。在老师的具体指导下，我初步掌握了朗诵的基本方法。又在老师的鼓励下，我敢于登台朗诵了。功夫不负有心人，我和同班的刘同学成为朗诵的爱好者，每每有活动，我俩都会参加。我的口才也好了很多，甚至语感也更强了。

因为我的文科成绩好，文科的任课老师都愿意让我做他们所教学科的课代表，我呢，也乐不可支，有求必应，把课代表工作做得有声有色。除了平时收发作业外，我经常将一些知识点整理出来，做好笔记，复习时与全班同学分享，因此同学们都很依赖我，也很信任我，每次考试时，他们都会向我借笔记。久而久之，连外班的同学也知道了我的这个特点，也向我借起笔记本来。虽然不是一个班的，但是我很慷慨，要哪一科的就给哪一科的，从不隐藏什么，很愿意分享自己的学习成果。我对自己擅长的东西从不保留，但是我的数学，特别是立体几何不好，空间想象能力较差。任课老师让我回家切萝卜、土豆什么的，以帮助我进行空间想象，我照此做了，但效果不明显，就向同班学习好的同学请教。但是，我发现有些人不像我一样愿意毫无保留地分享，甚至笔记也找借口不给我看，资料更是藏得很深。这让我看到了人与人之间的差别。于是，我去书店买书，自己钻研。实在搞不懂的，在学校就去问老师，老师对学生那可是毫无保留的；在家遇到不懂的问题，就向康护士请教。学期结束时，终于考出了令自己满意的成绩。

我虽然学习比较好，但是性格内向，所以班上的文艺活动很少有人找我参与，特别是跳舞这类事就更没我的份了。我与副班长赵同学是同桌，又都是下过乡的人。赵同学是一个活泼开朗的人，刚入学不久，她就组织班上的十男十女跳交际舞，伴着《甜蜜的事业》舞曲，台上的十对男女翩翩起舞，好不轰动啊！台下所有的师生都投去了羡慕的眼光。

从此，我知道了自己的所长及所短，虽然我有唱歌跳舞所需的基本素质，但没有专门训练过，也缺少专业指导，慢慢地就不善于唱歌、跳舞了。可是我却擅长画画，我对素描很有天赋。虽然之前没有画过，但经老师稍加点拨，我就能把关键几笔画出来，特别是人物像，很受班主任戴老师的喜欢，上课之余，戴老师就让我去美术教室练习素描。由于是普通师范，是不分专业的，什么都要会一些，懂一点，无须钻得深。一直到毕业后，我还坚持画画。

一年时间很快过去了，同学相互间有了更多了解，我也有了要好的朋友，她就是刘同学，我们班的文艺委员。我们经常一起去任课老师家请教问题，聆听老师对我们的教诲，谈读书，谈生活，谈人生。从老师那里，我们学到的不仅是书本知识，更多是书本以外的见识。

1981年6月，两年的师范学校学习生涯结束了。

毕业前几个月，按照学校教学计划，我们开始实习。我们班实习的学校是红星小学。我们这个年级共有12个班，我在第12班，我们整个12班的学生都在这所小学实习，班主任董老师把我们分成了几组，每组成员在同一个年级的不同班级。每个人都要实习做班主任，并担任语文、数学和另一个学科的教育教学工作，比如我当时实习的年级是二年级，就得当二年级某班的班主任，教二年级的语文、数学和美术。

因为我实习成绩优异，被实习学校的何校长挽留，毕业后来到了红星小学，从此成为一名名副其实的小学老师。同时毕业的其他同学，也都回到了家乡，大都走上了教师工作岗位，只是有的在中学任教。

10　校园纪事

写日记，一直是我坚持做的事。据不完全统计，仅在校学习期间，我就写了360多篇，每一篇日记篇幅长短不一，最短的只有五六十个字，最长的有五六千字。这些日记记录的是在校学习期间，我对知识的渴求，思想的发展，以及学会学习、做人、做事的经历；记录的是我情感的变化，特别是我对空军某部队留守处卫生科的他——康护士的爱慕，以及他退伍回原籍后，我对他的思念，甚至是后来我想忘记他却不能的痛苦；记录的是我刚开始参加工作时，一边学会工作，一边学会生活，一边学会为人处世。学会与单位的同事相处，与学生家长相处，与学生相处，与朋友相处，与社会上各种角色的人相处，也就完成了从一个学生到一个社会人的角色转换。一句话，日记记录了我的成长，我的成熟，我的小成功。分享几篇日记吧。

1979年12月30日　萌芽

临近一年尾声，我和好友刘同学一起来到戴老师家。这个时候能得到一位阅历深、才华出众的师者（班主任戴老师）鼓励，倍感荣幸。回想即将过去的一年，我在校的学习和生活十分不理想。对自己的成长没有长远规划，也没有短期目标，导致读书没有动力，自我约束力不强，这些问题让我总是在叹息。可无边的叹息并没有使我获得重生，反而随着岁月的流逝，冲淡了我对生活的热情，削弱了我的意志，让我感到前途渺茫，觉得自己活着没什么意义。

以往的生活境遇，也并没有激发我对生活的热爱，我带着满脑子玩世不恭的态度，"躲进小楼成一统，管他冬夏与春秋"，更没有什么力量推动我，引起我的思考。老师的话，终于开启了我思想的闸门，激涌的思绪飞泻而出，在我的脑海里奔腾，在我的心灵深处涤荡，我开始朦胧地感到自己对时间的错失，对自己的放任，并且发现我走偏了路。可是，要完全改变以前的途径，重新寻找新的路径又是多么难呀。现在，我只有用"过去的一切就让它过去吧"这样的话来慰藉自己。

"听君一席话胜读十年书。"

我需要冷静地思索，寻求新的目标，迈出第一步，坚持走到底。

1980年元月5日　百米达标

"咚"一声枪响，几个同学飞也似的离开了百米起跑线，1秒，2秒……16.5秒，达到了标准。每响一枪，我的心就要紧张地收缩一下，同学们的脚步，仿佛踏在我的心上，让我的心怦怦乱跳着。我不知道我是怎样跑完这一次的，往返几次都不及格，每跑一次我都像是做噩梦，尽管我使出浑身的力气，也尽了最大的努力，但仍旧没有进步。22秒，23秒……20多秒的记录一次次出现，我一次比一次难堪。失败后的心情不能不使我去想，这就是长时间不锻炼造成的，也是我的心理障碍造成的，也许这样下去，将来还会更惨。

朦胧的月光下，扑面的寒风中，在马老师的鼓励甚至亲自带领下，我奔跑在操场上，坚持了数月。每当我跑得口干舌燥，甚至有支撑不住想趴下的感觉时，我一再提醒自己：坚持下去！坚持下去！！日复一日，月月相连，时间终于由20多秒缩短到了18.7秒，终于达标了。几秒的差距，凝结了我多少艰辛的汗水，百米跑道上来来回回的脚步，丈量了我脚下曲折的路程，何止百米，何止千米，何止……由此看来，任何事情只要努力去做，克服心理障碍，勤学苦练，是不难成功的。

1980年元月7日　路

人脚下走的路四通八达，只要脚踏过的地方都可算作路，但是，对于一个青年人来说，面前只有两条路：一是通往感情世界——爱情之路；二是通往知识海洋——学业之路。

前者皆可抛，后者是目标。

老师教我行，勤奋出结晶。

走上学业路，绘制新宏图。

1980年元月28日　分数的启发与学习经验交流

一周的酣战，七门功课总算考完了，分数虽然不能完全衡量一个人学习的好坏，但是在某种程度上，还是能反映出一个人对学习用心的程度。这次考试，我深深地感到对待学习一定要认真，不能敷衍了事。学习知识，既要全面又要深刻，不能凭着侥幸的心理去获取学习上的优胜。所以，对所学的知识一定要消化理解，不能装着满脑子的疑问去迎接新一天的开始，更不应该有明日复明日的想法，这样会荒废学业的。

考试成绩公布了，我看到自己文科成绩很好，理科不理想。特别是数学，刚刚及格。平时的功夫都用在学数学上了，无奈基础太差，怎么办？我恨自己，此时的心情，我无法用笔墨来形容，恨自己恨得两眼发直，我以前从不知咬紧牙是何滋味，此时的我几乎咬破了嘴唇，也咬疼了牙，都没有感到有多么难受。因为数学，我有一种想哭的感觉，于是，眼泪便顺着脸颊流淌下来，流到嘴角，我才知道泪水是咸的，眼泪让我明白了，与其为过去的事悲伤流泪，不如为今后的成功想办法。这是智者的选择。

学习经验分享会上，我怀着异样的心情与同学们分享了我的文科学习经验，无非是：学习、理解、记忆、积累。

1980年2月8日　寒假前夕

冬去春来，积雪消融，泥泞了大地。学期结束前的考试、总结、交流之事，一件接着一件，一连几天的烦恼，随着雪花融化了。因为要放寒假，我和刘同学一起去董老师（刚接任我们的班主任）家作假期短暂告别。我的心情有些复杂，也有些犹豫，但最后还是去了。一个多小时的谈话，我又一次得到了启发，董老师的话不多，主要告诉我们，年轻时应该多学知识，知识越多，翅膀越大，将来翱翔的空间也就越广阔。很难想象在我离校前夕，如果得不到董老师这样诚恳的教导，耐心的启发，我该怎样去度过我上师范后的第一个假期。

我越来越感到现实生活中的人，有很大的差异啊，不同的环境练就了不同的性格，不同的生活决定了不同的需求。我虽然还不完全懂得人生，但是，我愿意像董老师那样热爱生活，树立高尚的情操，在奔向目标的过程中，用勤奋学习来填补精神上的空虚。

1980年3月7日　想念松花江畔的同学

五年前的今天，我告别吉林市的同学、好友，随父亲所在部队换防搬迁到西安。五年的时光，就像疾驶的列车一闪而过。远方的同学啊，你们不会忘记吧，是你们把我送上了开往西北的列车，我带着万般不舍的情感离开了你们，去开辟新的生活道路。哪知，五年后的今天，我依然想念你们，因为在这里，我找不到你们的身影，感受不到与你们在一起的那种欢乐。我很烦恼，生活为什么会这样安排我？我极力想从这里寻找出与你们在一起时的快乐，然而我没有找到，我灰心了。

我的同学、朋友，我忘不了松花江江水波连波，忘不了长白山脉连绵起伏。愿我化为一滴水汇入松花江，化为一丝云追寻长白山的踪迹。更忘不了同学贾岩送我的精致笔记本，上面写着：赠给张华同学，望你像雄鹰一样展翅飞翔，勇敢前进！忘不了同学侯智韬临行时亲自到家送行，给我留下照片和地址。亲爱的同学们啊，我站在西北高原上向你们祝好！

1980年3月10日　不合群的迎春花

课间，我无意走到小道旁的树丛中，想缓解一下上课的紧张心情。灌木丛中，我发现了一朵亮黄色的小花，这是一朵盛开的迎春花，这朵开着的小花引起了我的兴致。时值三月天，却春寒料峭，万物还没有复苏，可是，这朵小花凌寒绽放了。我用指尖去抚摸这朵小花，鼻子凑近它，有淡淡的香气，尽管只有一朵，足以证明了春的到来。在我看来，这朵花似乎不怎么合群，当大多数同类还是花苞的时候，它却提早绽放了，这不禁使我想起了屈原，想起了《离骚》中的一句："鸷鸟之不群兮，自前世而固然。"看来，来看这朵花的人，恐怕也是不合群的吧。不合群的花不也同样给生活增加了色彩，平添了情趣吗？

迎春花啊，请你这边来。

1980年3月22日　春游骊山

时值仲春，本应是"草长莺飞二月天，拂堤杨柳醉春烟"。可是当下，阳光不怎么和煦，春意不怎么浓厚，天气不怎么暖和，大地不怎么葱绿。就在这"草色遥看近却无"的时节，我们班去临潼春游。

呜——一声长鸣，火车载着一路欢笑，穿过秦川，越过浐河，驶到骊山脚下。又一辆公共汽车把我们送到了秦始皇兵马俑博物馆。在那里我们感受到了古代劳动人民高超的艺术与智慧，借着俑群，我们留下了一张张合影。随即，我们沿着麦田边的小路，步行来到了秦陵，一座小山，我几乎是跑上去的。来到顶峰，极目远眺：只见蓝天白云下，麦田里的麦苗随风起伏，一片新绿。亮黄色的迎春花在大地上十分醒目，含苞欲放的桃花，似天边的粉霞。姹紫嫣红，一片春的景致，郊外的春天似乎比城市来得早些。

没停多久，我们沿着林荫小道来到骊山脚下的华清池。吐绿的柳枝垂在池畔上，倒映在碧绿的池水里。这时，和煦的春风吹得人暖洋洋的，我们来到九龙泉旁，留下一张张照片。

一场登山"战斗"开始了，我毫不犹豫地挎起书包，背上水壶，和我的好友并肩前行。山路陡峭，我们手攀树枝，脚蹬坑坎，沿着千万人曾经走过的路，终于爬到顶峰。俯瞰大地，一片青绿，我们登山队员会合了，照相机帮我们留下了珍贵的镜头、精彩的瞬间。

一天的春游结束了，回到车站等车。火车载着一路欢歌的我们回到了学校。

1980年4月16日　电影《蝴蝶梦》

影片《蝴蝶梦》揭示了一个深刻的人生哲理：男主人公想极力回避过去的一切，而女主人公却不禁模仿过去的一切。这样的心理活动正是人的思想感情的真实写照，迎合他人，失去自己。这部影片告诉我们，真正的爱情是需要两个人彼此奉献的，无论平民还是贵族，无论贫穷还是富有，真正的爱蕴含在无言的那一拥一吻之中。女性最大的魅力在于灵魂，而不是那表面妖艳的美丽和迎合。喜欢这部影片，我有机会一定再看。

1980年5月16日　拒绝学习经验交流

学习经验交流会，多好的机会，我多想从中学习他人的经验，使自己提高呢。整整两个小时过去了，我失望了，几个同学的发言，都没能解决我学习中遇到的疑难问题。我只是在这两个小时之内更加明白了自己，适合自己的或许就是最好的方法，自己的问题还需自己解决。

我在想，如果我没有主动拒绝交流文科学习经验这个任务，那么我一定会让同学们有收获的，我为什么要拒绝呢？我含泪写的考试后的随感，我敢说比现场同学交流出来的经验，要有内涵得多，至少，他们分享出来的方法是随处可见的，而我的做法却是独特的。

往事悠悠去，开始新布局。

1980年6月22日　再回知青点

昨天，我回到了我曾经生活过的谭家公社浮沱大队知青点。屋顶的鸦雀在飞，在叫，低矮的平房更加破旧不堪，阴沉沉的地下室发出一股霉味，简易楼破败的玻璃门窗经不起一阵风吹，厨房的锅底朝天了，知青点已经没有一个人了，一切都是那么凄凉。我奇怪，难道此处已经不再有知青住了吗？正想着，一个老大爷走了过来，告诉我说，大部分知青都回城了，还有几个没回城的住到农民家了，这里就由他白天转着看看。哦，原来是这样的。我的心好凄凉，叹了一口气，走出这个小院落，来到生产五队找到相关的人，办完事后，便离开了这里。走在乡村小路上，向远方的天边望去，仿佛有一层雾遮住了我的眼睛，模糊了我的视线。此时正是麦收最后时节，农民们还是忙得不亦乐乎。刚收完麦子，又开始种玉米，日复一日，年复一年。

怀着异样的心情，我离开了这里。

1980年7月7日　期末考前及生日

一学期两次考试，学期末的考试比学期中间的考试更重要。我总是要在这里发发感慨的，不愿让考试前的种种想法，消失得没有任何痕迹。我曾不止一次地记录下考试前后的感受，这也算是我学生生活的一个片段吧。经过半个多学期的努力，又有康护士的辅导，我的数学成绩应该比期中考试好一些，我这样期待着，鼓励自己要充满信心。

我的文科成绩令他们羡慕、嫉妒，我的数学成绩让他们讥笑。我感慨人与人之间的虚假关系，即使是好朋友也是如此。嫉妒吧，嘲笑吧，我永远做自己，凭着一腔热血进取！

今天是我的生日，呵，二十一岁了。

悠悠往事如浮梦，飘过云天雾弥蒙。

不堪回首二十载，春夏秋冬复至来。

日升月落轮回替，潮起潮伏从容对。

待到十年寒窗过，但求无愧我字辈。

1980年7月20日　暑假安排

第一个暑假，我要好好利用，想法很多，甚至还有一个奇妙的想法，就是寻找机会，去见见康护士——那个在我急需高考用书时，将他的书给了我的人，也是我暗恋的人。

每当在影片中、报刊上和收音机里，看到或听到那些有志之士的感人事迹，我就浑身热血沸腾，眼前也呈现出他们的高大形象，我要向他们学习。我已经选择了目标，我要为此奋斗下去。我深信，只要我不懈地努力，一定会成功的。

每天上午，精力充沛的时候，我要做数学题，为下学期的数学学习打好基础。

零碎的时间，我还要看些课外书，包括我喜爱的外国文学，唱唱歌，听听音乐，丰富一下自己的文化生活，如果有可能，还要去打打乒乓球。

第三章

红尘陌上梦里恋

01 我暗恋的人

日记，不是我生活的全部，却是我生活中不可缺少的场景；日记，不是我生活的原版，却是我真实生活的记录和写照。一篇篇日记记录的是我刚刚步入师范学校时，作为学生，我对学习的态度；青春期，我对爱情的向往。是那个年龄的人，对生活、对人生的一些成熟与不成熟的思考。

写写我暗恋的人，回忆青春的美好。这期间，真正留在我记忆中的人是我爸爸所在部队留守处卫生科的康护士，因为他当年的一个不经意的善举，让我对他从此不能忘怀（他是1980年12月离开西安回江南的），直至今日。

他，康福德，空军某部队留守处卫生科护士，1977年1月参军。中学毕业后，到崇明岛农场下乡。虽然是农场，却属于半军事化管理。三年的农场生活练就了他，也丰富了他的人生。20世纪70年代，当兵是每个青年人的理想，康护士也一样，当兵是他心中一直以来的愿望。于是，1977年年初，正是热血青年的他报名参军，便去了北京空军某部队。刚到部队，组织先是安排他到通讯班。没干几天，组织又安排他去总部作宣传。又没干几天，组织又把他安排到总队医院。总之，短时间内，他换了三个部门。在医院，他干了一年半时间的护士工作。

1978年6月，他又一次服从组织调配，来到空军某部队驻西安留守处卫生科，继续他的护士工作。据他说，其实他不适合做护士工作，因为他有晕血症。我也有晕血症，所以知道这种症状的难受。天哪，我都不知道他是如何做护士工作的，幸好留守处卫生科没有太多的"血腥"，不然有这个症状他真没法救死扶伤了，还没救治病人呢，自己先晕倒了。

他多才多艺，是那个年代的文艺青年。他写得一手好文章，能歌善舞，吹拉弹唱样样都会。他也是运动场上的抢眼者，篮球、乒乓球等都能来两下。他具有工匠精神，喜欢也善于手工制作。来到西安，他除了做护士工作，还兼做留守处活动站小学至高中学生的辅导员，带领学生开展活动，诸如文体活动、读书活动，以及外出参观、访问等。

他英姿飒爽、意气风发。同样的军装穿在他的身上就与众不同，让他显得格外英俊。醒目的红帽徽、红领章为他增色，也衬出他的青春与活力。一头浓密的黑发自然地偏向一边。眼睛不大，杏核似的眼廓更显他的智慧与俊俏。内双的眼睛很耐看，眼睫毛不多。他的嘴角，轮廓分明，向上微扬。他总是面带微笑，他那稍稍上翘的鼻子，简直勾住了我的眼球。他皮肤白皙，在同样装束的兵里，一眼就能认出他来。或许让我迷恋的不仅是他的外表，还有更深层的东西，就是他的气质，他的内在魅力，更是他当年不经意中的相助。

康护士初来西安时，我在农村下乡，所以我对他不怎么了解。对他有初步印象的时候，是1979年年初，我回城复习，准备参加高考急需用书时，他通过我爸爸将他自己的书给了我。从爸爸那里，我略知他的一些基本情况，更多的我也不了解，也不能过多问爸爸。他的这一善举，在我看来是雪中送炭的事，使我绝渡逢舟，此后的我是"柳暗花明又一村"。也是因为这一善举改变了我一生的命运。

也许你会说我是出于感恩才会恋上他的，只能说这是原因之一。他是爸爸的同事，甚至爸爸是他的前辈、老师，他深得爸爸的喜欢。爸爸喜欢的人自然我也会喜欢，这是原因之二。原因之三，康护士本人是那个年代的文艺青年，吹拉弹唱无所不能，还是一个运动爱好者，运动场上最能展示男性的美。这些对我来说，简直就是无法抵制的诱惑，很有吸引力。原因之四，处于青春期的我，工作、生活、爱情、事业都处在懵懂期，遇上这样一个有恩于我的人，自然会喜欢。这种喜欢实际上是一种介入，这种介入是求之不得的，也是难以忘怀的，我甚至认为这种介入实际上是一种植入，一颗爱的种子被植入心中。既然是一颗种子，就要完成一颗种子的生命过程：生根，发芽，长叶，开花，结果。这个"果"应该不是一个硕大的果实，而是人生的一个经历，一个对爱执着追求的经历，仅此而已。

每周从学校回家路过卫生科时，我总是去找爸爸拿钥匙，也总会有机会遇见他。有时看到他在忙着给病人处理病情。有时看到他在开放的阳台上，手搭在栏杆上，漫无目的地眺望着。有时遇到他在路上行走。有时看到他在篮球场上打球，在卫生科楼下的案台上打乒乓球。有时看到他与病人交流着什么。甚至听到他唱歌、吹笛子、弹风琴、吹口琴的悠扬声音，看到他带领活动站的孩子们参加各项活动，给孩子们讲故事等。在我的眼里、心里，他不同于一般人，什么都会，什么都行，简直全能。

02　初次见面

清楚地记得第一次见到康护士的情景，对他的印象很深。周六下午，我从学校回来，先去找爸爸拿钥匙，因为那时妈妈上班，家里没人。走进大院向左一拐，我一眼就看到他了。一身得体的军装把他装扮得十分精神。一件白色的大褂套在军装的外面，领口露出红领章，更显他的职业性。没戴帽子的他，头发又浓又黑，显得健康有朝气。略带微笑的面孔，充满灵气的眼睛，微翘的鼻梁更使他英俊帅气，浑身充满着青春气息。

我想，这个人一定就是康护士。初次见他，我眼前一亮，有种一见面就忘不掉的感觉，这也许就是一见钟情吧。

不容我多想，这时，爸爸对我说："这是康护士。"又对康护士说，"这是我小女儿张华，西安师范学校学生"。爸爸介绍完后，我便礼貌地说了声："康护士好！"他也礼貌地回我："你好！"还问我，"学校离家远吗？学习忙吗？"我高兴地回答他说："学校离家比较远，需要倒两路公交车才能到家。学校生活还可以，学习比较忙。"说这话时，我眼睛一直盯着他看，其实我很想说一句：谢谢你！谢谢你的书！谢谢你不经意中的善举！可是，话到嘴边我硬是咽了回去。我不知道为什么要这样，很长一段时间，与他相处和交流过多次，我都没有当着他的面说一句谢谢他的话。

从此，我知道了，他就是康护士，那个给我书的人，我在回城复习期间，几乎是每天夜深人静的时候，我都会来到他的窗下，看一眼他窗前柔和的灯光，以及他那映在窗上的影子。初次见面，我奇怪自己对他的想象怎么这么准，中等身材，军人气质，典型的飞行员体格，眼睛不大却有神，头发浓黑亦有型，浑身洋溢着青春的朝气。因为知道他是来自江南的兵，就拿他与吉林市活动站时担任我们辅导员的黄叔叔作比较，因为那时年龄小，所以对黄叔叔的印象就是爱讲故事，称他为故事叔叔。又因为他是我们的辅导员，所以也很敬佩他，感觉黄叔叔像我的爸爸一样慈祥和善。而康护士就不同，他虽然也兼任活动站的辅导员，但不是我的辅导员，是比我年龄小的孩子的辅导员。那时我二十来岁，正是青春期，对康护士有了不同于其他人的感觉，第一次遇见他，就想着下一次什么时候还能再遇见他。

03　懵懂生爱慕

因为学校星期天没课，所以，我就盼着周六的下午早点回家，找爸爸拿钥匙就能遇见康护士。但有时也不这样，有一次我去找爸爸拿钥匙，他并没在卫生科当班，我也不能问，只好拿着钥匙失望地走出卫生科，没精打采地走在回家的路上，想康护士干什么去了？为什么没在？转而一想，他为什么要在？他怎么知道此时我想要见到他？真是莫名其妙，自己都不清楚，为什么去找爸爸拿钥匙没见到他，我会如此失魂落魄。晚上，爸爸妈妈下班回来做饭，我也帮着做些家务活，诸如收拾屋子，打扫卫生，洗衣服，以此分散注意力，不然总是在有意无意地想他。第二天是周日，按常规可以睡懒觉的。可是，后半夜时，只听到家里的电话（座机）丁零丁零地响起来，我起身快，赶紧跑去接电话，刚拿起电话，就听到康护士急切的话语声："张医生，张医生在吗？我是小康，我找张医生。"这时爸爸已经走到我的跟前，我把话机递给了爸爸，爸爸赶紧回复说："我马上去！"凌晨4点多，院子里的一位阿姨因为急病发作，必须送医院手术。

爸爸走后，我也无睡意了，因为时间还早，不便起床去晨跑，于是就躺在床上想刚才接电话时听到的康护士急促的喊声。为了病人，医务工作者是随叫随到。这时我才知道，白天他之所以不在卫生科当班，是因为晚上他值夜班，所以白天他应该是休息的。白天虽然没有见到他，但凌晨听到他的声音也很愉悦。不见其人闻其声，我心里甜滋滋的。于是，我又盼望下个星期。

走在回家的路上，我想，这周六康护士不会值夜班吧？于是我上了二楼，拐弯时正好看见他身穿白大褂，手里拿着药，正往楼下走去。我既惊喜又失望，不由脱口而出：

"康护士好！你干吗去呀？"

"我去给病人送药。"

"为什么不自己来取？"

"行动不方便。"

说着他已经下了楼，我站在二楼用失望的眼神望着他离去的背影，心想咋就这么不巧呢，唉！不就是想多看他一眼嘛，干吗总是不能如愿呢？于是，我走进卫生科找爸爸拿钥匙。看到爸爸在给一个病人听诊呢，我不便打扰，就坐在办公桌旁边病人坐的椅子上等着。突然康护士走了进来，我又一次惊喜地望着他说："这么快就回来了？"他说："是呀，不远，就在前面楼上。"我正想和他好好说会儿话，没想到爸爸也出来了，顺手把钥匙递到我的手里，说："赶紧回家做饭去吧！"于是，我只好极不情愿地接过钥匙，转身看了一眼坐在爸爸对面的康护士，康护士也很平静地看了我一眼，又看了看刚坐下的爸爸说："张医生，我……"话还没说完，桌子中间的电话响了起来，他立即接听电话，原来院子里的一个老干部胸口疼，不能来卫生科就诊，需要爸爸亲自出诊。于是，爸爸站起来说："小康，你留在这里吧，我去看看。"说完，爸爸背起药箱，手拿血压计，出了卫生科，或许是着急，爸爸竟忘了还站在桌子旁边的我。我本打算与爸爸一同走，又想同康护士说会儿话，正在我犹豫不决时，康护士说："你坐一会儿吧。"听到这句话，这时的我是坐也不是，不坐也不是，就直直地立在桌子旁边。然后他就像医生问病人一样问我：

"你会做饭吗？"

"简单的家常饭可以。熬粥、热馍可以，不会炒菜。"

"学校的饭菜可口吗？"

"还行，比我下乡时好多了。"

我也问道："你们的饭菜可口吗？"

"还行，大锅灶不很精细。口味是东西南北大杂烩。"

"您喜欢西安吗？习惯这里的气候吗？"

"无所谓喜欢不喜欢，在部队当兵一切服从组织安排。我本来在北京总队医院，现在又调我到这里来了。"他若有所思地说。

"哦，是的，一切服从安排，部队就是这样的。"接着我又问道，"喜欢部队生活吗？"

"喜欢呀，当兵是我一直以来的理想。"

"是呀，我也很羡慕当兵的人，可惜我没有机会。我大姐也是当兵的，也在这个部队医院，也是护士。"这时，我坐了下来。

"哦，那你就没机会当兵了。"

"是的，我高中毕业就下乡了。现在不可能去当兵了。有当兵经历，人生完满。真是羡慕您，热血青年。"

我与康护士一句接一句地聊着，聊了很多。半个多小时过去了，我起身说："我该走了。下次再见。"他也站起来送我到门口。我不知道我继续留下来与他还能说什么，但是我就是想多停留一会儿，哪怕什么都不说也好。但是，我必须得走了，尽管我的内心一百个不情愿。走在回家的路上，我满心欢喜，脚步都是轻盈的。对话中，我了解到他大我3岁，经历比我丰富。相对他来说，我更加年少懵懂。懵懂的年龄，懵懂中心生爱慕。

04　宿舍里畅谈

　　总是盼望着下一次见面，记得那周六下午，学校安排了活动，我到家时已经是晚上6点多钟了，爸爸也下班了，用不着再去拿钥匙。路过卫生科时，我失望地看了一眼紧锁的门。这时，突然发现楼梯东边的房门是开着的，我知道那是康护士的宿舍，屋里的灯亮着，隐约听到有说话的声音，看到此、听到此，我瞬间满心欢喜，可是我找什么理由上楼呢？于是，我灵机一动，想了个主意，到卫生科敲门，声音敲得响响的，他听到后一定会出来的。于是，我假装不知道爸爸下班了，大声地喊："爸爸！爸爸！"这时他出来了。哈哈，中了我一计。

　　"康护士，我爸爸呢？"

　　"已经下班了。你没有回家吗？"

　　"回了，可是我家里没人呀！"

　　"那你到我屋里坐会儿，等等吧。"

　　"好的，谢谢。"

　　于是，我跟着他走进他的宿舍，一眼看到屋里还有一个人，他是姐姐的同学，也是下乡知青，后来考上大学的高同学。高同学的爸爸是医院外科主任，康护士被分配到总队医院做护士，自然会与高主任在工作上打交道。

　　据康护士说，有一次，高主任作为主刀医生给病人做手术时，他作为护士要给高主任提供做手术时所需用具，包括柳叶刀、钳子、剪子、止血棉等，其间，如果医生需要，作为护士还要给医生擦拭额头上的汗。一个看似简单的擦汗动作，在手术过程中都与日常生活中的不一样，第一次，他手拿纸巾，在高主任额头上来回地抹，高主任便瞪大眼睛看着他，康护士并没明白。于是，他又来回地抹，又被高主任瞪了一眼，一边的其他护士马上示范，康护士才知道自己的动作不够规范，这样容易将汗水滴到病人伤口处，造成感染。手术结束后，康护士被叫到一边，高主任耐心、详细地教他在手术室护士做什么，怎么做。康护士对这件事印象很深。因为认识高同学的爸爸，所以，也就认识了高同学。我们三个互相认识，于是便开始聊了起来。康护士说：

"你们两个从下乡的农村考上大学，很不容易。"

我俩一起说："是呀，是呀！毕竟一边劳动一边复习，是件很辛苦的事。"

紧接着，我又说："康护士，您当兵多好呀。喜欢干医护这一行吗？"

康护士说："当兵是我自愿的，来到部队干什么就不由我了，也无所谓喜欢不喜欢，在部队，组织安排什么就干什么。执行命令而已，喜欢与不喜欢都得去做。"是呀，在部队就是这样，不存在个人意愿，组织安排，一切都要服从命令。接着，他又说，"其实我不适合医护工作，我有晕血症"。

我一听，心想：他怎么与我一样有晕血症。还没多想，就听到高同学说：

"张华，你们学校毕业以后去向是什么？"

"师范院校当然是去学校当老师了。"

"你愿意做教师工作吗？"康护士问我。

"还行吧，我与你一样，因为有晕血症，所以搞不了医护工作，当个老师蛮好。我是下乡知青，从所在生产队考上来，别无选择，只能服从调配，因为我的志愿里就没有填报师范类的志愿。康护士，你的战友也是自愿来当兵的吗？我知道中国有句古语：好男不当兵，好铁不打钉。"

康护士听我说完后，说："那是古人的看法，现代人却不这么认为。当兵是我一直以来的愿望，我的许多战友都是自愿当兵的。其实做教师挺好的，每年有寒暑假，比较适合女孩子。"

听了他的话，我满心欢喜。因为他说女孩子适合干教师工作，说明他会比较喜欢我将来所从事的教师工作，我之前还怕他会瞧不起教师工作，因为那个年代，人们对教师工作的认识不够全面，教师行业不受人尊重。

我又问高同学："你们的毕业去向是什么呢？"

"也有去学校的，或者其他行业，去学校教书的多一些。"

"你喜欢当老师吗？"

"还可以。"

其实，他毕业后留校教英语了，几年后他去了英国曼彻斯特，至今还在英国生活。我们三个聊了好久，因为都是年轻人嘛，心怀理想，抒发自己的抱负……

通过那次聊天，我才知道其实当兵虽然是那个年代许多年轻人的理想，但是也会有很多无奈，比如说当了兵就没有机会报考大学。尽管如此，康护士在部队服役期间，仍然坚持自学数理化。我又想起他给予我的帮助，把自己的学习用书慷慨地给了我。这时，我很想说出谢谢他的话，但因为高同学在场，我欲言又止，终究没能说出那句感谢他的话来。

他们两个人都大我几岁，和年龄比我大的人一起聊天，抒发理想，我仿佛也长大了。晚上回家，便给还在三原县下乡的二姐和远在陕西汉中当兵的大姐，每人写了一封信，告诉她们家里一切平安，希望她们早日返回家乡。

又到了周末，我脚步匆匆地走进大院，又一次上楼找爸爸拿钥匙，被正在当班的岳护士告知爸爸开会去了，我只能在院子里等爸爸了。他呢？康护士怎么也不在呢？难道也开会去了吗？我没敢问岳护士康护士怎么也不在，就直接下了楼，抬头看到东边的房门紧闭，我就在院子里溜达。绕着卫生科楼前后转着，转着转着，突然听到很响的关门声，紧接着就是噔噔的脚步声，我刚好也转到卫生科的楼下了，突然看到康护士下楼来了。啊！好惊喜哟，正盼着与他相见，正想着他呢，他居然就出现在我的面前。

"康护士好！"

"你回来了。你爸爸开会去了，一会儿就回来，你去我宿舍坐会儿吧！"

"好呀！"于是，我跟着他上了二楼。再次走进他的宿舍，我看到屋内有一张单人床，铺着洁白的床单，床上的被子叠得有棱有角，不愧是训练有素的老兵。一张桌子，上面有一盏台灯，桌上摆放着几本医学常用书。屋内陈设简单，没有多余的东西，却显得温暖而舒适。我有些紧张和局促，不知道该说什么，做什么。他也看出了我的不自在，忙拉出一把木椅子，让我坐下，然后他坐在桌旁边的床上。由于桌子与床是挨着的，所以，我俩面对面坐得很近，开始我不敢抬眼正视他，但最后还是鼓起勇气看了他。

秋天的黄昏，窗外落日的霞光洒在他的身上，他衣服上的红领章和帽子上的红帽徽更加红艳，闪亮得有些逼眼。眼角的柔波，眉间的浅笑，好似泊了一弯淡淡的柔情，上扬的嘴角更显他的魅力。我看了他一眼，他在笑。他看了我一眼，我也在笑，只是笑完之后，我都不知道手和脚往哪儿摆放了，反正放到哪个位置都觉得不自然。窘迫了一会儿，我转过身不再面对他，而是面对窗户，顺手从桌子上抽出一本书——《实用药物手册》，还看到《战争与和平》《安娜·卡列尼娜》等苏联文学名著，于是，我不再尴尬了，问他：

"这是您常看的书吗？"

"是的，我在北京时，利用每周外出的时间在王府井买的，还有数理化自学丛书，都是我排队买的。"

"您很好学，向您学习！"哦，原来他的书也来之不易！我突然想到他的数理化自学丛书还在我家放着，我应该还给他，甚至说我应该当面谢谢他，可是我话还没说出口，就听到他在问我：

"你在学校经常看什么书？"这一问一答间，终于使我和他有了话题。于是，我对他说：

"看一些教育学、心理学相关的专业书，还有一些文学类的书。"还特别给他说了我看了许多外国文学，《简·爱》《傲慢与偏见》《呼啸山庄》《一生》《蝴蝶梦》《约翰·克利斯朵夫》等，喜欢抄写并背诵了大量的抒情诗，比如普希金、莱蒙托夫、雪莱、拜伦等人的诗，要么上课抄，要么课余时间背。他听了之后说：

"读书真好。"

"您喜欢读什么书？"

"文学书也喜欢看，《红与黑》你有吗？"

"有，下周回来时，我带给您。"

"那就先谢谢你了！"

哈哈，看来下周回来就有充足的理由找他了，当时我心里乐开了花，准确形容就是心花怒放。

05　喜欢来苏水味

差不多半个小时过去了，爸爸还没有回来，我提出先回家看看，他准备送我出门。我俩差不多同时起身，我转身将椅子挪进桌子下面，他稍前于我向门口走去，我突然间闻到了他身上特有的味道，淡淡的来苏水的味道。本来在卫生科随处都能闻到这种消毒水的味道，平时稍稍感到有些刺鼻，我对卫生科的这种味道并没有什么好感。可是此时，我对康护士身上的这个来苏水的味道，感觉特别不一样，我长吸了一口气，自言自语道："好好闻的一种味道哟！"

他说："什么好闻的味道？"

"就是您身上的这个味道。"

"我身上的味道是在医院里工作的人都有的味道，消毒水的味道。"

"您身上的这个味道比卫生科里的味道好闻。"听了这句话，他满脸的诧异，我也有些不自然了，就赶紧说，"我走了，下周回来给您带《红与黑》"。从他的房间走了出来，我再次来到卫生科，看爸爸回来了没有，他也跟了过去，结果爸爸还是没有回来，岳护士也不见了。我俩就又坐在卫生科聊开了，他接着刚才的话问我：

"这儿的味道好闻吗？"

"不怎么好闻，太浓太呛！没有您身上的好闻。"

"卫生科是公共场所，每天要用来苏水消毒，我宿舍不会专门消毒，只是距离卫生科近，所以有淡淡的味道。"

"您说得对！因为您的工作在卫生科，所以，您身上会有这种消毒水的味道，我很喜欢闻这种味道。"说着，我把目光移向窗外，其实，我很想多看他几眼，但是表面上又不敢看他。我多么希望每周六的下午爸爸都有会，这样我就可以和康护士见面聊天了，借机和康护士多待一会儿。

康护士身上的来苏水味沁我心脾，从此，我对花香失去了敏感，觉得世界上最好闻的味道，就是康护士身上的淡淡的来苏水味儿了。我把这种味道浸入心中，至今难忘，至今喜欢。二十来岁的我，从此知道了一个人除了长相、气质会给他人留有印象外，气味也会给人带来好感，甚至让人着迷。看来我对他有好感，不仅是因为他的气质了，还有他的味道。堪比花香的来苏水的味道，比酒香醉人的一种味道。

06　以书传情

周一早上，因为要赶到学校上第一节课，所以我走得比平时早。走到卫生科楼下时，我突然再次听到重重的关门声，接下来就是噔噔的脚步声，我的心跳突然加快，这是他宿舍的关门声音呀！不会是他吧……是他吗？……怎么会这么巧？其实就是他。这么早，他干什么呢？我又惊又喜，问道：

"康护士好！您这么早就出来了？"

"我去跑跑步，你怎么走这么早？"

"今天第一节有课，八点前必须要赶到学校，这是制度。"

"是的，我们外出也有时间规定，规定时间内必须返回。"他和我肩并肩走着，我突然放慢了脚步，有意稍后于他，于是我再次闻到了他身上的来苏水味。可他却问：

"你怎么走我后面去了？"

"我喜欢跟在您的后面。"他听后，也放慢了脚步，与我并排走着，可我再次放慢了脚步，又稍后于他，并且大胆地告诉他：

"我喜欢跟在您的身后，前面风一吹，我就能闻到您身上那淡淡的来苏水味了。"他回过头看了我一眼，眼神很平静。我要坐公交车去上学，他居然陪我走到公交车站，目送我上了车才离开。

从此温暖于心的是他的这份周到与细心。这一次偶遇，让我对他有了新的认识，从此，我就喜欢上他了。如果说在此之前对他是心存好奇或者被他留下的好印象所吸引，那么这次应该是打心底里的一种喜欢。就是想见到他，想和他说说话，闻闻他身上的味道，享受一下见到他时的那种怦然心动，甚至温暖的感觉。

一周时间过得很快，又到了周末，我带上从图书馆借来的《红与黑》，迈着匆匆的脚步往家赶。一路上，我不住地想，见到康护士我先说什么？怎么做？还能再次到他宿舍吗？爸爸会不会再次开会？我边走边想，不自觉已进入大院，来到卫生科的楼下，稍稍平复下心情，我拿着书直接走了进去。一眼看见爸爸坐在桌前，正在摆弄便笺。岳护士在卫生科忙着。怎么不见他了？他人呢？说好了这周六回来给他带书的，我不停地问自己，突然听到爸爸说让我拿上钥匙回家。我极不情愿地接过钥匙准备回家，可手中的书怎么办？我对爸爸说：

"这是康护士让我给他借的书，他人呢？"

"他外出学习一周，下周才能回来。"

"啊？！"

失望的我拿着书走出了卫生科，浑身都不舒服起来。我把那本书捧在胸前，从二楼沿着楼梯往下走，脚步沉重，心情也沉重，自言自语道："唉！怎么这么不巧呢？"我失望的泪水都快要流出来了。

深秋季节，夜色渐浓，我头一次感受到秋的寂寞，秋的无奈。反正今天见不到他了，我深呼吸了一下，止住快要流出的眼泪，转身回家。"丁零零"清脆又连续的自行车铃声，打破了四周的沉寂，我回头一看，眼前一亮，是他！车到我跟前，他没有下来，而是坐在自行车上问我："你这是要回家吗？"我两眼直愣愣地盯着他，眼眶里又一次闪出由于意外见到他而惊喜的泪花，半天都没有说一句话，他只好从自行车上下来，把车子推到走廊锁好，再次来到我面前，看到我两手捧在胸前的书说："这是给我借的书吗？走，我们上楼坐一会儿。"我瞬间转悲为喜，跟着康护士来到了他的宿舍。

　　一进门，那淡淡的来苏水味儿弥漫在房间。他开门后走到哪里，我就跟他到哪里。他又问我："你怎么又跟在我后面了？"我说："喜欢闻您身上的这个味道啊。"我抬眼看到他诧异的眼神，不由得浑身一颤，生怕他发现我心中的秘密，我迅速调整自己到常态。接着听到他问我："你受批评了吗，怎么眼圈含泪？"我告诉了他为什么，他听后说："我也是特意赶回来的，不然，我怕你找不到我，书就没法给我了。"我听他这么一说，内心一阵感动。这时，我把书往桌子上一放，说："这周您就可以看了，我好高兴的。"他坐在床边，抚摸着这本书，又拿起来翻了翻，对我说："你看过吗？"我说："看过了，主人公于连……"他放下书，手自然地放在书上，我关注到了这个细节，要是我把手放在书上，他的手就会和我的手挨上了，我看了看他，他也看了看我。我刚想伸手去拿书，借此触摸一下他的手，就听到了敲门声。

　　门是半掩的，我坐在桌前的椅子上，一眼就看到了敲门的人是高同学，我还没伸出去的手便缩了回来，立刻站起来说："你好！你今天也回来了。"康护士也起身招呼他，于是我们三个人又一次开聊。高同学也是有才华的人，谈起话来滔滔不绝，稍微有些张扬。看到桌子上的那本书，他随手翻了翻，然后就以主人公于连为话题，谈自己的看法。

　　高同学说："于连是一个有才华，有野心，有自尊，也有良心的人。可是许多评价把于连说成一个一味向上爬的野心家。"我接着说："在这部小说中，作者对于连形象的设计是融合了自己切身的经历。"这时，康护士以平静的语调陈述道："不同文体的文艺作品，包括绘画、歌曲，甚至小说大都来源于生活，却高于生活。所以作者写的是自己的生活经历，自己的人生感悟。"他从不张扬，从来都很从容、淡定，也许是职业的特点吧，医护工作者都比较冷静和理性，其实，我更多的是喜欢这种娓娓道来却不夸张式的表达。听了康护士的一番话，我感慨他对文学、对生活、对人生的深刻感悟。

高同学的到来，让我失去了一次有可能碰着康护士手的机会。我爱慕了他这么久，连手都没有握过，更别说深层次的表达了。我的初恋过程很单纯，也很纯洁。这次相见令我感慨他对文学、生活、人生的思考。

为了能和他有更多的接触，我特意去了小寨书店准备买一本《红与黑》送给他，因为学校图书馆的书是限期要还的。可是我没有买到《红与黑》，却买到了《简·爱》。

又是一个周末，我带着《简·爱》急匆匆赶回家，刚走进大院，又一阵"丁零零"的自行车铃声划过我的耳边，回头一看，我惊奇地喊出："康护士，您回来了！"他下了自行车，慢慢地推着向前。我急切地问他："您的进修学习结束了吗？"他告诉我说："结束了。"又告诉我说，"地方医院病人很多，每天都是马不停蹄地打针、敷药、处理简单的病情，比卫生科要辛苦得多"。"哦！看来一周的进修学习是收获满满，也辛苦多多了。"走到卫生科的楼下，我要找爸爸拿钥匙。于是，我俩又一起上了楼，在楼梯拐弯处，我从书包里拿出那本《简·爱》，在他面前扬了扬告诉他："这是我买的，准备送您。"他听完后，说："你去拿钥匙，我也去，顺便给你爸爸打个招呼，告诉他我进修学习结束了。"我把书装进书包。于是，他走在我的前面，我又一次闻到了他身上那股醉人的来苏水味儿。

我与康护士一前一后走进去，我一眼就看见我爸爸在给一位战士问诊。看到我们进来了，爸爸便掏出钥匙递给我，我接过钥匙准备出门，就听到康护士说："张医生，我回来了，一会儿过来汇报学习情况。"我爸爸说："你先回去休息，不着急汇报。"我和他又一前一后走出接诊室，几十步就到了他的宿舍，我根本没有要回家的意思，就又一次走进了他的宿舍。啊！好熟悉的来苏水味儿呀，好陶醉的一种味道哟！

落座之后，康护士对我说："这周太忙了，没有时间看书，还有一半没看呢。"我说："不急，学校的图书可以借阅一学期。"于是，我又一次从书包里把《简·爱》掏了出来，端端正正地放在桌子上，认认真真地对他说："我买的，送您的，希望您喜欢。"他从桌上拿起书，认真地看了一眼，又看了一眼我，然后说："你是学生，哪里来的钱买书？我应该送你书才对。"我说："您……您通过我爸爸送我的……"话只说了一半，我想对他说"您曾经给我的那四本数理化自学丛书，没有它们，我至今还在农村"的话又一次被我咽了回去。然后转了话题说："您放心，我们师范院校每月除饭票外有15元钱的补贴，我花不完。我爸妈每月还给我10元零花钱，足够了，我喜欢买书。"他又将手中的书翻了翻，放到了桌子上，手也自然地放在书上面了。

我又一次关注到了这个动作，这个熟悉的动作，我想把手也放到书上，这样我和康护士的手，就会碰到一起了。想到上次快要实现的愿望，因为高同学的突然到来，没能实现，心中不免遗憾。眼前又一次机会来了，我能把握住这次难得的机会吗？高同学不会再来吧，应该没有人再打扰的……我的眼睛紧盯那本书，想着如何将手放到书上，这时的我，连呼吸都急促起来，心跳也加快了。

我战战兢兢地伸出手，神色慌慌张张，心怦怦地跳，还没有来得及将手放在书上，康护士已经将手收了回去，顺手将抽屉打开，很麻利地抓了把糖，说："大白兔奶糖！"我又惊又喜地叫道："怎么会有大白兔奶糖？"他说："家里寄来的，你吃吧，女孩子都愿意吃这种奶糖。"我却不好意思起来，手还悬在半空，放也不是，收也不是。看到我一脸的纠结，康护士干脆拿起一颗糖，熟练地剥下糖纸，然后伸出手说："给！吃吧！很好吃的。"这时的我才迅速将手的位置调整过来，伸出手去接这个已经剥开糖纸的糖。由于我紧张过头，怕碰到他的手，又想碰到他的手，所以，我的手颤颤巍巍的，如同帕金森综合征患者。一不小心，我没抓住那糖，而他已经放了手，啪的一声，剥开的糖掉在了地上。我"啊"了一声，低下头去捡，他也低下头去捡，结果我俩的头在捡拾的过程中碰了一下，一抬头，我顿时感到浑身热血奔涌，脸瞬间红了一片。没有镜子，我自己都能感受得到脸大面积的红。我和他几乎是同时直起身子，然后各自从桌上抓起一颗糖剥开，然后又是同时一起伸出手，几乎是同时说出一句话："你吃吧！"我俩交换了各自手中剥开的大白兔奶糖，他把糖放在我的左手上，我把糖放在他的右手上，然后我们几乎又是同时把糖放进嘴里，几乎又是同时说了一句话："谢谢！好甜呀！"

20世纪70年代末80年代初，用糖招待客人，是很高级别的待遇，更何况是大白兔奶糖。本来一直想与康护士有手的接触，感受一下他手的温度，没想到却头碰着头了，这种感觉不仅仅是温度的感受了，简直就是一种眩晕，很舒服的一种眩晕，很着迷的一种眩晕，很难忘怀的一种眩晕。这种不经意中的肢体接触比语言表达更加神秘，更加美妙，更加令人神往。令人着魔的碰头，令人眩晕的瞬间，令人神往的感觉。几十年过去了，我时常想起当年的情景，想念它于生命的每一个时段。

这是我与异性朋友的第一次肢体接触，这其中的吸引力有多么强大，是可想而知的。在这强大力量的感召下，我下决心要与他常见面常交谈。好奇、喜欢都无法诉说我内心的情感。此时，我对他应该是一种爱恋了。

07　冬练

带着这种神秘与美妙，我浑身充满无限活力。在校学习精力旺盛、心情愉悦，文科成绩名列前茅，教育学、心理学、语言学，甚至逻辑学都遥遥领先，即使是成绩不好的体育，也有信心去面对了。学期又将结束，我被推荐为三好学生，并且在班上做学习经验交流与分享。

1980年元旦过后，我们放寒假了，我高兴的是，我可以随时，甚至每天都会见到我想见到的人啦！于是，我做了个假期安排，除了必要的看书、学习外，就是每天要坚持冬练——晨跑。冬季里，学校统一组织学生长跑，每天跑一圈，差不多四五千米。刚开始是跑不下来的，慢慢就坚持下来了，也不觉着远了，甚至到后来哪天不跑，反而不舒服，不适应了。

在校期间，我们会从育才路出发，经过兴善寺东街、长安北路一段到小寨东路，再到翠华北路，这样一圈下来也就四五千米，有时还会多跑一圈半圈的。

回到家后，我该到哪里去跑呢？我实地看了看，院子里肯定是不行的，没有那么远的距离，只能在院外马路边上的人行道跑了。可是，晨跑一般是在早上六点左右，北方的天还黑着，怎么办？还得跑，我观察到每天这个时候，马路边人行道上，有零星几人沿着马路跑去跑回。好！就这么定了，于是，放假的第二天，我就开始按计划作息。

昏暗的灯光下，夜色不浓却未退，冬天的雾气弥漫，路上的行人不多，略显清冷，偶尔一个人擦肩而过，还没看清什么，就已经消失在茫茫的晨雾中了。20世纪80年代初，尽管路上人少，却安全。于是，我从大院出来，沿着马路，一直以平均速度跑着，跑着跑着，身上慢慢开始温热，直到最后浑身热气腾腾的。哈出的气都能看出是白色的，身上也热乎乎、汗津津的。沿着马路跑一个来回，差不多也就是五六千米的样子，大约需要三四十分钟。

回到院子里，天刚蒙蒙亮，院子里的行人也多了起来，楼道的灯光下，许多战士在来回走动，忙着早起的洗漱。我看到卫生科的门是关着的，昨晚上不知是谁当班。康护士的宿舍门也是关着的，屋里的灯却是亮着的，我放慢脚步，甚至停留一下，望着那不很明亮的灯光，感到柔和而温暖，心想屋里的人在干什么呢？一边想着，一边走着，不知不觉又来到卫生科楼下，再向前走二三十步右拐，就走回家了，我不由得再次放慢了脚步，驻足向上翘望，看到的还是那紧闭的门和那柔和而温暖的灯光。踌躇了一下，我还是迈开脚步，走在回家的路上。毕竟是大早上，我可以想想他，但真是在这个时候见到他也怪不得劲儿的，晨练回来，洗脸、梳头的事还要继续打理。于是，我不再放慢脚步，果断往家走。

刚走到拐弯处，我用右手摸了一下墙角，冰凉冰凉的。一抬头，我眼前一亮，怎么是他？他怎么会离我这么近？他的左手似乎也在摸着墙角，刚收回去，还悬在半空。我和康护士此时面对面，几乎是零距离了，我诧异得无语，他也一脸的惊愕。"康护士，您好！您怎么会在这里？"他说："张华，你好！你怎么会在这里？这么早，你刚从学校回来吗？"我定下神来，告诉他，我已经放寒假两天了，今天早晨按计划到院外沿马路跑步去了，刚跑回来。康护士也告诉我，他每天会在六点左右起床，在院子里走走路。我能理解部队战士一般都没有睡懒觉的习惯，在部队应该是有这方面训练要求的。即使值夜班，他也会按时作息。

康护士边说边上下看了我，说："怪不得，你穿得这么单薄，小心着凉了。赶紧回家吧。"我也不想与他再说下去，因为刚跑完浑身发热，早起虽然洗过脸，但难免有汗淌过，头发肯定也有些乱。想到此，我说："康护士，再见！谢谢您关心我。"带着运动过后的愉悦，迈着轻松的步子，我回到了家，正赶上爸爸、妈妈起床做早饭。于是，我便洗手洗脸，帮助他们做早饭，收拾屋子。意外的相见，让我知道了他的一个生活好习惯——不睡懒觉。

接下来的几天，我没再去跑步，因为例假来了，不便剧烈运动。长时间运动养成的习惯，让我每天到六点左右就会醒来，躺在床上翻来覆去睡不着。到第三天，我干脆起了床，简单地擦了把脸，穿上棉外套，戴上围巾和手套，悄悄地走出家门，来到楼下，在院子里转来转去。不一会儿，转到卫生科的楼下，抬头向二楼望去，康护士房间的灯是亮着的，那昏黄却柔和的灯光在寒冷的早晨显得格外温暖，我不好意思再驻足在他的楼下，便向前走去。

转了差不多半个小时，走到大门口的时候，遇见了康护士，他身着单装，头戴单帽，手戴一副棉手套，从门外走了进来。我又是一阵惊讶："康护士，您这么早就出去了？"他说："是呀，向你学习，我去院外，沿着马路边跑了个来回。"这时，我看到他运动后的脸红扑扑的，更加英俊了，整个面部隔着晨雾显得格外柔情，连他说话时的声音在此时也变得悦耳。

"你怎么没去跑步？我连着几天都没看到你，不跑了吗？"

"不是不跑了，是我这两天……"

"为什么不跑呢？跑步也是锻炼，锻炼身体是要坚持的。"

"我知道，跑步不仅仅锻炼身体，还磨炼人的意志。只是我……我这几天……"

刚想说出的话被我咽了下去。于是，我调转方向，与他一起朝他宿舍方向走去。走着走着，我又一次稍落后于他，也再次闻到了他身上特有的味道，让我着迷的来苏水味道。一大早上，闻到了自己喜欢闻的味道，心情愉悦。他干脆说："你又跑到我的身后了，闻到那股味儿了吗？"我也大大方方地告诉他："嗯！味道不浓不淡，闻起来很舒服，我很喜欢闻。"这时，他回过头来，看了我一眼，眼神很平静。我那时也就是想多看他几眼，多见他几面，多与他说几句话，没有什么奢望，所以对他平静的眼神习以为常了，毕竟，我是纯粹的单方面的相思。感觉没见到他时，我内心千般万般想入非非，见到他，看到他平静的眼神，我也只有平复内心的激动，表面上装得很平静。

08　路遇

下雪啦，下雪啦！一夜之间，满世界都是白茫茫的，地面、屋顶、树上都被皑皑的雪笼罩了。这天是既不能出去跑步，也不能在院子里走了，我索性起床看书。这时，听到楼下一阵嘈杂声，铁锨在水泥路面上，发出刺啦刺啦的声音，木板在哧哧地刮着，扫帚声也沙沙地响着。掀开窗帘一看，院子里很多人都在扫雪，看到此，爸爸告诉我说："我去卫生科楼下扫雪，你也跟我一起去吧。"我一听，一阵窃喜，心想说不定还能见到康护士呢。于是，我跟着爸爸来到卫生科的楼下，刚拐过弯，就看见卫生科的岳护士、康护士他们正在打扫路面的积雪。我的目光聚焦到康护士身上，只见他身穿白大褂，手戴白色线手套，正拿着铁锨在铲雪，铲下的雪正往一边归拢。我刚好手拿着扫帚，便向康护士这边靠拢，用扫帚把雪归拢在一起，聚成一个个小雪堆儿，然后康护士再把每小堆儿的雪铲到树下。他一边铲，我一边扫，一阵风吹来，一股淡淡的来苏水味儿扑鼻而来，我很享受地吸了一口，不由自主地说了一句："好好闻呀！"这时，我身边的另外几个人说："什么好好闻呀？""不告诉你们，就是不告诉你们。"这时，我看到康护士回过头来看了我一眼，脸上多了点微笑，但眼神依然平静。

这场雪下得真好，要不我怎么会有机会遇见他，让我又多看了他几眼呢？积雪被清理到两边了，中间的一条小道清晰地呈现在我们的眼前。我和爸爸收工了，准备回家吃饭了。临走时，爸爸对康护士说：

"小康，今天我有事就不过来了。如果有急诊，你给我打电话。"

"好的，张医生。您回吧，这里有我呢。"

"康护士，再见！"

走在回家的路上，我问爸爸今天有什么事，爸爸告诉我说："今天是周日，不去卫生科值班，在家包饺子吃。"我一听爸爸说要包饺子吃，很是高兴，就跟着爸爸往回走。既然包饺子，那可以让康护士到家里来吃饭呀，想到此，我对爸爸说：

"爸爸，咱们可以多包一些吗？万一有谁来咱家，可以一起吃呀！"

"没有谁会来的，大雪天气。"

"您的同事，说不定会来的呀。"

"同事一般不会来的，除非提前有约才会的。"

"哦！"我不能再引导下去了，就附和爸爸的话，其实我是想让爸爸邀请康护士来家里吃饺子，可是爸爸没这个想法，我也无奈呀。

家里包饺子，向来是我和面，妈妈准备馅，爸爸就剥葱、洗姜什么的，三下五除二就开包。我负责擀皮，爸爸负责准备炉火，妈妈一个人包，不一会儿，两盖帘儿饺子就包好了。刚收拾利索案板，我们就听到屋里的电话铃声响了起来。爸爸去接电话，原来一个战士下楼时，不小心摔了一跤，胳膊骨折了，打电话的人是康护士。听到这个消息，爸爸穿上外套，连刚煮好的饺子也没吃，急匆匆地去了卫生科。我和妈妈把饺子全煮好了，除了我们吃的，其余的放在锅里温热，想着爸爸一会儿就会回来吃的。等到一点多了也不见爸爸回来，妈妈便让我到卫生科去，看看爸爸什么时候能回来。我遵从命令，来到卫生科，看到门是锁着的，康护士宿舍的门也是锁着的，敲了门都无应答，他们干什么去了？那时除了仅有的座机电话，其他通信设备是没有的。我下了楼，来到门口值班室，问了值班的警卫员，是否看到我爸爸或康护士出入大门。结果当班的警卫员告诉我说，他们叫了救护车，去了红会医院，因为一个战士胳膊骨折了。我一听这话，就知道爸爸他们一时半会儿回不来了，正准备回家告诉妈妈，结果还没走几步呢，一辆救护车开了进来，车停稳后，爸爸从车上下来了，康护士紧跟着也下了车。我喜出望外地喊了一声："爸爸，康护士，你们回来了！"爸爸对康护士正说什么，没人理会我。我跟在他们的后边，一阵风吹来，那淡淡的来苏水味儿扑鼻而来，我又一次感到心旷神怡，忘我地吸了一口气。

走到卫生科的楼下，爸爸说："我回去了，你上楼吧，如果有事再打电话吧！"听到爸爸说的这些话，我不免有些失望，为什么不邀请康护士去家里吃饺子呢？他现在回来，已经错过了午饭时间，他吃什么呢？我顾不得爸爸的想法了，大胆地对着他喊了一声："康护士，去我家吃饺子吧！"结果他回过头来告诉我说："不去了。今天周日，食堂是两顿饭，一会儿就开饭了。我去食堂正好能赶上。"爸爸听后说："他是南方兵，不大愿意吃饺子一类的面食，比较喜欢吃米饭，就由他吧。"哦，原来如此呀。

从此，我才知道这东西南北的饮食习惯差别还蛮大，特别是南方兵，生活一向比较细致，也很讲究，不像北方人喜欢什么乱炖，或者是大烩菜之类的。虽然康护士最终没来我家吃饺子，但是见了他，很是惬意！了解到他的另一个生活习惯：不喜欢吃面食。

这场雪消融得很快，没几天，路面已经没有积雪。于是，我又开始了冬季长跑的计划。一个干冷的早晨，我轻手轻脚地走出屋门，沿着马路长跑锻炼。刚跑出大门不足一千米时，突然看到对面的马路边上，有一个人迎面跑过来，这个身影在冬天早晨的薄雾中，显得格外清晰。我不由得心跳加快，脚步也停止了，看到马路旁边有一棵高大的梧桐树，我立刻躲到树的背后，怀着异样的心情向那个人影看去，借着路灯再仔细一瞧，也终于按捺不住内心的激动、惊喜，脱口而出："康护士？！"听到喊声，康护士也看到了我。我立刻从梧桐树的背后走向他，掩饰不住一脸的惊讶。看到是我，他也很快跑过来，对我说："你怎么会从树背后过来？你去跑步吗？"我说："是呀，今天出来稍微有点晚了，平时这个时间应该是跑回来了。"我没有回答他为什么会从梧桐树的背后过来。因为我想见到他，见不到他时，我会很盼望、很期待能与他相见，至于见到他以后有什么明确的目的，我自己也不清楚，反正总是想着见到他，盼望与他相见，不管在什么地方，什么时间，这就是我躲到梧桐树背后的原因了。

偶然的相遇，高兴得我手舞足蹈，目光转向他，他脸红扑扑的，头上还冒着热气，呼吸也比较急促，一看就是刚跑回来。他对我说："我们一起跑吧。"于是，我和他一起跑了起来，我的速度与步伐相对他来说有些缓慢，跑着跑着，我已经有些气喘吁吁了，上气不接下气地对他说：

"您累吗？今天算超额完成了。"

"不累，与你跑比较缓慢，比平常走路快了一点儿。"

"您怎么也坚持跑步了？"

"向你学习，锻炼身体！"

听到这句话，我不由得一阵喜悦，我之所以假期安排跑步，有一个重要原因是有机会路过他所在的卫生科，会有更多的机会遇见他，希望与他多见几面，多与他说说话。至于锻炼身体嘛，也是其中的一个原因。但愿他也会这样想。此时的我，开始揣摩遐想他的表情、眼神、话语，感觉或许他也是喜欢遇见我的，甚至喜欢和我说说话。

跑步时不宜说话，我已经上气不接下气，侧头看他，他也是如此，气喘吁吁的。返回到大院时，我有意放慢脚步，几乎就是走步了，他今天跑的路程是平时的一倍，走一走也好。走着走着，我有意落后于他，欸，今天怎么闻不到那熟悉的味道了呢？他早已熟悉我这个动作了，于是转过身来对我说：

"你闻到那熟悉的味道了吗？"

"没有呀！为什么？"

"你说为什么？"

"因为……"我仔细地想了想，又刻意地打量了他一番，发现他今晨锻炼时并没有穿军衣，而是穿了一件军绿色的绒衣，无领，长袖，厚厚的，衣服的里应该是绒面，很暖和的。平时他穿的是棉衣，外面加一个外套。我说："您今天没有穿平时工作时的外套，所以身上的味道就不明显了。"正说着，一阵风吹来，我有意凑近了他，鼻子几乎挨着他的后背了。啊！还是那股熟悉的味道，扑鼻而来。我说："康护士，这熟悉的味道又飘出来了，只要稍微靠近您，就可以闻到。"他转过身子，平静地望了我一眼。就那么一瞬间，就那么平静一瞥，足以使我心神不宁起来，头一次感受到他那平静眼神的魅力。

其实，我爸爸身上也时常带有来苏水的味道。小时候，每次等到爸爸下班后，我就会跟着他，他走到哪个屋，我就跟他到哪个屋，他去换衣服，我就会在他脱下的衣服前停留一会儿，我喜欢闻爸爸衣服上那个来苏水味儿。有一次，爸爸居然发现了我的这个举动，就问我："怎么总是我走哪儿，你跟哪儿？"我说："爸爸，我喜欢闻您身上的这个味道。"爸爸告诉我说："这是一种消毒水味，没什么好闻的。""可是我喜欢闻。"爸爸听后也就没再说什么。可是不知从什么时候开始，我不大关注爸爸身上的这种味道了，而是陶醉于康护士身上的这股来苏水味儿，总觉得他身上的味道比爸爸的更加吸引我，更加让我着迷。

我真的爱恋上康护士了。康护士是1980年年底离开西安退伍回原籍的，暗恋他是从1979年8月开始，到他离开，充其量一年半时间。一年半仅仅是漫长人生的一个瞬间。茫茫人海中，大千世界里，有多少人曾擦肩而过，留在我心间的也只有他了，被时间沉淀下来的人，也只是他了。他曾走进我的心，又不曾走出我的心。他是一个我没有留住的人，也是一个永远留在心中的人。

正如人们所说的：世界再大，我还是遇见了他；世界再小，我还是失去了他。悠悠岁月，有多少事还能熟记于心，有多少人还能留有印象？唯有他，唯有与他在一起的事，我终生难忘。

2018年10月，我通过自家姐姐的关系，有了康护士的消息。到此，与他分别38年后，终于有了联系。所谓的联系无非是指相互之间有了通信方式。联系上他的第一时间，我不无感慨，在与他的对话框里敲下：

时光模糊了记忆，岁月铅染了芳华。但我仍记得您离开西安退伍回原籍那天，我心中多了些许伤感与惆怅。一别38年，今天，看到您的照片不无感慨，失去的是年龄，留下的是气质。青葱岁月，我曾经试图走近您，亦想走进您的世界，青涩的文字、难赋的真情，尘封在了经年岁月里。流光不曾相约，是否一如昨天？愿您岁月静好。

后面康护士不仅回复了我，我们还就教育问题展开一番讨论。

康护士：张华晚上好！这些天忙着接待外地来的朋友，没及时回复你，抱歉哦。谢谢你还记得我，也谢谢你的祝福。你现在做教育做得非常出彩哦。一份神圣的职业，一颗炙热的爱心，培养出一批又一批优秀人才。为你点赞！祝你永葆年轻的心态，在教育事业中继续大放光彩。

……

康护士：张华晚上好！正巧看见你发的信息，执着的育人精神令人敬佩。可信息显示有第一和第三学段，怎么没有"第二学段"呢？恕我冒昧。

张华：您说对了，课件制作过程中疏漏了。您好细致啊，我已经用此课件讲了很多次，没人指出来，我自己也没有注意到此处的疏漏。真是一次温馨的提示，惊叹于您的细节与关注，在寒冷的冬季温暖人心的是指正一处疏漏与对我的关注和期待。不是冒昧，实在是我渴望得到的一种关注和关心了。谢谢您的指正！我是有些教育情怀的，也是因为被需要，才如此投入教师的专业知识与能力的培训中，如此能让更多的老师受益，更多的孩子受益，我很欣慰，这也是我的人生追求。我知道您很忙，但是，还是渴望得到您的关注与指正，期待您的更多关注哦！

康护士：哈哈，你没介意就好，因为是熟人才直言。教育是一个国家的大事，任重道远啊！

张华：我们这代人没有读太多的书，却不乏有文化、有素质、有修养的人。您年轻时就是一个善于思考的人，记得您在卫生科时，从与您仅有的几次聊天，就看出了您的与众不同。几十年过去了，您依然如此。一个善思善行的人，一个思维缜密的人，必定是个成功的人。

康护士：孔子食百家饭，育百家孩儿，称得上是一代宗师。若孔老夫子没修养、没素质，怎能留得芳名传世？哈哈，杞人忧天，瞎聊哦。

张华：不是杞人忧天，也不是瞎聊，是一种思考与关注，更是一种期盼与参与。没想到您身为企业家、公司的领军人物，一个成功的CEO，对教育有如此精确的评价，令人敬佩与感动。身为教育人，我都汗颜了……

康护士：是的是的。2013年，我访问了红河自治州一所我公司参与援建的希望小学，白天感受到了非洲（南非除外）般的贫穷，晚上入住五星级度假酒店，享受豪华待遇，悬殊的差别令人不寒而栗。而现在的精准扶贫政策能把帮扶落到实处，多好啊！

张华：再穷也不能穷教育。我经常去贫困地区义务讲学，像延安、甘肃某些地区都属于贫困地区。现在是因为我老妈需要我们姐弟轮流照顾，我不便脱身，不然我会在那些地方一直义教的，我还会组织一个团队，长期坚持下去的，这是我退休后生活方式的一种选择。没想到您也这么有爱心。

日子一天天地过，事情一件件地做，人生这本书也在一笔笔地写，我为了坚定自己去贫困地区义教的信心，已经开始写书了，完成了五万字左右，几年后您会看到的。感谢上苍让我再次遇见了您，让我的人生从此更加精彩，让我对完成写书及义教信心满满。我是一个有故事的人，曾经的故事里也有您。真诚地需要您的鼓励与关注。

聊天中，我知道了康护士的一些情况。退伍回原籍后，他被安排在一家国企做一线工人。凭借当年在部队时的学习与积累，不到半年时间，他就以第一名的好成绩被选拔提任。先是在企业办公室做秘书，后被提拔为办公室主任，再后来他成为这家企业的书记。20世纪90年代初，几家企业合并改为公司，他又成为公司总经理。据他说，公司只要有事，哪怕是半夜，他也会赶往公司处理问题，从不让问题隔夜，从不让疑问留在心中，雷厉风行是他处事的风格。身为公司领导，他着眼于未来，对公司规划有愿景，曾将濒临倒闭的小型企业扭亏为盈。工作期间，他上了广播电视大学，后来又读MBA，总之，他一边工作一边学习，与年轻时一样，好学，睿智，有魄力，思维缜密，有知识，更有胆识。

09　学习英语

20世纪80年代初，不论校园，还是社会上，学习英语成为流行。有一次，从学校回来，我依然怀着想再次见到康护士的心情走进大院，我的心不免又一次加快跳动起来。

走到卫生科楼下，抬眼望去，康护士宿舍门有一点缝隙，从里面传出广播里教英语的声音，这声音好熟悉哟，好像是《英语九百句》的内容。康护士在学习英语。我一阵惊喜，于是，大胆地走上楼去。我没有去找爸爸拿钥匙，而是直奔康护士的宿舍，轻轻敲门，无人回应，或许他正在用心听广播，并没注意来自门外的敲门声。我再次加大力度去敲，还是没有回应。于是，我推开房门，大喊一声："康护士好！您在学英语呀。"看到他坐在木椅子上，桌子上放着打开的英语书及笔记本，收音机正响着，他在跟读呢，手还不停地记着什么。如此专心致志的背影我至今记忆犹新。

看到我进来，他起身坐到床沿上，腾出木椅子让我坐下。瞬间，我感到那木椅上的温度，暖暖的。我头一次感到他身体传递出的热量。

借着学英语的话题，我和他聊了很久，爸爸什么时候下班回去的，我全然不知。那时的西安师范没有开设英语课，由于是普通师范，要想学英语只能报考英语专业，而我上学那时，还没有英语专业，所以我也在自学英语。我没有跟广播学，而是自己看书，其中也有康护士手中正在学的《英语九百句》。每天，我给自己布置任务，坚持记10个英语单词，高声朗读长短句子10分钟，再有10分钟抄写完成书后练习，还真是口语和书写练习双管齐下呢。

康护士自学进度比我快，且口语发音准确，看来跟读效果更好。只是我苦于没有收音机，那个年代，收音机也算是一件奢侈品了，想拥有一个随身携带的袖珍收音机是件很不容易的事，对我而言，更是不敢奢望。康护士家在江南，属于大城市，袖珍型收音机对他来说，是比较容易得到的。我决定跟他一起学英语，跟他一起听广播跟读，加强口语训练。有了这样的想法，我浑身都是劲儿。我终于有了常去找他的理由，还是一个挺不错的借口。一是我确实想学英语，练习口语，二是我也确实是想借此机会多见他一面，多与他交流，感受他迷人的魅力！有了这样的想法，周六的时候，不免开始做各种准备，倒不是说外表上的，如衣着打扮什么的，而是把自己的书包装满，什么《实用英语语法》《英语自学读本》《英语九百句》，觉得这些东西比我穿什么衣服、梳什么头更重要。当然，我还是尽我所能，把自己打扮得好看一些。

又是周末的下午，我又一次走进大院，几步就到了卫生科的楼下。我三步并作两步地上了楼，直接右拐到康护士宿舍，轻轻叩门无人回应。哦！他一定在跟读，不会听到的，上次的经验告诉我。于是，我干脆推了推门，门死死的，一动不动，静下心来听，屋内没有一点声音，我断定他没在宿舍。我很失望，怀着失落的心情，准备往反方向走去。还没转过身呢，就看见爸爸向我这边走来，我一下子蒙了，不知所措。

爸爸或许看出了我的惊慌失措，说："你怎么去敲他的门？"爸爸言下之意我懂得的，一个女孩子是不能随便敲一个军人房门的，更不能随意进入。我总得给爸爸个合理的解释啊，情急中，我告诉爸爸说："爸爸，康护士有一个收音机，可以跟着广播学英语。我从学校把英语书都带回来了，想与他一起练习口语。"听到这里，爸爸看看我，说："他今天值夜班。"我听后立刻说："那给我钥匙吧，我回家去。"爸爸把钥匙递到我的手里，我转身准备下楼。

这时，我突然看到康护士正从一楼往二楼走呢。看到我，他立刻说："你回家吗？""是啊，您没在，我就准备回家。"这时，爸爸已经回到卫生科，他把钥匙给了我。看到他，我有些犹豫，是继续回家呢，还是去他宿舍，与他一起听广播跟读英语练习口语呢？不去吧，我于心不舍，去吧，又怕再次被爸爸发现，他会很严厉地批评我。康护士是他的属下，爸爸对他的要求也一定是严格的。但我已经顾不了这么多了，于是，我又与他一起走上楼，来到他的宿舍。他麻利地取出钥匙，打开房门，又一阵淡淡的来苏水味儿扑鼻而来，沁人心脾，令我心旷神怡。我很自如地拉出木椅子，坐下来开始学英语。

我把带回来的书摊在桌子上，他洗过手后，坐在床沿上，把他的书、笔记也摊在桌子上，打开收音机，我俩一块儿一边听广播一边跟着广播大声朗读。朗读时，我担心被爸爸听到，声音总是比较小，音发得不准，康护士纠正我，我重新跟读。他几次三番地提醒，我一遍又一遍小声朗读，也不争气，总是发音不准确。见此情景，他告诉我说："读英语一定要出声，大声朗读容易读准音，越是不敢发声读，就越是读不准。"道理其实我懂，就是今天有顾虑，一次次地读错，一次次地被他纠正。见我这样，他奇怪地问我："你怎么了，怎么不敢出声读呢？"我支支吾吾地说："我，我嘛……哈哈，没什么，我再来一次，您听吧！"我平复了一下心情，大声地读了起来，紧接着他居然鼓起掌来，喊了一声："这遍读得好！继续保持。"

和他在一起我感觉时间过得很快，夜幕将临，他也该吃晚饭了。还沉浸在他的表扬声中没回过神的我，看到爸爸走了进来。天呀！这下完蛋了，爸爸一定会批评我，当着康护士的面，我多没面子啊！爸爸您不会让我失面子吧，我的自尊心可是极强啊！我顿时红了脸，喊了一声："爸爸，我与他一起听广播学英语呢，我拿了钥匙，现在跟您回家。"爸爸并没有像我所想的那样批评我，进来之后就说："我知道你在这里，刚才我看到你们一起上来了。时间不早了，跟我回去吧。""小康，你好好学习英语吧，将来退伍回原籍或许能用上。铁打的营盘，流水的兵啊。你也该吃饭了，咱们一起下楼吧！"天呀！我的担心全没了。我的老爸是这么善解人意呀！理解您的女儿，理解您的属下。爸爸，您真好！女儿爱您！这次相见，康护士的好学，以及他的口语音准是我无法企及的。

有了爸爸的理解，我更加盼望周六下午早点回来。当时真不清楚我是为了学英语，还是为了能与康护士在一起多待一会儿。再次走进大院，我的心立刻异样起来，想着康护士今天在吗？他当班吗？爸爸今天会不会去开会？一边想着，一边猜着，我就到了卫生科的楼下。没有任何犹豫，直接上了二楼。可是，在二楼的走廊上我开始犹豫：向左拐，还是向右拐？左拐是爸爸的卫生科所在地，取钥匙回家。右拐是他的宿舍，借口听广播学英语实则与他多待会儿是我所愿。我的脚不自觉地迈向了右边，我的身子也不自主地拐向了右边。看来，我还是抵挡不住追求幸福的热望。短暂的犹豫过后，我还是走到了康护士宿舍门口。轻轻叩门，悄无声息，我再次敲门，还是没有应答。我好失望，便没精打采地向卫生科走去。

刚进门，我看到康护士在治疗室正在给一个患者打针呢，我立刻收住脚步，屏息凝视他。只见他举起注射器，向空中射出几滴液体，然后，用蘸满碘酒的棉签在打针处来回均匀地涂抹。局部消毒过后，他利索地把注射器由高处向下，将针头扎进患者的肌肉里，三十度倾斜，慢慢推进。看到此，我走到他跟前招了一下手，他对我说："正打针呢，你在接诊室等一下吧。"我并没有完全听他的，只是离开他几步后，打量着他的背影：一件白色大褂套在军装外面，藏蓝的军裤更衬出白色的纯洁。他没有戴军帽，一头乌黑浓发显出他的青春活力，背微微向前倾着，腰略微弯着，左手按压患者的肌肉，右手在推注射器。液体推完了，他用左手的棉签压住针眼儿，对患者说："打完了，你稍压一下。"他把手中的棉签给了患者。

这是我第一次看到康护士的工作状态，第一次端详他的背影。在我的眼中，他的背影都是那么不一样，以前只顾闻他身上的来苏水味儿，没太关注他的背影。今天有机会看到了，觉得眼前的他前身、后背都是美的，三百六十度的立体美呈现在我的眼前。我更加喜欢他了，喜欢他平静的眼神，喜欢他自然的微笑，喜欢他坐过的椅子上留下的身体余温，喜欢他身上的味道。今天还喜欢上他的背影，一切喜欢从心开始，对他，我真的是没有一处不喜欢。

打完了针，他走了出来，对我说："这会儿我不好离开，你先去听吧，我还得守在这里。"我看也是，总不能让他离开工作岗位吧。于是，他送我出来，还没走到他的宿舍，就看见爸爸上楼了，我对爸爸说："我先去听广播跟读英语，康护士给我开门，他还要当班呢。"这时，康护士也说："张医生，我先让她自己听，我去开门，一会儿就过来了。"爸爸立刻说："你们一起去学习吧，这边有我呢！"老爸多好啊！我的运气是如此的好啊！

在此插入一段对我爸爸的叙述。我爸爸妈妈有四个孩子，我排行老三，上有两个姐姐，下有一个弟弟。到妈妈生我时，多么希望我是个儿子，可是我还是个女孩，身为女孩的我，从小就不受妈妈待见。可是爸爸喜欢我，给我取了一个好听的名字"美娟"（后被大姐改为现名）。大姐14岁就离家当兵了，二姐算是我和弟弟的老大。二姐聪明能干，是三个姑娘中长得最漂亮的一个。弟弟呢，浓眉大眼，长得十分帅气，小时候的照片，总是被照相馆放在橱窗里做样板。妈妈呢，比较偏爱二姐和弟弟，我是常被妈妈打的孩子。从我有记忆开始，不论是姐姐的错还是弟弟的错，最终挨打的总是我。我知道自己的处境后，会谨慎处事，避免挨打，但总是避免不了，被鸡毛掸子打过，被铲煤的锹拍过，更不用说被扫地的笤帚打了。十一二岁，我就能揉面蒸馒头、包包子。侯同学常去我家，看到我常常在厨房里忙活，说我蒸的馒头、包的包子好，都是童子功，可见我在家里的地位是怎样的。

爸爸不是这样待我的，爸爸特别偏爱我，我是女孩子，我的成长爸爸一直很关注。我发育成熟比较晚，16岁才来例假，内裤都是爸爸给我买的，并且告诉我应该怎么处理这些事。下乡、上学偶尔回家错过饭时，都是爸爸亲自给我做饭。特别是在我考大学回城复习的时候，所需要的书都是爸爸千方百计地为我寻找。偶尔有什么好吃的东西，爸爸也会单独给我吃。爸爸比妈妈更加疼爱我，关心我。我工作后离家较远，爸爸每周会骑上自行车大老远地来看我，帮我打理生活。所以从小到大，我特别爱爸爸，也听爸爸的话。

爸爸晚年生活不能自理时，我给他做饭、喂饭，端屎端尿、擦洗，从没有不耐烦过，我细心、耐心地照顾他。我的性格也像爸爸，比较内向，不善辞令。我的兴趣爱好也随了爸爸，喜欢文学，喜欢诵读古今诗词。我的思想品质受爸爸的影响很大，乐于助人，勤于好学，专于做事，肯于吃苦，甘于隐忍，耐于听从。

由于上述原因，我从小就很懂事，甚至比别的孩子做事、做人更加让大人放心。我的爸爸是我一生中最爱的人，在他去世三周年的纪念日，我满怀深情地为他写了一篇祭文（见附录一）。

我知道我的爸爸不是最优秀的，但在我的眼里，爸爸的善解人意、爸爸的勇于担当是我引以为豪的，也是我更加敬佩爸爸的原因。

有了爸爸的理解与支持，我与康护士一起走进屋里，他在前我在后，我又一次闻到他那件白大褂上的味道。回到房间，他脱下那件衣服，挂在衣钩上。我立刻跑过去，面对那件衣服闻了好一会儿。他看到后对我说："今天的味道怎么样？""好闻极了，沁我心脾。"这时，我又一次看到了他那平静中略带诧异的眼神，尽管平静，尽管诧异，但那眼波深深地触动我的每一根神经，这根根神经似根根琴弦，弹奏出美妙的曲子，在我的身体里滚动着，在我的血脉中流淌着。

我将书摊在桌子上，他也将书摊开，打开收音机，我俩一起跟读。这一次没有顾虑，读得很流畅，发音自我感觉也准了。康护士更是如此，还抑扬顿挫，时不时地变换语调。我更加佩服他了，觉得他读英语时的声音也很好听，柔和悦耳。

我和康护士正读着，突然听到了敲门声。不会是爸爸吧，还早啊！应该不是的。这时，高同学又一次推开门进来了，康护士起身相迎，我也转过身去招呼他。他直接坐到床沿上，高兴地说："听到你们在跟读英语，我就上来了。"我和康护士学的《英语九百句》一书，对高同学来说简直就是小儿科。因为他在大学所学的专业是英语，所以他的口语已经相当纯熟了，高同学给我们读了书中比较长的句子。我们三个一边聊着，一边学着，一边读着。时间好快呀，又到了下班的时间，爸爸过来了，我知道该回家了，我只好先走。高同学还与康护士继续交谈着。

走在回家的路上，我对爸爸说："能有一个像康护士一样的收音机真好，可以随时拨到固定的频道收听跟读。"爸爸走在前面，好像没听到我的话似的，我也就不再说什么。跟在爸爸的后面，我隐隐约约能闻到那来苏水味儿，只是觉得就是一种消毒水味。

10　弹琴唱歌

又是一个春天的黄昏，院子里树青花红沐浴在夕阳中，天边的晚霞更加绚烂。我走在熟悉的小路上，突然听到一阵悠扬的琴声，是苏联经典民歌《喀秋莎》。是风琴，谁在弹奏呢？幼儿园的老师吗？这个时间早已放学了。其实卫生科的楼下就是幼儿园，我平时不太关注这个地方，一门心思都在楼上康护士的身上，总不会是他吧？带着万般好奇，我走上台阶来到门口并驻足倾听，通过门缝我看到了弹风琴的人，正是他！竟是他！我惊异得不能自已。于是，我站在门外听他弹奏风琴，他还会和弦呢！天哪，我是师范生，我的风琴弹奏都不会和弦。敬佩之余，汗颜自己琴技如此之差。

曲子结束了，琴声停了，我推门进去，说："是您在弹奏呢？您什么时候学会的？居然连和弦都会。您弹得很纯熟。"我一口气连发问带赞扬的，把他弄得愣愣地看着我，半天才问我："你怎么知道我在这里？""顺着琴声来的呀。""哈哈，刚才你连着问我，我都不知道从哪儿回答你了。我是学着玩的，对音乐我比较敏感，一学就会。"

部队里有很多喜爱文艺的人，为了打发空闲时间，他们都会去学乐器，何况他本来就是文艺青年，多才多艺。我还没回过神呢，就听到他说："我还会吹口琴呢。"很快，他从兜里掏出口琴，又吹起了另一首经典曲子《莫斯科郊外的晚上》。看着口琴在他手中自如地滑动，看着他的眼神随着曲子的旋律充满起伏变化，我感叹于他对音乐的理解与表达。夜色渐浓，四周静悄悄的，只有他的琴声悠扬。在这悠扬的琴声中我似乎感受到了那莫斯科郊外晚上的气息。

口琴吹完后，他又开始弹奏风琴，一边弹奏《田野静悄悄》，一边唱着："田野里静悄悄，草儿不动树不摇，只有忧郁的歌，在远处轻轻飘……"他反复弹着，一遍遍地唱着，我已经完全陶醉在他的歌声里了。

"您的歌唱得真好！"

"初学者哦。"

"唱歌靠天分，即使是初学者，有天分，唱得也是与众不同的。从您的歌声中就能感觉得到。您对这首歌的理解、表达很不一般。"

"哦？说来听听。"

"初次听您唱这首歌，越听越觉得有味道。这首歌我也学过，曲调起伏有致、悠远深邃。歌词简单朴实、情感真挚。您的演唱准确地把握了词曲的情感和基调，以浑厚、低而不沉的嗓音加以表现。发音吐字圆浑透亮，唱腔共鸣圆润，声音立体，意象丰富，让青年牧人失恋后的郁闷心情及伤感情调徐徐展开，感染听者的情绪。"

"你在作歌评吗？"

"不敢，听后有感而发而已，很随意的。听您唱歌简直就是一种高层次的精神享受，一场灵魂深处的洗礼。没有阅历就没有体验，没有积淀就没有感悟。歌声中的画面徐徐展开：年少的您，稚气懵懂。在天地间快乐无忧地生活。从军的您，青春活力，在部队里意气风发。康护士，您走过去的是身影，我读出来的是意象。文学作品中的那个您，人物素描中的那个您，音乐歌词中的那个您，境遇不同，却让我感到您一样的精彩，与众不同。我为您自豪。"

"你评得这么专业，一口气说了这么多，不愧是学师范的，当老师的就是伶牙俐齿哦。"

"那是，我能评歌，但唱不了您这么好，佩服您。"他让我感受到了音乐的神奇、美妙。

我惊了！我喜了！他如此多才多艺！

11　观球赛

　　每周回家都有期待，都会有新的发现。又是一个周六的傍晚，我刚踏进院子，就被一阵呼喊声吸引，原来是留守处的战士们，正在进行篮球比赛，门口的黑板上也写着通知，告知大家在具体的时间、地点观看篮球赛。尽管如此，我还是习惯性地走到卫生科楼下。抬头望去，康护士的门与卫生科的门关得紧紧的，我不甘心就此放弃，便直接上了二楼，敲了康护士宿舍的门，无人应答，又敲了卫生科的门，一样无人应答，我想不会都去了篮球场吧？

　　抱着试试看的态度，我快步向篮球场走去，还没到球场，就听到一片喊声："康护士加油！投篮！啊哈，中了！中了！"场外甚至有人鼓起了掌。我向场内一看，他好抢眼哟。康护士一件白衬衫束在裤腰里，袖子是挽起的。刘海儿被汗水打湿了，一缕一缕的，更显他的英俊，脸白里透红更显他的健康朝气。他个子不很高，打篮球没优势，但他反应敏捷，稳抢、稳传、稳投，整个球场上数他抢眼。

　　突然一声哨响，上半场结束，准备下半场比赛，这时参赛的官兵们喝水的喝水，擦汗的擦汗，换衣的换衣，议论的议论。大约十分钟后，一声哨响，运动员再次上场。康护士更加抢眼了，蓝裤子被白色的运动短裤替代，白衬衫被白色的运动短袖衫替代，脱去长裤、长衣的他露出健康的肌肤，更加显示出他在运动中的美。这种美是一种力度的美，一种线条的美，一种阳刚的美。一跑一跳，一起一跃，一传一投，那圆圆的篮球好像特别听他的话，他一抬腿，双手一起向上一抛就投中了，就他投进去得多，场外的人不时为他喝彩。我也加入其中，跟着一起喊着："康护士加油！康护士加油！"还不时地为他拍手叫好。

夜色渐浓，灯光四照，一片通明。我居然忘了回家，直到这场球赛结束，裁判宣布了比赛结果，观赛的人陆续离开，我才随着人流走回家。感叹他不仅仅是一个兵、一个护士、一个文艺青年，更是一个运动场上的健将。好敬佩他哟！篮球打得这么好。乒乓球呢，一样的精彩。

五一两天假，我在院子里转悠，转到卫生科楼下，我惊喜地发现康护士与另外几个战士在打乒乓球。因为有其他战士，我就远离他们观赛，欣赏康护士的精彩球技。白色的小球在案上被挡来挡去，几乎在球刚出手的瞬间，球又飞回来了。康护士乒乓球打得很好，他的对手在不停地捡球。他越打越灵活，时而轻轻来个"近台小球"，时而又来个"底线长球"，时而猛扣一板，对方被他打得手忙脚乱，大汗直淌。而他却两眼凝视，蓄势待发……看得我是惊心动魄。趁着他们交换场地，我偷偷地离开了，继续在院子里转悠。

原来只看到他打篮球打得好，没想到，乒乓球也打得这么精彩，真是多面手。看了这场乒乓球赛，我感慨他乒乓球的功底，我突然想起康护士曾经跟我说起他小时候打乒乓球的事。

那时学校放假期间，有一天，康护士带着他弟弟，翻墙进入校园去打乒乓球，正打着玩着，没想到被值班的门卫发现了，将他们驱逐出校园并警告没有下一次，否则告知家长。后来，他们还是抵挡不住想打乒乓球的渴望，又偷偷翻过墙，来到校园打球。被门卫发现后告知了家长，他的爸爸没有训斥他们兄弟二人，而是告诉他们，爱玩归爱玩，但不能翻墙进去，可以通过正常渠道请求门卫进校园玩球一个小时，并保证不破坏校园的设施。康护士觉得爸爸说的话很在理，后来就去请求门卫进校园打球，并保证爱护校园设施。常打常练，他打乒乓球就有了童子功。我再次感慨他如此多才多艺，如此优秀。

12　喜获收音机

　　西安的四月，是一年中最美的时候，鸟语花香，满眼春光。从学校回来，我一路期盼，期待着走在卫生科楼下的小路上能与康护士再次相遇。步子慢了下来，心跳却不由得加快了，匆匆上了二楼，只有岳护士在当班。岳护士看到我，便说："你爸爸今天有点儿事，好像与康护士的父亲一起干什么去了。"

　　"康护士的父亲来西安了？！"

　　"据说是出差顺路来的。"听到这里，我已经无心在此待下去了，立即对岳护士摆了摆手，就走下了楼。既然康护士的父亲来西安了，此时，康护士一定与他的爸爸在一起。想到此，我不禁加快脚步走回家。卫生科与我家住的楼中间还隔着两栋楼，走到第二栋将要右拐弯时，我看到爸爸、康护士，还有一个我不认识的人，这个人一定就是康护士的爸爸。他们三个人正从我家楼上下来，走到了我的对面正要左拐，我立即喊了一声："爸爸，你们这是……"我话还没说完，康护士便抢先说："爸爸，这是张医生的小女儿，张华。"接着又说，"张华，这是我爸爸，到西安出差顺路来看看我"。

　　"哦，康叔叔您好！"

　　"张华，你好！"

　　"您来这儿看康护士，感觉还好吧？"

　　"感觉很好，看看他的工作环境，看到他在这里的工作、生活都好，我就放心了。"

　　"您儿子还特别好学，自学高中数理化课程及英语，还多才多艺呢。难得您把儿子培养得如此优秀。"

"这些，我从你爸爸那里也了解到了。他从小就好学，只是初中毕业就下乡了，不然他一定能考上大学的。他的弟弟、妹妹在老家都考上了学。他下乡在农场，三年后，又自愿要求到部队当兵，实现自己的人生理想，我也就随他了。"

"人生有当兵的经历很难得，其实我们很多年青人都十分向往部队生活，参军当兵成为一代人的理想和追求。"

这时，康护士说："爸爸，张医生的大女儿也参军了，也在我们部队总队的医院，也是护士。张医生的儿子也将要去参军。"

"哦，好呀！当兵是蛮锻炼人的，人只有离开家才能学会自理和自立。"

这时，我看到爸爸先于康护士的爸爸走着，向左拐示意离开的方向，我觉得很奇怪，就说："爸爸，你们不去康护士宿舍吗？"

"不去的，去食堂。管灶的大李为康护士的爸爸专门做了些菜，我带他们一起去吃饭。"

"希望康叔叔在西安吃住开心。叔叔再见！"我边说边挥手，康护士和他爸爸也向我挥挥手说再见。

望着他们远去的背影，我一直站在原地没动，心想这个康护士的爸爸和我爸爸有一个共同的特点，就是亲切和善。外貌上，他个子不很高，偏瘦一些，一副知识分子的模样，很儒雅。康护士和他的爸爸模样有些像，但身材上要高于他的爸爸，不像南方人，倒像东北人。

接下来因为学校活动多，春游等活动安排在了周末。直到五一放假，我差不多有半个月没有踏进家门了，自然也有半个月没机会遇见康护士。刚好五一连放两天假，我可以找他去了。

踏进院门，我一眼就看到康护士在开放的阳台上，身着白大褂，两手交叉搭着，漫无目的地向远方望着，表情蛮惆怅的。他也看到我了，立刻喊了一声："你回来了。上来吧！"我高兴地几步就蹿了上去，问他："您今天值班吗？""是的。""我爸在吗？""他今天有会。"听到这里，我高兴极了，虽然不能马上去康护士宿舍听英语，但是，我和他可以在卫生科聊天。干什么我不在乎，只要能与他在一起就行。于是，我坐在他的对面，他一边摆弄着棉签，一边和我说着话。他告诉我说：

"一会儿你爸爸回来了，一定会给你一个惊喜！"

"什么惊喜？"

"你猜吧！"

我想了又想，就是想不出来是什么惊喜。我连着半个月没有回家，家里会有变化？可是家里的变化他怎么能知道呢？不对。我一脸疑惑地看着他，告诉他，我猜不出来。他说："你猜不出来就只有等待了，等待你爸爸回来揭开谜底吧。"

"好神秘呀，您就直接告诉我呗，求您了！"这时，他表情还挺严肃的，一改平时的亲切、平和，说："不能告诉你，就是不能告诉你。"

那么不猜了，反正我期待的就是回到院子里能遇见他，见到他就是我最大的惊喜了。看到他的表情不再那么严肃了，我也不再因为他的严肃而紧张了，心情稍有放松，就问起他：

"康护士，您最近英语学到哪里了？"

"应该是第二十课了。"

"天哪！我才学到第九课，少您十几课呢。"

"你的速度有些慢了，加快哦！"

"是的，您的速度好快呀！"

"我白天不是很忙，晚上无非就是出诊，所以有空余时间跟读学习呗！"

是呀，他是留守处的护士，没有那么多烦琐的事去应对，所以能静下心来学习。我却不同，在校学习多门功课，英语纯属自学，所以我的进度没他那么快，学得也没有他那么深，这是很自然的。我开始羡慕他了，也开始仰慕他了，当然更多还是爱慕他。想到这里，我说：

"这会儿您这里没有患者，咱们可否去听英语？"

"可以呀，你先去吧，我给你调出来。"于是，他在前，我随后走出卫生科，刚出门没几步爸爸迎面走了过来，说：

"你们这是要干什么？"

"我去他宿舍听英语，我已经连着两周没有跟听了，都被康护士落下十几课了。"

　　康护士回过头来对我说："你爸爸回来了，你不想知道我刚给你说的惊喜是什么吗？"

　　"哦，谜底就要揭开了。"我小声说着。爸爸先走进了卫生科，康护士也调转了方向，我当然别无选择地跟着他们再次走进卫生科。还没定下神，爸爸坐到椅子上，慢条斯理地从抽屉里拿出一个很精致的盒子来，然后一边拆着，一边说："这是我托人给你买的收音机，看看吧，以后可以跟着广播学英语，不能总是打扰康护士。"

　　"啊？！收音机呀！"康护士说的这个谜底，居然是一个我梦寐以求的收音机啊，天哪，让我太惊喜了！我眼前一亮，一个似药盒大小的长方体，湖蓝色的外壳上面有许多按钮，呈条状。我双手捧着仔细地观察着，怎么与康护士的收音机一模一样？我一会儿拿到手上，一会儿放到桌上，不停地感叹："爸爸，您太好了，居然给我买了收音机。"

　　此时，爸爸为了我的学习，在我考学之前不辞辛劳为我换书的情景又一次浮现在我眼前。当年的那份艰辛，那份执着，至今难忘，特别是从不求人的爸爸接受了康护士借给我的书，正是爸爸改变自己做人原则为我求书，我方能考上师范院校。如今，看到我学英语心切，从不求人的爸爸又托人为我买了收音机。看着手中的收音机，想着那些往事，心中充满感激，我对爸爸说："爸爸，您放心，我一定好好学习，不辜负您的一片期望。"又转过身对康护士说，"康护士，我以后能少打扰您了，有了收音机我在学校也能跟读学英语了。"

　　康护士没有回答我什么，而是从我手中接过令我惊喜又爱不释手的收音机，说："我帮你调一下台，教你怎么用。"于是，他坐了下来，刚要打开说明书，这时，卫生科来了一对母子，小孩有些发烧。看到这里，爸爸说："你们过去弄吧！"于是，我跟着康护士，再一次走进他的宿舍。他在前我随后，推开他的房门，那股淡淡的来苏水味儿又使我沉迷了好一会儿。

　　他又坐到床沿上，我又坐在木椅子上，对照了外观，两台收音机简直就是一个模子刻出来的，对比了说明书，原来都是一样的，我还特别关注了，还是一个厂家生产的。"托人买的。"我突然想起爸爸说的这句话，托人，这个人会是谁呢？怎么会一模一样？这种袖珍型收音机，在20世纪80年代初并不多见，很多人家里都是台式的，一定是他！我想着便问道：

"康护士，我爸是托您买的吧？这两个收音机怎么会一模一样的？"康护士停止拨弄，抬头看我，迟疑了一下，表情很平静，语调很柔和地对我说：

"托谁买的不重要，重要的是你有了收音机以后，要好好学习才对呀！"

"您怎么跟我爸爸似的，也希望我好好学习呀？"

"知识改变命运哦。"

"明白。我一定好好学习英语。"我心怀感激，不再追问，只要对我学习有利，我一定听爸爸的话，听康护士的话，好好学习就是对他们最大的回报了。他认真地教我开关，调台，装换电池等基本程序。直到我操作熟练了，他才放下所有的东西，打开书跟读英语。

我与康护士在这张桌前多次交谈学习，怎么就没有机会碰到他的手呢？不论是刻意还是无意的，一次都没有。我视他为我的初恋，其实，他并不知道我在暗恋他，也就是说，我不是他的恋爱对象，所以准确地说，应该是我在单恋他。他既像我心中的恋人，又像一个大哥。

13　工作之余

六一前的周末，我从学校返回家，走进大院，就看到康护士带领着大大小小的学生集合在一起，还有其他几个战士辅助他，站在队伍的两边。康护士胸前佩戴的红领巾在白衬衫的映衬下，更加红艳，人看上去年轻了许多，站在队伍中，也像一个学生。我驻足倾听，他说："同学们，六一是你们的节日，留守处的叔叔、阿姨为你们庆祝六一，今天准备带你们去临潼参观兵马俑、华清池，爬骊山。你们高兴吗？接下来，我强调几点……"他继续讲着，我继续听着。看他的举止，还真像一位老练的辅导员。等车时，我问他：

"你们活动站经常开展活动吗？"

"是的，六一之前肯定要搞一次大型活动，大部分是安排外出参观。也会去爬山，或者组织文体活动。"

"您戴上红领巾俨然学生一个。"

"是呀，戴上红领巾好像回到童年。"

"童年很美好，我在吉林的时候，也有活动站，也经常参加活动站的活动，这是留守处的优良传统。"

"寒暑假组织活动会多一些，诸如读书活动等。你们学校会组织活动吗？"

"我们经常开展各种活动，形式与你们差不多，内容不一样，大都是职业教育、人生观教育。由学生会、团委具体组织。"

车来了，我与康护士停止对话，目送他上车后我走回家。想着刚才的对话，我多想回到从前，让自己变小，这样就可以参加活动站组织的活动了，可以在康护士的带领下外出参观，去爬山，去读书……

他不仅仅是一个兵、一个护士、一个文艺青年、一个运动场上的健将，更是学生、家长眼中的优秀辅导员。敬佩他哟！

六月底七月初，学校文化课学习基本结束，进入复习阶段。因为担心宿舍里住的学生多，相互间有干扰，我便决定回家复习两三天。带上各学科教科书、资料，踏上回家的路。仲夏的傍晚，霞光满天，微风徐徐，出来散步的人三三两两。走到卫生科楼下，我不由放慢脚步，康护士的宿舍门是开着的，屋子里传出一阵欢快的笛声，好熟悉的曲子，是《扬鞭催马运粮忙》，欢快的笛声由强变弱，又由弱变强，我猜一定是他在吹奏。背了一堆书和资料的我，就没敢上楼打扰他，伴着悠扬又欢快的笛声，我的脚步似乎也欢快了，心情也特别愉快。一边走，一边想：康护士还真是个多面手，琴声悠，笛声长，歌声扬。看来他的业余生活丰富多彩，真羡慕他。

渐渐地，夜深人静，我在家中复习感觉头昏，就下楼透气。走着走着，又不由自主地来到他的窗前，笛声消失了，窗户上还亮着昏暗的灯光，偶尔能看到人影映在中间的窗帘上。这么晚了，他也在挑灯夜战，我能想象得出，此时他一定在学习。看来他还是一个刻苦学习的人，我更加敬佩他。

14　黄昏短，夕阳炫

考试前三天，同学们为放假前的各种事忙得不亦乐乎，宿舍太吵闹，我又一次带上书和资料回家复习。第一天，埋头复习到下午五点多钟，便下楼转转。在我家住的楼最东边一块儿难得的阴凉地，我看见康护士正在给十几个三四年级的孩子讲故事。五层高的楼体遮住了夏的炎日，一帮孩子围着他。无意中看到这一幕，我便原地驻足，远远地注视着他们。康护士穿着一件白色衬衫，束在蓝色的裤子里。没有戴军帽，一头乌黑的短发自然地形成偏分。坐在行军凳上，他面对着孩子们，微笑总是荡漾在他的脸上，那双眼睛呢，更是随着故事的内容而流露出不同的情绪，时而紧张，时而舒缓，时而愉悦，时而惆怅。手呢，不时地做着各种辅助动作，配合着讲述的内容，和谐又得体，还不时地发问："你们猜猜会是什么结果？"引得这帮孩子不停地喊着："康叔叔，我们猜不着的，您继续讲吧！"可他呢，偏不依孩子们，一定让他们猜猜之后再讲。看来他蛮有教育理念的，善于激发孩子们的思维。

同坐在行军凳上的孩子们个个聚精会神，听得津津有味，有的托着下巴若有所思，有的两眼凝视，侧耳倾听……一个故事讲完了，两个故事讲完了，康护士让孩子们休息，自由活动。于是，我走到他的身边，与他交流起来。

"您的故事讲得真好，内容有吸引力，表情也很丰富，看来您读的书一定很多。"

"是的，我是读了很多文学作品，特别是苏联文学，这个你是知道的。"

"嗯！"

"你放暑假了吗？假期里有什么安排？"

"还没放假呢，大约到七月中旬才放假，不过这是我的第一个暑假，打算多读几本书。"

"读什么书呢？说来听听。"

"《约翰·克利斯朵夫》这本就够了，再看看专业书吧。还想做些数学题，我数学不怎么好。"

"你数学有不懂的地方可以找我，我比较喜欢数学。"

"太好了！先谢谢您了。高中数学，我几乎没怎么系统学，可说是零基础。"

"我没有读过高中，因为初中毕业就下乡了，高中数学我是参军到部队后自学的。"听到他说的这句话，我想起了那几本数理化自学丛书，今天一定找机会说说这件事，把书还他并当面谢谢他，于是顺着话说："您很好学，真得要好好向您学习。您假期打算干什么呢？"

"我没有固定的假期，想干什么也不由我自己，有时候会有很多意想不到的临时性工作。"他说完这句话时，满眼惆怅，表情也似乎凝重了。

"遇到什么事了吗？"

"前几天，处理了王副总队长女儿王小梅的事，我就感到人生很短暂，花季少女，一场车祸就夺走了她的生命。"

"是呀，我也听说了此事，真是一件不幸的事。"我看到了康护士的伤感。我知道他有晕血症，王小梅车祸后所有的后事，都是他一手处理的，跑医院，跑殡仪馆，身心俱疲的，再加上他与王小梅的哥哥较熟，王小梅会找他聊天、打趣，所以王小梅车祸的事让他伤感是很正常的。院子里的叔叔、阿姨也都感到非常可惜，我也深深同情王小梅的不幸遭遇，对王小梅的父母来说，这是人生的一大不幸了，白发人送黑发人，人世间还有什么事，比此事更让人从心底流泪的呢？

为了转移话题，我用手指了指西边的天空，说："黄昏到了，晚霞很美。"

"嗯，太阳一定在下山前夕把最绚烂的天空留给人间。可是……"

"夕阳无限好，只是近黄昏。"我俩同时脱口而出，于是，他笑了，我也笑了。看到他的情绪不再伤感，我说："该下班了，您该集合孩子们了。"说完我便打算离开此地，转向回家的楼道。

刚走没几步，我突然想到那几本改变我命运的书，于是，我折回来，再次来到他的面前，内心充满无限的感激之情，两眼深情地望着他说："康护士，您曾经通过我爸爸给我的数理化自学丛书，至今应该还在我家。我参加完了高考之后，一直没有机会还给您，今天刚好想起来了，我上楼去取书，您稍等下，行吗？"他稍稍迟疑了一下，说：

"是那几本数理化自学丛书吗？你爸爸应该是还给我了。"

"哦，因为我经常不在家，没有关注这事儿，既然还给您就好。"

"书是我在北京时，每周利用周末休息时间，去王府井大街的书店里排队买的。每排一次队只能买一本，六本书整整去了六次排了六次队才买全的。来到西安后，我一直在自学高中课程。你知道的，我初中毕业就到了农场，我喜欢数理化，所以就买书自学，补当年没有学过的高中课程。"

"记忆中，您好像跟我说过这些书是在北京买的，当年在西安是买不到的。"

"我知道西安根本买不到。那时你爸爸对我说你要参加当年的高考，考学复习急需用书，我也看到你爸爸有一段时间总是骑着自行车去骡马市用粮票换书。知道此事后，就把我的书通过你爸爸给了你。"

"多亏您的雪中送炭，不然我还在农村下乡呢，这几本书改变了我的命运。真是感谢您，谢谢！"

"不客气的，你能用上，能帮助你脱离农村考上学，我也为你高兴。"

"您也下过乡，您下乡时也是很苦的吧？"

"是啊，差不多三年的时间都在农场下乡。虽然是农场，但属于半军事化管理，劳动强度相当大啊，一百多公斤的东西挑在肩上是常有的事。水田犁地、插秧，收割水稻，一年两季，非常辛苦。"

"同感，同感。"

"你都算幸运了，下乡在西安郊区，离家不是很远。而我下乡的地方当年是一个孤岛，交通十分不便，回家一次需要乘船、倒车，几经折腾才能到家。有时一年只能回家一次，还得找领导批假条。"

"没想到您经历过这么艰苦的生活与劳动环境。还好，当兵以后就没有这么艰苦了，部队的吃住行比起我在农村下乡时好多了。"

"是的，当兵是我一直以来的愿望，也是现在每个年轻人的向往。如果我不要求当兵，在农场也有机会调回城的，政府一样要给安排工作的。"

"可是当兵毕竟实现了人生的理想。在部队只要不提干，当兵三五年后就转业回家，然后找份稳定的工作，过安稳的日子。"

"我没有在这里提干的打算，毕竟我回原籍，按政策，政府是应该安排工作的。"

听到这话，我心"咯噔"一下，我知道他迟早会离开西安回原籍的，可是我多么不想听到他说这句话呀。此时，站在他的对面，我心里不知是一种什么滋味，眼睛也从他身上移到了远处的天空，那霞光暗淡了，天边不再是一片粉红、一片绚烂了。那句话、那天色使我有些伤感，我立刻转移话题，说："当兵，对您来说只是一种经历，经历过也就不遗憾了，毕竟实现了当兵的愿望。您家所在的城市是大城市，大城市来的兵肯定不愿意留在小城市的，但愿您能如愿。谢谢您！谢谢您的书！不然，我现在可能还在农村下乡，咱们院子里与我一同下乡的还有三个人，目前他们还在继续知青生活。"

"不谢哦！举手之劳，刚好你能用上。我留下也没什么用的，反正我已经看过那些书了。现在正在自学英语。"

"您很好学，向您学习！"

"你可以利用假期好好读几本书，坚持自学英语。"

"一定！谢谢您的关心。"

"你的收音机好用吗？"

"好用，携带方便，随时能用。这段时间，因为复习就没再坚持自学英语。您学得很多了吗？"我在想，那个收音机一定是爸爸委托他买的，只是他不愿意让我知道而已。此时，我多想当着他的面说些谢谢他的话，可是还不容我说什么，就听到他说：

"嗯，《英语九百句》整本学完了，眼下正在学《实用英语语法》。"

"这本书我也买了，只是没有系统地学。看来您已经有相当高的英语水平了。"

"也没刻苦去学，有时间就静下心来学学。"

"还没刻苦学习呀，我经常看书到夜深人静，走下楼透气，来到您的窗前，看到您屋子里的灯还亮着呢，猜想您一定在学习。您的好学，令我敬佩。"

说到这里，我看到康护士眼神中的惊讶和不解，顿时感到，我说出的话有些出乎他意料了，也暴露了我的一个小秘密，就是经常在夜深人静的时候，来到康护士的窗前，偷偷望着他宿舍的窗户，想着窗户里的他在干什么呢。于是，我就此打住，说："时间不早了，您该下班了，我也该回家了。"他也从不解中回过神来，脱口而出："好的。"他开始集合学生。

回到家，我看了看书架上的书的确没有了，爸爸及时还给了他，我心里也有了些许安慰，不然多不好意思啊。又看了看摆在书桌上的收音机，我不由得拿起来，打开后，调出英语广播，一边听着，一边仔细翻看这个收音机，陷入一片沉思遐想中。眼前浮现出他的身影，耳边响起他的话，很享受地坐了下来。

不知过了多久，只听到广播里一声"goodbye（再见）"。我放下收音机，把它摆放在我一眼就能看到的书桌中间。收音机广播停了，我又开始回味我们刚才的对话，遇到他，我真是喜出望外，与他无拘无束的交流使我欣喜若狂，于是我兴奋得不能自已，在房间里哼着、唱着、来回走动着，暗自庆幸今天的好运气，也有一点小小的感伤，因为他终究是要离开西安，退伍回原籍的。

15　辅导数学，纠正错字

　　紧张的复习对于我来说，功夫都下在数学上。就这样复习数学，考试成绩还是不理想，特别是立体几何，我的空间想象能力实在是太差，总是搞不懂。有一天下午，我又在为一道题解不开而心烦意乱，看过许多资料后还是不会，这个类型的题我遇到过几次，应该会有解题方法的，只是我没有积累与掌握罢了。

　　我突然想到康护士说过的话，要是数学有难题可以找他帮助解决。吃过晚饭，我来到他的宿舍请他辅导。来过他宿舍多次，每次都会闻到那淡淡的来苏水味儿，今天却没有明显的味道，我仔细看了看，原来夏天到了，他宿舍的门窗开着，通风透气，所以闻不到那令我心醉的味道了。他看到是我，居然说："我猜你数学遇到难题了，找我解题是吗？"

　　我吃惊地看着他说："您猜得真准。"

　　"你这个时间来肯定不是找你爸爸拿钥匙的，所以只能是找我解题。"

　　"嗯，这种题型我经常遇到，怎么解呢？请您指导。"

　　"你等一下，我先看看题。"

　　坐在他的对面，看他拿起笔在不停地算着写着，还不时地翻阅其他资料，没几分钟，他就做出来了。他放下手中的书，把本子推到我的面前，然后用笔指着一步一步地给我讲，大意是在已知的线上做辅助线，延伸至另一边，用虚线表示，再根据已给的相关条件，求出来即可。他边说边演算，我看得清也听得明白。他又在另一本书上找了相同类型的题，继续让我做。我利用他刚才的方法解了出来，一看答案是对的，我很高兴，不禁流露出敬佩、感激的目光，说：

　　"看来方法很重要，有方法了，可以事半功倍。谢谢您！"

"你说得对，关键是掌握方法。"

接下来，他又给我讲了另外几种类型的题，我也学得很快。正要合上本子收拾桌子上的学习用具时，康护士突然说：

"等等呀，这儿有个错字。"

原来，抄题时，我将"初步"的"初"左边"衣"字旁写成了"示"字旁，我却不以为然，觉得"示"字旁是对的，因为我一直写成"示"字旁。为此，还与他争论了起来，我自认为极为细心，特别是在文字的运用上，应该是准确无误的。想起小学时，我的语文试卷上连个标点符号都没有用错，何况文字呢，我坚信自己是对的。他认真地给我讲："初，起始。字形采用'刀''衣'会意，即用刀裁剪衣服，是做衣服的开始。"我觉得有道理，可我还是不想承认自己是错的。无奈之下，我们只好翻出字典查查"初"到底怎么写，结果可想而知了。我不禁感慨他对文字的敏感。

当下，他给我讲了一件事，让我难忘并深受启发，当然这也是一件令康护士终生难忘的事。初中毕业，他来到农场下乡，那个年代，写信是唯一的通信方式。康护士提笔写了离家的第一封家书，半个月后收到了回信，信封内没有父亲的信，却装着自己写的那封信。疑惑间，打开自己的信，映入眼帘的是二十多个红圈，那就是二十多个错别字和错用的标点符号啊！此处无声胜有声，父亲没有只言片语，却极大地触动了他，仿佛听到父亲在说：学习真的无用吗？你看连封家书都写不好！一封没有回信的回信深深地教育了他。羞愧之后他便从头学起。从此以后，康护士便养成了做事认真细致、一丝不苟的习惯，特别是语言文字的运用，甚至思维也很缜密，这是他一生的特点，这也是他父亲对他的影响。

不到一个小时时间，我的收获比我一个人瞎琢磨大得多。也因此，之后考试结束后，我的数学成绩远远高于及格线了，这多亏他的帮助与辅导。感谢他帮我提高数学成绩的同时，还帮我纠正了我一直在错写的"初"字。受他的影响，我在后来的工作与学习中，很少写错别字了，并且尽量做到思维缜密。

第四章

月下醒酒，诗里字漫漶

01 百篇日记

上学后的第一个暑假到来了，我爱慕他的故事回忆也到此结束了。本想继续这种方式叙述我暗恋康护士的故事，但是，年至六十的我，写不出来二十几岁时的那种感受了，所以，就把当年所有日记整理出来，以示读者，希望读者能了解我们那个年代的年轻人，是如何表达爱情的。致敬青春！尊重生命！珍惜过往！活好当下。

春夏秋冬，寒来暑往。从1979年9月走进师范学校校园开始，我就接着记日记，到1981年9月两年的时间，720多天，我写了360多篇日记，平均每隔一天写一篇，有时一天写几篇。写自己心中的诗，写自己梦中的语，写我对他不能当面说的心里话，写自己对自己表达的肺腑之言。写啊写，写出了那个年代年轻人对学习、生活、恋爱，以及工作的思考和态度，特别是对爱情的一种表达方式——含蓄。含于眼，藏于心，羞于口的暗恋。20世纪80年代初，在那个男女授受不亲的年代，可以说暗恋是非常普遍和正常的，也符合那个时代年轻人的风格。我就是在那样的年代背景下偷偷地恋，偷偷地写，在日记本上、在字里行间，写下了我对他的爱慕。

因为是在校学习期间，我一边完成文化课学习任务，一边写日记、摘抄名家的诗和名言。两年时间，我用了四五个精装日记本写日记，七八个精装本摘抄诗歌和名言，这些我至今都保留着，多次搬家，丢弃了很多家什，唯独这些日记本和我购买的书一直保留着。一本本，一篇篇，记录了我曾经懵懂的爱，暗暗的恋，隐隐的痛，饱满的泪，曾是那样深深地划过心头，含蓄又热烈的表达构成了我日记的全部内容。

02　夏日的眷与恋

　　7月下旬的西安，酷暑难耐，20世纪80年代初期，谁家能有个电风扇就已经相当奢侈了。放假已经一星期了，夜里热得睡不着，清晨凉快了，我居然睡到了快九点。我揉着惺忪睡眼从床上起来，准备去洗脸梳头。结果，我走到过道儿一看，康护士来了，正在与爸爸聊天呢！噢，今天是星期天，因为考前忙着复习，考后忙着处理放假前的各种事，有二十多天没有遇见他，这个使我的心不能安分的人，今天来干什么呢？我不好意思地走过去，打了个招呼，结果他还问我："你放假了吗？英语学得怎么样了？你的收音机还好吗？"一连串的问题。我没有洗脸梳头，也不好面对他细聊，就回了一声："放假了，英语准备接着学，收音机好用。一切都好！"我不想让他看到我的慵懒相，就敷衍了几句。结果，还没有等我梳洗完毕，他居然起身已经走出了家门，爸爸跟在他的后面也出去了。我想出去与他打个招呼，来不及了，他走了。于是，我写他的第一篇日记，就是这样记录那个镜头的。

1980年7月27日　星期天
　　他悠悠地离去，却不知为何而来，引起我无端的遐想，使我内心难以平静，本想多看他几眼，与他说几句话，可是不能了。

　　他来了，惊喜一瞬；他离去，遗憾十分。望着他远去的背影，我甚至做着白日梦，在梦里想和他偶遇。我只是这样希望着，可现实使我的希望变得渺茫。我不要悲观，我虔诚的心在等待。

　　　　宁静湖面石投来，不知深浅先别猜。

113

终有一日石道破，他是水来我是波。

望着他与爸爸渐渐远去的背影，我既欣喜，又不免有些悲凉。目送他消失在路的尽头，站在开放阳台上的我，不由想到了北宋词人王观《卜算子·送鲍浩然之浙东》中的诗句："水是眼波横，山是眉峰聚。欲问行人去那边？眉眼盈盈处。"

康护士离开了我的视线，人却留在了我的心里。

1980年8月4日　星期一

白天在家待了一天，天热人烦。傍晚，我准备下楼乘凉，突然看到他走了过来，与院子里的人打招呼或谈论着什么。我加快脚步，从二楼往下奔，我多么希望他能放慢脚步，多么希望他能停留片刻，让我走过去倾听他的话语，看他得体的言谈举止。可是他离去得那么神速，我还没接近呢，他却匆匆前行了。或许他不知道身后的人已心潮澎湃，正盯着他远去的背影遐想着。我就这么一直呆呆地望着，一直傻傻地想着，最终他还是消失在路的尽头。我失望的泪水溢满眼眶。我没有勇气去追寻他，于是，我返回家写了一页又一页日记。我不愿使自己的激情荡漾四方，可又无法将它埋藏，内心的痛苦哟，何时落芬芳。

这就是恋吗？这就是爱吗？哦！多么痛苦呀，我不禁想起伟大的俄国作家屠格涅夫的《爱之路》中的一句：只是受着苦痛，苦痛藏在爱中……

1980年8月11日　星期一

假期里，我没有理由，也没有机会找他谈天说地了，因为我不需要找爸爸拿钥匙了，也有了收音机学习英语，我很难再遇见他了。见不到他，我没有任何心思去做事。

人的内心世界太复杂了，尽管我很了解自己，也算了解他，他呢，也算了解我，但是要达到心与心相通，还是相差甚远。我无法解释自己这复杂的内心情感。我为不能把握自己，掌控自己而自责。我常常思念他，难以静下心来看书，难以耐下心来去做事。我问自己值得吗？我不知道应不应该这样做，但我就这样做了，而且心甘情愿地这样做了。这种莫名的思念既甜又苦，让人欲罢不能。唐朝诗坛上享有盛名的女诗人李冶的诗《相思怨》是在写我吗？"人道海水深，不抵相思半。海水尚有涯，相思渺无畔。"海有底，思无边。

我要埋下一粒种子，一粒记录我恋他、念他，而又见不到他的种子，洒下我为改变这种现状而流的汗水，让这粒种子长出健康的芽苗。我要挣扎着从思念他的境遇中走出来，从书中，从知识中寻找出路，同时也憧憬着未来。我期待的未来是他不再让我思念，我也不再思念他。希望啊，早些实现吧。

03　秋雨的思与诗

1980年8月13日

傍晚时分，我又一次地看了潘晓的文章，它深深地打动了我，引起我心中的共鸣。尽管我的生活道路没有像她那样曲折，但是我对人生的意义及现实中的一切又是极早地看透了。仅仅是看透了吗？我自己也不清楚，人生的意义究竟是什么？是为革命吗？为人类吗？周围的一切又促使我否认了。为着这为着那，似乎又不恰当，到底是为什么？也许没有固定的答案。我隐隐地感觉到人生的意义应该就是适应现实生活的发展规律，在此履行人的职责。忙忙碌碌的人，客观为他人，主观为自己，尽管人人伪装得各式各样，但是没有谁能违背了这个规律。书本里的一切是多么美好呀，现实中的生活却处处不尽如人意，这就是人生。书本中有花一样的人生，现实中却是草一样的生活。

我又想起了康护士，他离开生活条件优越的江南，来到西安当兵，他为了什么？实现自己当兵的理想吗？响应祖国的号召吗？想起他，我又不能自已,对着窗户发呆。不知过了多久,我眼前突然出现了他的身影、他的笑脸,甚至还闻到了那股熟悉又醉人的来苏水味道。"天涯地角有穷时,只有相思无尽处",望断秋夜长,却未觉风微凉。

我是因为青春期不甘寂寞而去思念他吗?还是因为我思念了不该思念的他而注定寂寞一生呢?

1980年8月23日　雨天

窗外的秋雨一阵疾似一阵,我不由得把视线从书本移向了窗外,仰天而望,一片天光,这真是不常见的晴天大雨。我突然想起了唐代诗人刘禹锡的诗句:"东边日出西边雨,道是无晴却有晴。"天无情亦有情,人有情亦无情吗?我感到这天别有诗意。

> 往日潇潇雨天沉,今日茫茫雨敲窗。
> 疑似天空银河淌,亦如秋叶打新霜。
> 往事瞬间悠悠去,待到雨天化悲凉。
> 雨滴入地泪入心,咫尺天涯不相往。

读着自己写的诗,我多想把它重新抄写一遍,然后跑出去贴在康护士宿舍的门上。我感到这绵绵秋雨,就是我思念他时含在眼眶里却没能流出的泪。

1980年8月24日　晴天

昨日是风助雨势,雨借风威,好一场难见的晴天大雨,噼里啪啦的雨,渗透了地,潮湿了心。夜来晚风吹云散,破晓天明日晴朗,一束日光射进窗,伏案即赋诗一首:

> 雨过天晴金蝉鸣,微风拂面神志清。
> 愿君即日随风归,待到明朝近相对。

1980年8月27日

距康护士上次莫名地来我家已经一个月了，其间我除了见他一次背影外，再没遇见他。我的暑假生活将要结束，我不由得又想起他来。白天想，夜里想，闲时想，忙时也想。不知想了多少次，也不知想了多久。想着，想着，我做了一个梦，梦中与他相会了。

秋高气爽，苍茫的天空，不时传来飞机的轰隆声，声音传入我的耳畔，引起我无限的遐思。黄昏送别了白日时光，紧接着迎来夜幕的降临。啊，大地沉寂，生命中的一切几乎停止了，难道只有飞机盘旋的轰鸣吗？我看不到他在哪里，是在天空，还是地面上？我极力伸出手想将他的身影捕捉，可是树不摇，风不起，茫茫云海笼罩了我，我的手被云缠绕包裹，又如何捕得住、抓得着呢？不过透过茫茫云海，我还是看到了他。穿过大地，跨上云天，我追随他的脚步，我追啊，追啊，追得我身心俱疲，也没有将他追到。难道他像飞机一样划过天空将我抛弃了吗？果然他就像飞机一样随着声声轰隆飞走了，留下丝丝绵长的云悬在蔚蓝的空中，那云仿佛是我对他的眷恋，久久不肯散去。

大地啊，此时又沉寂了，我想喊他，浓厚的云雾，屏蔽了我的呼唤。我想去找他，可眼前漆黑如夜，使我无法分辨哪儿是天，哪儿是地，哪儿是飞机，哪儿是他。忽然，梦中的我有幸遨游太空了，我便寄情于天地，天空晴朗了，大地明亮了，太阳起床了，风吹醒了树，我与他在天地间相会了。我清晰地看出了是他，是他那熟悉的眼神，闻到了那熟悉的味道，还分明听到了那略带忧伤的悠扬琴声……我奔了过去，准备和他相拥。

日有所思，夜有所梦啊，不论白日梦，还是夜里梦，其实就是一个梦想而已！"从别后，忆相逢。几回魂梦与君同。"

1980年8月28日

一阵凉爽的风吹来，我知道秋天来了。坐在桌前向窗外望去，噢，又是一阵秋雨，荡涤人间的浮尘。雨啊，纵使自己混浊也无怨气，只为滋润大地。此刻，我莫名地陶醉，尽情地享受秋的情调，风声雨韵。

在绵绵秋雨中，我又想到了康护士。此时他在干什么呢？他会像我在雨中思念着他一样思念着我吗？一想到他，我又有些坐立不安了，幻想着有一天能在绿树丛中采撷最饱满的果实与他分享；遥思着能在江水碧波的岸边与他并肩，悠闲漫步；想象着在小桥流水人家的院落，在垂柳下倾吐自己心中的秘密；遐想着令人神往的海洋，在金色的沙滩上与他嬉戏。多少个日夜，多少处地方，暑假呀，我怎么就看不到他？看不到他，我是如何的无奈呀。

雨后的清风向我吹来，拂面而过。借着这风这雨，将我无法压抑的思念寄托。风的那边，雨的尽头，他能听到我的呼唤吗？"入我相思门，知我相思苦，长相思兮长相忆，短相思兮无穷极。"风停了，雨住了，我的心也静了。

1980年8月29日

明代著名画家、书法家、诗人唐寅《一剪梅·雨打梨花深闭门》中写道："晓看天色暮看云，行也思君，坐也思君。"

这是暑假里最后一篇日记了，四十多天的假期，我没有遇见他一次。时间啊，快得让我抓不住一点儿机会，时值8月底，窗外秋阳高照，蝉鸣鸟和。我以自己的想象力，把我的周围变成了溪水潺潺、花丛遍野的春天，我想呀，盼呀，无尽的相思使我迷乱不堪，心中又在呼唤着他。

我向窗外望去，突然发现康护士从我窗下走过，啊！我立即向楼下奔去，跑出楼道却不见了他的踪影。失望啊！明明看到他了呀，于是我无心上楼，在楼下的小路上走来走去，希望能遇见他。几个阿姨不断地问我有什么事，我感到不自在了。不能等下去了，也许我在二楼又隔着玻璃窗，看到的不是他呢，我重新回到家，坐在桌前，又一次发呆，思绪万般复杂，纷乱不堪。从早到晚，在纷乱的思绪中，送走了又一个黄昏。假期，这最后一次思念，只能留在了字里行间。

1980年8月31日

校园又恢复了往常的一切，琅琅的书声、人们来来往往的嘈杂声又充满整个校园，真不知道哪里还有块安静的地方。我在家度过了一个闲适却不快乐的暑假，因为没有遇见康护士，便感觉不快乐。来到教室，我看到同学们都在为开学的事忙着，同样嘈杂声一片，与树上悲秋的蝉鸣一样，使人凄然三分。

回到宿舍，我推开窗户向窗外望去，窗外的景致却使我心旷神怡，我便静静地坐在窗前的桌子旁，展开想象的翅膀，开始了幻想。我腾云驾雾随悠悠白云入青天，俯视人间，我无比自豪，因为这份独自的悠闲属于我，父母赋予我一颗清静的心，一个独特的性格，我将继续我的高冷，永远这样下去。

8月结束了，开学报了到，下午我又赶回了家。9月1日上课，我想，返回学校时，还能在那条小路上遇见康护士吗？我期盼着。我向天边望去，向那条小路望去，向他所在的那栋楼望去。"昨夜西风凋碧树。独上高楼，望尽天涯路。"我多想遇见他啊！

昨天，今天，一天天；思念，思念，一缕缕。

1980年9月1日

一个暑假都没有遇见康护士，更甭说与他说说话了。昨天从学校回来，今早又从家返回学校，走到卫生科楼下，尽管我盼望奇迹出现，但终究没有出现……迎面的秋风吹来秋的气息，秋风里瓜果的甜、稻谷的香酿成了秋的味道，可我闻到的分明是他身上的来苏水味儿啊。这少有的来苏水味像一壶陈年老酒，弥漫在空气中的酒香，把我紧紧地包围着。

回到学校，教室窗外清风阵阵，吹动初秋的树叶，阳光洒在纷飞的树叶上，发出银色的光。转而，风息了，树叶静了，蝉不鸣了。教室里，只听到语文老师用粉笔写字发出的沙沙的声音。规范整齐的板书，小而美的字体，把整个黑板装扮得井井有条。老师矫健的身影，自然大方的教学仪态，这一切使我看到了自己未来的身影，就在这一瞬间，我的思想坚定了，不热爱自己专业的想法也瞬间消失得无踪无影，对未来的烦恼也不复存在了。我长叹了一口气，瞪大眼睛看着眼前的老师，听着，想着，我该做怎样的人民教师？我要锻炼自己，从老师的身上学习，借助他们的形象，找到自己的定位。

1980年9月10日

我想念康护士的时候，他也在想我吗？我在夜里呼唤他的时候，他也在呼唤我吗？我在迷茫中寻找他身影的时候，他也在寻找我吗？当他没有想我，没有呼唤我，没有寻找我时，我为他默默地写下这篇日记。告诉他，不，让风捎去我对他的想念，让明月带去我对他的思念。是啊，我坐在窗台上，在朦胧的月光下，柔和的灯光前，我寻找他的影子，对着月影是那样长久地相思。一个多月了，我没有遇见他一次，我向他所在的方向望着，可这秋夜只有清风阵阵，只有疏影朦胧。他在哪里？

星空浩瀚月儿明，苍茫大地风无声。
今夜清风月光下，一腔思怀难自醒。

1980年9月13日　星期六　大雨

秋雨哗哗地下着，风雨泥泞了来路，封锁了我的脚步。望着漫天的风雨，窗口前的我触景生情。平视楼前，一片片发黄的秋叶被西风卷来又卷去，没有任何抵抗力，秋叶飘零，随风而去，这情景让我伤感，逼我落泪。深深地叹了口气，我坐了下来。心呀，多么烦乱。

周末了，同学们一个接一个离校，踏上归途。我不想回家，也不敢回家，我怕自己走到卫生科楼下没有看到他而失望。眼前被我挽留下来的只有秋风、秋叶、秋雨，还有秋草。秋雨把大地冲洗得更加泥泞，几乎无从下脚……我不再看下去了，在铺好的床上躺下，慢慢地心静了下来。

不争气的我不禁又想起了他，想他在风雨中也像我一样伫立窗前，看风吹秋叶，看雨打秋草吗？"风雨送人来，风雨留人住"，诗句中的"人"是他吗？他来到了我的眼前，他住进了我的心里。九月的时日，秋深夜长。"一声声，一更更。窗外芭蕉窗里灯，此时无限情。梦难成，恨难平。不道愁人不喜听，空阶滴到明。"我不知道自己能入睡，还是整夜无眠。第二天早晨，我推开窗子，昨天的一场秋雨，把还挂在树上发黄的树叶冲刷得更加美丽，仿佛重新披上金黄色的盛装，原来秋不只是愁，还有色彩的绚烂。

在异样的情绪中，我送走了一天美好的时光，思念的情丝绵绵，我收笔平息心情向他所在的方向望去。

1980年9月20日　星期六　阴天小雨

周末的阴天，似乎已被人们所厌恶，这给我们回家带来了不便。我们甚至被风雨封锁在宿舍，困住手脚。放学铃声刚响，已经有同学出校门了。午饭刚吃完，又有很多同学背起书包接连而去，望着一个个回家的背影，感慨自己已经有两个多星期没回家了。我们这些学生就是这样，在校上了一周的课，周日是无论如何在这儿待不住的，除非离家极远的同学，他们即使想家，但因条件的限制也就留守宿舍了。

我是什么原因不回家呢？不想父母吗？当然想了，可我更想遇见康护士。心在犹豫，当我回过头来看见那一盆刚换下的衣服时，焦虑又无奈，脏衣服总是要洗的，于是便冒着绵绵秋雨来到水池边，洗呀洗呀。我的心随着流水似乎已经漂流到了家，我好像忘记我在洗衣服，望着灰蒙蒙的天空，我的眼前一片模糊。啊！我才发现，周围的一切多么使我伤心呀，我仿佛同天空一起落了泪，是的，我的眼泪终于顺着脸颊淌了下来……不知怎么想起李商隐的《夜雨寄北》："君问归期未有期，巴山夜雨涨秋池。"此时我把这句诗改为"问君归期何日归，南山秋雨涨池水"，更合我意。

怎么办？我的衣服掉到池子里了，急得我团团转，这简直使我更加难受了。没想到一位我不熟悉的同学顺手把衣服从那脏水中捞了出来，用水冲洗后，放在我的盆子里。我呆呆地看着他，愣住了。使我欣慰的是当时对他说了声"谢谢"。我不再流泪了，我感到面部发烧。待我恢复平静了，我从心里感激这位同学。这件事给我的触动很大，以至于走在回家的路上，我还在想着，这件事使我感到了同学间的相互帮助。假如他不这么做，那么我又该怎么办呢？多么微不足道的小事呀，可在我内心却引起这么大的波动，我再一次感到了自己的虚假，我除了对他感激外，又能怎样？

1980年9月21日　星期天　阴天

不知为什么，走到这儿，心情就开始异样起来，心跳瞬间加快，眼神里流露出奢望，感觉脸都不由自主地涨红起来，连呼吸也一阵紧似一阵。我简直怕再见到除他以外任何一个人了。我会学着把眼睛闭上，然后失望地走过去。没有惊喜，没有遇见他，怀着一腔失落，我走回了家。我想哭，似有什么东西卡在喉咙里，眼眶里溢出的泪都无法吞咽下去。

在家度过了一个不安的星期天，除了翻翻《牛虻》外，什么都无心干，灰蒙蒙的天伴着沉重的心，我在屋子里踱来踱去的，时间从我的身边悄无声息消逝了。我想我家住的楼与康护士所在的宿舍，中间只隔了两栋楼，这点距离居然让我一个多月没有遇见他，简直咫尺天涯。

1980年9月22日　星期一

周一清晨，我背着书包准备回学校，又一次从这条小路上走过。我有意识地放慢了脚步，心跳却不由得又一次加快了，眼睛呢，更是充满无限期待，还能遇见他吗？思绪纷乱，深思无语。突然，一阵特别响的关门声把我从沉思中惊醒。这个声音曾经听到过，熟悉而陌生。一定是他来了！我立刻停下脚步，驻足不前，眼巴巴地看着，急切切地等着，等待着康护士的到来。

差不多两个月以后见到的他，一件白衬衫束在蓝裤子里，一头黑发浓密发亮，嘴角微扬，面带微笑，那双会说话的眼睛似乎道出久别后的欣喜，于是，我又迈开脚步背东面西快步走着。他呢，背西面东走着，没走几步我便与他面对面地站着。初秋的朝阳温情地沐浴着他，他浑身散发着青春的气息，如同沉睡了一夜的太阳在清晨突然活跃了起来，他被太阳的笑颜感染，露出浅浅的、盈盈的笑。

我简直不敢相信自己的眼睛，真的是他。

"康护士，您，您怎么在这里？！"

"这里是我的宿舍呀。"

"可是……可是……可是好久没见您了。"

"是的，我回老家探亲了。"

"哦？！家人还好吗？"

"还好，我已经三年没有回家探亲了。此次回家，见到父母我很高兴，虽然四月份我爸爸出差来西安，我们短暂见了一面，但毕竟时间很短。我的弟弟、妹妹见到我也很高兴。"

"那是。您是家里的老大？"

"是的，下面有一个弟弟和一个妹妹。"

"他们工作了吗？"

"弟弟工作了，妹妹在读书。"

"团聚真好！不论身在何方，亲人永远是您的牵挂，亲情永远温暖着您。"

"是的，你一两个星期就可以回家，与家人一起享受家的欢乐与温暖，多好啊。"

"说得对！我也珍惜这种生活。"

我知道短短的小路说不上几句话就得分开了，于是，我走走停停，他停停走走。我想象这条小路能无限延伸。可是有限的小路和无情的时间终于让我与他分开了。

这么久没遇见他，原来是他在我暑假期间回老家探亲了近一个月，我终于知道了他7月来我家的原因，我不再为整个假期没有遇见他而难过了。

一路上，我心情舒畅，甜蜜地回味着刚刚的情景，心中充满无限快乐，遇见他的惊喜使我原谅了一切，不管之前我多么想他，想见他又见不着他，此时我完全理解了。转而又想他会怎样去看我呢？我的身影会不会从他的脑海中很快地消失呢……欣喜若狂的我多么想再细细回味这令人难忘的偶遇啊，可是今天还要上课。但愿我今天晚上有一个好梦。

（补记）

我真心喜欢他，可有时他的突然不见人影让我有无尽的失望，难得的偶遇又是这般地令我惊喜了。这次偶遇真是无意的吗？我多么希望他也会像我想他念他一样地想我念我啊！呻吟的风啊，你能让我清醒吗？摇摆的树啊，你能站直向我点头吗？我多么需要你们的帮助，血肉之躯是有情的。能遇见就好，不管有意还是无意，我告诉自己。

经过长达近两个月的思念后，我品味到了"蓦然回首，那人却在，灯火阑珊处"的无限快乐。

1980年9月23日　星期二　晴　中秋节

多么美丽的月亮呀，真不忍心就这样让你离我而去。我想挽留你，而你又是这样遥远。有时你悠然升起，我望着你，脚步徘徊心思念，我害怕你会悄悄地离我而去，孤独的我会在你的余光下落泪伤心，可是曙光常常使你这样悄然离开了我。茫茫长夜月相随，我躺在床上暗自陶醉，举头望你空中悬，虔诚期待他到来。星夜秋风气意爽，你留下银光洒满我的床。梦中相随柳荫旁，丝丝絮语化衷肠，虽说日升你将离去，秋夜荒凉我心忧伤，犹如绿叶打上霜，望君心凄凉。

> 月圆月饼圆，唯有心不安。
>
> 品嚼青红丝，难忍相思泪。

月下，我一边流着泪，一边吃着月饼，我多想他呀，可是夜静悄悄的，大地黑沉沉的，借着月光我写下了：

月下相思

中秋佳节共欢欣，月下絮语风自吟。
秋风秋夜秋月赏，桂花树下思绵长。

今夜中秋赏月明，月下泛起相思情。
思绪绵绵思心醉，赏月泪洒又一回。

举头望月伤情怀，思念泪尽盼君来。
同视一轮明月光，独在月下望他方。

赏月归来床边立，月光迷离思绪飞。
同月窗前话别夜，愿他月下来相随。

剪下中秋明月光，待君相逢抒情长。
今秋窗前别明月，来秋再与君相会。

送月归宿梦中睡，月色银光人陶醉。
月去破晓曙光明，中秋月下夜梦寐。

"中庭地白树栖鸦，冷露无声湿桂花。今夜月明人尽望，不知秋思落谁家？"呵，别了中秋月！别了思念的他。

1980年9月27日　星期六　晴

思念的人啊，我又在默默地给你写信，这样的信，也不知写了多少封。我忍受了生活的枯燥乏味，也初尝了学习生活的种种艰辛，但是我怎么也不能忍受这懵懂的感情无从表达的时刻。所说的懵懂是，我不知道，也没有分清楚我喜欢他，是一种心情，还是一种感情呢？

白天繁忙而紧张的学习，没能冲淡我对康护士的想念。每到数学课上，我不得不克制自己，但是到了枯燥的"语基课"上，我澎湃的思绪不由得又展开了，心也飞出了教室。每当子夜时分，一轮秋月的光辉伴在我的身旁，我在月光的陪伴下又一次想起了他。心里不住地在念叨着：他好吗？我想起了他身上的味道，想着念着，我迷醉了。课上思，课下想；白天念，夜晚梦。月落时想，日升时念；他在日间，他在月梢。"花自飘零水自流。一种相思，两处闲愁。此情无计可消除，才下眉头，却上心头。"

我从来没有感到过的一种痛苦，便是这无尽的思念。我发现我不平静的心将要干出一个勇敢者或生活强者所要干的事，那就是我要给康护士写信，我要向他大胆表白。我要从爱慕、思念他的境遇中走出来。"花开堪折直须折，莫待无花空折枝。"想到此，我忘记了思念所带来的痛苦，也

125

原谅了自己的不能自已，自我陶醉在一个大胆的决定中。我的日记他是无法看到的，我要给他写信，信是可以看到的。我突然悟到：幸运是从来不会对弱者微笑的。

让书信从心中邮寄。

1980年10月1日　星期三　晴

秋风吹走了佳节的余音，黄昏送走了节日的骄阳。举起倒满佳酿的酒杯，我让一切烦恼消失在杯底。飘香的佳肴，醉人的美酒，打动心弦的乐曲，回荡在这温馨的家里。为了使爸爸、妈妈、姐姐和弟弟倍感节日的欢欣、快慰，我端起酒杯向他们祝愿，然后一饮而尽，以借酒消愁。然而慈悲的上帝却没有使我醉，反而勾起我的思绪，于是我昏沉地躺在床上。细心的妈妈以为我醉了，便到床前抚摸我的额头，朦胧之中，我看到了妈妈出院后的憔悴面容，不免心里有些难受。她哪能知道女儿心底微妙的事呢？啊，亲爱的妈妈呀，我这辈子也忘不了您的勤劳，您的心灵手巧，您为了孩子们所付出的辛劳。妈妈呀，您永远是女儿的骄傲。母亲是世界上最伟大的人，我又何尝不想为母亲唱支颂歌啊！

绵绵的思绪，只能让我在昏沉中送走美好的时光。傍晚的秋风再度向我吹来，我多么需要风的吹拂，使我清醒，使我欢欣。

我眷恋着节日的这个秋夜，可是我已经疲倦了。让我做个好梦吧，我愿付出任何代价，换取我与他的梦中相会。"夜来幽梦忽还乡，小轩窗，正梳妆。相顾无言，惟有泪千行。"

思念是风，捕风捉影；思念是雨，双目泪流；思念是秋，秋心为愁；思念是夜，长夜未眠。风里的味道是他，雨里的思念是我，借风借雨借秋月，借来一曲相思愁。

1980年10月5日　星期天　晴　微风

秋阳洒满校园，秋风拂面撩人，星期天的校园别有一番情景。吃过早饭，我和要好的刘同学在公园里度过了周末，十月的秋风吹得游人醉。在兴庆公园湖的岸边，树下的一条长椅上，我完全沉浸在海涅的《新诗集》

里，我不停地翻着，不住地朗诵着，还不断地想着康护士。不知不觉我好像进入了梦境，粼粼的波光闪着银色的光亮，秋风吹来，泛起细细的浪花，一浪赶着一浪向前，波纹向四周扩散开来，如同我不平静的心，我伸手去抚摸那波光浪花。突然他伫立在岸边，摇摆着手告诉我说："水是无形之物，无法抓起的。"而我听到的却是："水是无情之物，无法依托的。"他是水吗？无形亦无情吗？不，他不是水，他是血肉之躯亦有形有情的。我终于与他在梦中相会了，还有了一次对话。长椅上，树冠下，我的思念好惬意啊！"相逢皆得意，何处是乡关。"

离开公园，我返回学校。黄昏的落日送走了一天的征尘，来到教室打开日记本，我把今天的白日梦记了下来，期盼着在文字的馨香里，他能如约而至。

1980年10月11日　星期六　中雨

窗外，雾气弥漫，秋雨绵绵，秋风瑟瑟，落叶飘零，秋后残景，触景伤怀。

一年秋风起，一念相思长。秋天，是一个思念的季节，秋风吹起了我对康护士的淡淡思愁，秋叶也无不写满了我对他的浓浓思念，这秋雨也打着滚儿翻腾着我思人的浪花。我坐在家里独自静思，呆呆地望着窗外，那灰蒙蒙的天空如同我沉沉的心，我又似落了叶的枯树，树盼着春的到来，我盼着和等着他的到来。一阵风声伴着一阵雨声，天下雨，树落泪。"梧桐树，三更雨，不道离情正苦。一叶叶，一声声，空阶滴到明。"眼前的时光被风雨打湿了，思绪弥漫在风雨中，随风飘散，随雨入地。

人间只有自己了解自己，也只有自己能拯救自己。结束思念，开始写信。

写了一个称呼：康护士。耗时一个整点，就一直发呆。

1980年10月18日　星期六　晴

周末了，我的心早已飞出了校园。在那条熟悉的小路上，我多希望康护士在我的面前出现。走进大院的第一眼，我看见了他，我想跑过去，跟在他的后面，闻他身上那醉人的来苏水味儿，看他那迷人的身影，听他絮絮的话语，感受他的温度。可我不能如愿，因为他正在与三五个战士聊着什么。此时的我只能身心分离了，我不明白，我为什么不走上前去大胆地与他打招呼，而是选择回避了他，绕开了他，从此，我也错过了他。"山一程，水一程，身向榆关那畔行，夜深千帐灯。风一更，雪一更，聒碎乡心梦不成，故园无此声。"我能理解，造成纳兰性德身心分离的原因是他担任康熙皇帝的侍卫，多次奉命出征，不得已而身心分离。我又是为什么？他不会知道，我的心情一直被他左右。有时候，躲避是为了让自己不那么失望，没能走上前去与他说话，不表示我没有想他，试着疏远他是因为我知道我不可能拥有他。

夜虽不宁静，可我多寂寞啊，我现在特别难受，笔下书写的是忧伤，是因为我想见他却又不能见他，见到他我又回避了他吗？啊！母亲，您受过这样的痛苦吗？思念的痛苦。那些年，爸爸常常在外"南征北战"，您又是怎样地度过了那些孤独的岁月？时间使您白发满顶，如今您却把这份思念的痛苦推给了女儿。真对不起，我使您伤心落泪了，您给予我生命，给予我太多太多，可我如此贪心不足。母亲，我要走我的路，我需要爱，我不再为爱而使自己伤痛。我不做契诃夫笔下的败将，可我又去做什么呢？我什么都不做，就做一件事：写信。于是，我摊开了信纸，拿起了笔。

我又是只写了一个称呼：康护士。又是一个整点，又是一直发呆。

下笔会有时，收笔却无期。

1980年11月2日　星期日

天灰蒙蒙的，雾气弥漫，暮色笼罩大地，我行进在雨后的路上，伴着朦胧的月光我走进院子，平时我会向左拐快步走到他宿舍的楼下，可今天晚上，我突然看到他在我前面差不多五十米处走着。当我看到他背影时，我的心是那样狂跳，激动得似乎要冲出来了。"康护士！康护士！"我急切地喊着。我一边喊着，一边望着他远远离去的背影，渐渐消失在苍茫的夜色之中。我不由得加快脚步，甚至小跑起来。刚过门洞，我就看见他和另外几个战士相约打篮球呢。通明的灯光下，他正在脱下外套，然后手不停在拍着球。看到这一切的我，脚步踌躇不前，内心在犹豫。深秋时节，夜色虽已浓，但球场四周灯火通明，失望的我只好再次左拐往家走。月光拉长了我寂寞的身影，心更加孤独。迎面吹来一阵秋风，身冷心凉的。

（补记）

回到了家，我的心彻底被雪封住了，被冰冻实了。我终于知道他将要离开西安退伍回原籍了，虽然这是我早已料到的，眼下却不能接受这个现实。

"您要走了吗？您要回家了吗？您难道一点不留恋吗？"

"是的，我要走了。我要回家了。我留恋这里，我更留恋我的家。"

我自言自语道："是啊，部队留守处的环境没有什么值得他留恋的，他当兵尽义务已足够，退伍回原籍找份好工作过安生日子也是应该的，也是这个年代城市兵的普遍想法，这一切对他来说都是顺理成章的。我本应该衷心祝愿他生活幸福，希望他尽享世间的真、善、美！可是我不能坦然面对他的离开。"

此时，我体会到人生最痛苦的事，是你喜欢的人因某种原因离开你所生活的城市，而你所做的一切，甚至因为他离去所承受的痛苦他都全然不知。这就是暗恋，这就是单恋，这就是青春期的懵懂之恋。

为了三天的考试，我决定不再去想他了，可我发现我已经做不到了！闭上眼，我以为我能忘记他，但留下的眼泪，却没有骗到自己。我想试着忘记他，可是忘不掉。那就想吧，也想不出什么。忘不掉，想不尽。于是，我再次摊开信纸，翻到那永远写不尽相思的一页，也再次坚定信念要把我喜欢他的秘密通过书信告诉他。

我再次动笔，再次预感收笔无期！

不再只是一个称呼，不再是一个整点，也不再一直发呆了。

"一生一代一双人，争教两处销魂。相思相望不相亲，天为谁春。"我理解了，古人相思相望都未能相亲，而我单相思单相望又何能相亲？他就要回原籍了，我面临的是与他永远的分离。

1980年11月5日　星期三　晴

三天的考试结束了，每次考完试留给我的又是什么呢？学科成绩不均衡，文科特别出色，理科不理想。我真想跑到野外仰天长啸，发泄内心的苦闷。

成绩出来的时候，我的心情又该如何呢？今晚和班长说的几句话，说得真荒唐，如果有必要的话，可以与班长进行一次谈话。我只是想告诉他，对我来说要想全学科成绩优秀，难以实现，请允许我学科间的成绩悬殊，理科学习我只追求及格。

使我最痛苦的是康护士要走了，如果是明天，我一定现在向他倾诉心中的秘密，可我怎么能使他知晓呢？我的信还没写完呢。

弟弟就要去当兵了，今晚在电话中听爸爸说弟弟的病好些了，愿他早日康复！

夜深了，我没有一点儿倦意，却很想躺下，在夜的陪伴下，我静静地思念，期待与他相会。

躺在床上的我辗转反侧，弟弟将要当兵离开家的消息，把我的心掏空了一半，康护士要退伍回原籍的消息，将我的心彻底掏空了。连思念都无心了，只有无尽的无奈。"留恋处，兰舟催发。执手相看泪眼，竟无语凝噎。"

04　冬雪的意与忆

1980年11月9日　星期日

这个星期天在家没看书，比较舒坦。将要离开去当兵的弟弟病也好了，又收到远方大姐的两封来信，爸妈的情绪也蛮好，家里充满欢乐。在学校紧张了一周，回到家能享受到这样的家庭氛围，我自然满足。但是，当黄昏来临时，我快乐的心情随夕阳西下离我而去了。我要离开家了，我实在不想迈出家门，随着夜幕的降临，一种悲凉的感觉向我袭来。走到康护士宿舍的楼下，没有遇到他，我再次失望。"墙里秋千墙外道。墙外行人，墙里佳人笑。笑渐不闻声渐悄。多情却被无情恼。"此时的我，多像这首词中的墙外人啊。

一路上，行人匆匆忙忙，吵吵闹闹的，再次影响了我的心情。我真想跑到荒野去，让自己与世隔绝。失望后的不快乐不知怎么又占据了我的心。为什么我就不能平复自己的心情呢？

回学校的路上，我感到烦躁、不安、失望、孤独。到了学校，在无心看书的情况下，我只好走进电影院看了场电影《啊！野麦岭》。

1980年11月15日　星期六

写在语文课堂上。

新来的语文老师在抽查学生的阅读情况，这对我来说无所谓，但我不愿听到他们的朗读。

课前，给焦华打了个电话，明天是她的生日，今天下午回去可以与她玩一会儿。

原定的计划不得不打乱了，但愿我能在下周的见习期间把给他的信写完，不然，就真成了发不出去的信了，彼此在那无言的痛苦中分别了，这样会给我造成一生的遗憾。为了避开这些扰人的烦恼，我真的下决心这样做了。这时，他冷静的眼神又浮现在我的眼前，平静的语调萦绕在我的耳畔，想象他一定在做回家前的准备了。假如是我当兵在外，遇到一个像我爱恋他一样爱恋我的人，我该怎样呢？烦死了。

内心对他的呼唤越来越迫切了，而他的身影在我的眼前总是朦朦胧胧的，像丝丝风来去无踪，让人琢磨不定。也像滴滴雨洒向大地，任意流淌。我还是把对他的想念写到信中吧，可是"不得语，暗相思。两心之外无人知"。对我来说是"一心之外无人知"啊。奇怪的是，想他的时候觉得话语很多很多，落笔写的时候，又觉得言语很少很少。

1980年11月16日　星期天

近日，令我感到苦闷的是我的朋友们都弃我而去了，她们沉浸在甜蜜的恋爱中。班上已经有好多对儿同学在谈恋爱，我却连倾吐苦闷的人都没有，唯有独自忍耐。我无时无刻不在思念他，而他却不知道我的这份痛苦。我想到那封写给他的信，又想到当他接过这封信的时候，会是怎样一种表情？我想那一时刻他是否会满脸疑惑地望着我……想起今天我两次遇见他，但都没有合适的机会说说话，只是远望着。他多么快乐呀，与他的战友、同事聊着天儿，他的神情是那样自信。远处的我见到他的时候，似乎什么都没有想，只是眼巴巴地远望着，充满忧伤地望着他。

我又一次想他会像我一样因思念而痛苦吗？不会的，他是不会的。我怎么不能使自己理智起来呢？是他，在我的记忆中留下了痛苦的回忆，当我在回忆这痛苦时，却又隐约地感到一些甜蜜，我多没救啊，我无法使自己摆脱这种单相思的境况。"红楼隔雨相望冷，珠箔飘灯独自归。"这本是唐朝诗人李商隐的诗句，反映了主人公寂寥而又迷茫的心理状态，此时竟与我的心境如此一般。

回到家，一盏烛台，泛黄的信笺。

无奈的我，拿起笔继续写信……

1980年11月23日　星期天

连日来，我很不顺利，因为要见习，一会儿开会提这个要求，一会儿又是强调实习纪律，还要写实习教案……想起这些就不愉快，就心堵。算了，愿它永远成为过去，在我的眼前不再闪现。

只有一件事，我心神不安。我写完了给康护士的信，抑或算是情书，可他能看到吗？这件事对我来说是多么难办。这些天，我对他的呼唤越来越迫切了，我无时无刻不在想念着他。正在这当口，弟弟就要离家去四川新津参军了，我多为他伤心，天真的弟弟他就要走了，离开父母和亲人，离开这个温暖舒适的家。更使我难过的是康护士也要走了，退伍回原籍，我们难再见面了。在他走之前，我多么渴望能见他一面，闻闻他身上特有的味道，享受和他在一起的时光，把我对他的思念全部倾诉给他。

带着对他的深情，我多想跑到郊外，仰天长啸，对着高山，对着原野，对着河流，大声吼出："我喜欢你！"我要坦露心声。转念我又告诫自己：严酷的现实生活你想过没有。我劝自己再仔细冷静地想想，可是我无法做到这些了。我心烦意乱，什么都干不下去了。我在想以后的路该怎样走，没有了对他爱恋的期待，我会怎样？唉，他还没有走近我，就离开了我。

我突然想到一句话："生活，就是理解。生活，就是面对现实微笑，就是越过障碍注视将来。"我可以失去现在，但不能失去将来。我决定把我写满对他的敬佩、倾慕、爱恋及不舍的信当面交给他。当爱与恨到极致时，便有了勇气，勇敢便也产生了。

1980年11月25日　星期二　晴

黄昏，我踏着落日的余晖，走在回家的路上，和往常一样，到处都是凄切的初冬景色。我走进大院，心意悲凉，失望地走过那条熟悉的小路，我不知道这种感觉到何时才能结束。

回到家没一会儿，没想到他来了！我使劲地揉了揉眼睛，然后又刻意睁大眼睛看着他，真的是他？！竟然是他？！我喜出望外，高兴中带有一种难言的滋味。他或许是来为弟弟送行吧，因为后天弟弟就要去参军。我好久没有近距离看他了。瞧，一身正装，蓝裤子配上绿军装，领边的红领章醒目惹眼，很少戴帽子的他，今天的帽子也格外抢眼，帽檐遮住了他浓黑的头发，更显他的端庄成熟。我从来没有这么近距离领略过他的军容军姿，原来他戴上军帽更加英俊、帅气。潇洒大方的举止，得体流畅的言谈，叫我回避不了，总想多看他几眼。

于是，我顾不得什么待客之道，大胆地从他后面穿过，走到他侧面时，我有意靠近他闻了闻，天哪，那股久违了的来苏水的味道顿时迷倒了我，眼前一片幻景……

这段时间，我发现我一直在这样的幻景中度日。他很难叫人琢磨。为什么？为什么？难道单单因为他与爸爸的工作关系吗？应该是吧。他毕竟也是出门在外的人，来看弟弟，甚至为弟弟当兵送行是很正常的。我一定要把写好的信给他，我一定要办到，我不住地鼓励自己。一生中，内心想给一个人写信的冲动会有几回呢？也许就这一回了。

弟弟离家去参军，康护士离开部队退伍回家，这就是当下的一种状况。我发现，他完全占据了我的心，我痛心现实给我带来这样的命运。快快结束吧，痛苦与忧愁。我多无能为力啊，唯一的寄托就是一本薄薄的日记本。

极度盼望中，意外地见了他一面，一面相见，一面不舍。只是我对他的不舍，他不曾知道，写在日记中的一言一语，我在心中执着地念诵。他不曾看到我深夜里为他而落的相思泪，在脸颊流淌。"山有木兮木有枝，心悦君兮君不知。"

这不会是最后一面吧？

1980年11月27日　星期四　雾转晴

清晨，雾气弥漫，寒气袭人。弟弟今天就要赴部队参军，因此，我写下两首小诗送弟弟：

> 独自离家参军志，古城西站晨雾别。
> 似有难言心事在，行看白云空中移。
> 默默相送报弟安，寄予朝夕似相思。
> 春夏秋冬过顷刻，山川阅尽愧多闻。
>
> 去时沧波年少身，回首遥望惜前尘。
> 古城挥手别亲人，眉山日色眼底流。
> 江水悠悠起相思，沧桑历尽挺雄姿。
> 屈指四载回首望，相逢时日叙胞情。

弟弟还没有到目的地。祝弟弟一路顺风！几年以后，我弟弟一定长得很高。弟弟快长大吧！姐姐祝福你！

1980年11月28日 星期五 晴

痛苦的思索已充满我生命的全部，这些天来，我一直在做无谓牺牲。学业和爱情这两条路摆在我的面前，我该怎样选择？当然，我忘不了老师曾经跟我们讲过：如果选择了学业这条路一直走下去，那么爱情也会从这条路来到你的身边，无须追寻和求索。这些我难道不懂吗？是啊，这些我都明白，但对我这样的人来说，即使是爱情来到身边，我也把握不住，也不会去爱，甚至绝不会沉浸在爱的温情里，当然康护士除外。可康护士是军人，部队里有严格的纪律，规定战士服役期间，不能在驻地谈恋爱，他家在江南，不能久留西安。可我还是不能说服自己不去想他，念他。

我绝不会荒废了我的学业，我还年轻，我也渴望着自强，我应该去充实自己，学更多的本领。可眼下想起他要走，想起我没法向他表达的无奈，想起我无法改变的现实，感到很无力。我多想学梅花，在寒风中绽放，散发清香于人间。"墙角数枝梅，凌寒独自开。遥知不是雪，为有暗香来。"我不停地朗诵这首诗，心和行没有一致。

1980年11月30日 星期日

傍晚，我干了件什么事，怎样干的，我完全不清楚了，一瞬间发生的那一幕不能明晰地呈现在我的眼前。我真是这个世界上最不能自抑的人啦，你们嘲笑我吧。这样也许我会好受一些。

我都干了些什么呀，连我自己都不能明白，我尽力在回忆着这件事的始末。我只记得我胆怯地叩开了康护士的宿舍门，他打开门后脚挪出门外，我把那封写满情意的书信很快递到他手里，一瞬间，他的目光是不解的，他满脸的疑惑，莫名其妙地接了信过去。我转过身子，以最快的速度下了楼，一路跑着冲出了大门。

不知为什么，我并没有因为给了他我写了很久的那封信，而感到轻松，反而因为从未有过的羞愧，使自己的心情变得更加沉重。我突然间想到，不这样做，我一个人痛苦，可我将这封信给了他，他在无法选择的情况下，也一样痛苦。与其让两个人痛苦，不如我一个人扛着，我干了一件愚不可及的事。想到此，我的眼泪落了下来。

尽管我的心是高傲的，可我从自己的言行中得不到一丝安慰。我自愧，自卑，是因为既勇敢又鲁莽的举动。

无知而无畏，这就是我吗？青春期的我吗？虽然我羞愧无比，但是我终于有勇气告诉他我对他的爱慕。相比之下，我付出的所谓的自尊心又算什么？如果我不这样做，我会后悔一辈子。因为我放下了自尊，放下了个性，放下了固执，都是因为放不下他。

我这样做，是为了给自己一个安慰。我这样做，却丝毫没有给他带来愉快，只增加了他的烦恼。我为给他增加了烦恼而自责自愧。

张华啊，你平生没做过一件超常规的事，现在当你做了的时候，竟又是这样自责，羞愧的眼泪往心里流。

他能看到我留在信笺上的字，却看不到我流泪。我得不到什么安慰，我只有痛苦，还有眼泪。此时，我心里真不知是什么滋味，也不知道是什么状态，就像是喝了一杯杯无味又冰冷的水，然后一滴又一滴凝成五味杂陈的热泪。

我并不想得到他，从心里是这样想的。他太高远，我感到我只能敲开他的门，却无法也无力叩开他的心。

1980年12月1日　星期一　阴冷　小雨

这一切，原本不是我的意思，

而我却在一瞬间失去了理智，

无法克制那心灵的倾慕，

给您的生活带来忧郁。

我羞愧无比，

您是高远的，不需要凡人的热情，

应该远离这不舒服的词句，

至少从中能谅解我的苦衷。

我并不祈求您的爱，

我心中永远铭刻着您的微笑，

愿您在事业上，

留下成功的一笔，

我永远崇拜的是您。

您不要以为，

我应当为人所可怜，

虽然我现在讲的是这般凄然——

不是，不是的，我得不到的痛苦，

不过是些许不幸的预感。

我年轻，但心中沸腾着好多声音，

我心向往的是能够赶上您。

我无知地把我的心灵暴露给您，

是因为我不懂什么世俗的偏见！

您知道这样的心灵的价值吗？

而它却使我，

感到有些对不起您！

我深深地痛惜，

没有使您安心。

我深深地羞愧，

我那不成熟的一举，

因为我的一次任性，

给您带来多大的伤痕，

失望积攒得太多了，

我就不再希望了。

1980年12月3日　星期三　晴

　　郊外，只有微凉的风在轻轻地吹着，我不时地感到有些发冷，周围一片沉寂。我疲倦地合上书，站起来，在一条小路上徘徊，我不由得又想到了康护士，不免有些羞愧。风，替我遮掩了发烧的面颊，吹散了我的羞涩，却给我吹来了一缕悲凉的思绪。夕阳多么美丽，可我无心多看一眼，呆呆地背对着落日的余晖，向那无边的原野望去，一片凄凉的冬景，我不忍心一直望下去。

我面向何方？周围静悄悄的，我走到一棵只有枯枝的小树前，对着它，把我的苦闷向它倾吐，可它们挺立在寒风中，丝毫不动容。我失望了，原来这人世间都是不可寄托的。物、人没有什么两样，都使我伤心。又一股寒冷的风向我吹来，我瑟瑟发抖，但终于有些清醒，原来我对他的爱恋仅仅限于痴痴的思念，我感到了我每日都在这样虚度时光。

黄昏于郊外麦田里

（摘抄）1980年12月4日　星期四

人们的初次爱情，由于年轻，太富于幻想，阅历又浅，所以往往不切实际，成功的绝少。

人在年轻的时候，并不一定了解自己追求的、需要的是什么，甚至别人的起哄也会促成一桩婚姻，等到你再长大的时候，你才明白你真正需要的是什么。那时，你已经干了许多悔恨得让你感到锥心的蠢事。

真正的爱情，是表现在恋人对他的对象采取含蓄、谦恭，甚至羞涩的态度，而绝不是表现在随意流露热情和过早的亲昵。

十八九岁的少女，学业尚未完成，或刚踏上工作岗位，在这个阶段，如果不顾一切，急于找一个伴侣，并且把自己今后的一生与对方紧紧系在一起，必然分散精力，有时会走上歧途。何况，人生的道路是如此曲折而漫长，由于双方年轻，思想尚未定型，在今后的风风雨雨中能否坚定不移，共同生活到底，还有许多考验在面前。为爱情而陶醉而不顾一切，不是对爱情的扶植。获得爱情需加强思想、文化、修养的锻炼，扶植爱情也需要加强思想、文化、修养的锻炼。

什么是爱情，爱情绝不是公子哥那种朝三暮四、见异思迁，对异性的轻狂迷恋，爱情也绝不是高兴就穿上，不高兴就脱下，可以随意处置的衣衫、鞋帽。爱情是珍贵的，它要求双方都保持忠诚；爱情是严肃的，它不容许任何轻佻马虎的态度；爱情是高尚的，它摒弃卑微的金钱物质观念。

　　一个少女在情窦初开的时候，她对文化、科学、艺术，以及生活的其他方面的兴趣也在萌芽，她这时会向往各种各样新事物，思维能力正在显著增长。

抄于教室

1980年12月4日　星期四　晚

　　看了电影《庐山恋》，我犹如做了场梦，在梦境中，享受美的艺术。

　　倒是影片中的耿桦形象使我产生联想，这个主人公的动作和言行很像康护士，使我不能不深情地去想他，想他的一举一动，他的一言一行，看来他的形象已深深地铭刻在我的脑海中，我的心中。

　　我要生活下去，我的生活需要欢乐，也需要爱。我深知我得不到他。但是，我还在欺骗自己，我不想这样做，可是我常常使自己失败，陷入痛苦、烦闷的深渊。

　　有时我想，何必给自己寻求痛苦呢？甚至荒废学业。我难道就需要这点安慰吗？还是不要过早地去追求那虚无缥缈的幻景吧。假如我的生活中没有他，我该会怎样呢？我不曾为一件事感到痛苦，而他却使我痛苦。曾经，我因为见不到他，因思念而痛苦；后来得知他要退伍回原籍，我想通过书信的方式告诉他我对他的爱恋，因写的过程而痛苦；信写好后，我又不知道用什么方式给他，因纠结、犹豫而痛苦；鼓起天大的勇气把写好的信当面给了他，我又因为觉得给他增加了压力，因悔愧而痛苦；又因为不知道他收到这封莫名其妙的信，会怎样想我、看我而痛苦。我为什么这样？为什么？我从没静下心想一想，我应该去想想，哪怕是短暂的一刻呢？假如这短暂的一瞬间，能使我的幻影破灭，我何必去在意那无关的痛苦呢？

　　迷乱的时候，又怎么能不想这些？心烦意乱，每日泡在自我沉醉的幻觉中，什么都不想干，也什么都干不下去。英语广播不听了，也一直没有看书，我对不起爸爸，也对不起康护士帮我买收音机的初衷，辜负了爸爸和他的一片好心。张华啊，你应该学会自省，使自己自强起来，何况他对于你又是那么高远，怎么能因为这些而荒废美好的年华呢？"枝上柳绵吹又少，天涯何处无芳草。"放弃对他的思念吧，结束因对他思念而产生的痛苦吧！

我愿趁自己年轻的时候，多感受一些生命的意义，多接触一些人，多经历一些磨砺，但我更愿在年轻的时候多学些知识，我美好的愿望何时能实现？或许一生都是这样痛苦，但我并不感到遗憾，愿我的生命在痛苦中获得重生！

1980年12月7日　星期日

烦乱的思绪我无从表达。妈妈，我不能理解您，您和爸爸的吵架声我实在听不下去了，只好忍着泪，饭也没吃就走了。踏着落日的余晖，我孤独极了。此时，我不想看到任何人，我不知道怎么回到学校的。不管怎么说，我还是要生活下去的。虽然，我的希望显得如此荒唐、虚妄，但是我始终抓住这点希望不放。因为在我的心上至少还有一点美与善的向往，也理解他的身不由己，他不会因为我写给他的信而……

（补记）

夜幕降临，半空中飘浮着雾气，一片朦胧。我站在教学楼的走廊上，向远处望，隔着弥漫的雾，楼影隐约，周围静悄悄的，思绪在雾气中展开。凄凉，感伤，负疚，羞愧，我呆呆地孤独地在夜雾中站立着。

初冬残景，使我心意悲凉，康护士的沉默，使我感到负疚、羞愧，我为自己而痛。无法克制自己的思绪，此时我又想到了他。让我为他写下最后一篇日记吧，可每每想到他，心就软了，所有的不解都烟消云散。

我至今不习惯于温情的言语，那些词句对我是如此陌生，我羞愧，我后悔我所做的这件事。

世人都该被我漠视，只有他，我不能不去思念。我这是怎么了，难道就缺少这点儿安慰吗？

如此荒唐，为什么？为什么呀？我要说他不该闯入我的心扉，不，是我不该对他有非分的想法。我想起了我还是个学生，我还要去解数学全角问题，使我痛心的是他的未来，我永远求不出解来，于是我感到上学读书没什么意义。

如此下去，我会走入歧途，陷进痛苦的泥潭。是啊！我该苏醒，不应该再这样了。我多想遨游太空去见月亮，让月亮把我对他的热情降降温。"离人无语月无声，明月有光人有情。别后相思人似月，云间水上到层城。"

1980年12月9日　星期二　晴

窗外，冬阳暖人，我泡在日光里，颇感暖洋洋的。可不知何故，我的心很难受，眼睛里浸着泪。

我也许想起了我的家庭，他们所给予我的一切；也许想到了康护士，这个使我深深敬重的人。我现在都不能形容自己对他的感受，这种种感受交织一起，化作了这样的心情。也许是看了《珍妮姑娘》这本小说后，留在心里的共鸣或者是同情吧。

我很疲惫，现在什么也想不出来了，极度困乏。得不到他的回应与安慰，只能屈从于世俗的生活与不幸的命运。

今天，偶然在书店买了几本我喜欢的文学书籍，遗憾的是我暂时没有时间看，也没心情看，或许不是看的时候。

（摘抄）

不要无事讨烦恼，不作无谓的希求，不作无端的伤感，而是要奋勉自强，保持自己的个性——这就是他（雷斯脱·甘）的人生学说。

凡是人的思想，不能只凭一次愚蠢的想法去评定了它的价值；凡是人的人格，不能只凭一度情欲的放纵去判定它的高下。我们如今所处的世界，物质势力的冲击已近乎不可抗拒，精神方面的天性已被这一种的震惊压伏了。（《珍妮姑娘》）

1980年12月11日　星期四　晴　有风

音乐欣赏会上的感想。

为了配合人生观的讨论，学校团委组织了一次音乐欣赏会。

我的思绪在悠扬的歌声中展开，使我想到遥远的蓝天。

那打动人心的抒情歌曲，那庄严、雄浑的《黄河颂》，还有那轻松、愉悦的爱情曲，使我震撼，使我迷醉，这些却掩饰不了我内心的忧伤与痛苦，反而引起我对康护士的思念。

有时，我的大脑疲倦得不想思考任何事情，他使我思绪万千，他的形象如同我的血液循环在我的身体里，流遍全身，充满了各个器官。我念他，喜欢他。理想中的人啊，请允许我这样放任，我们都是血肉之躯，我们不是无情的水墨，被画家随意泼在纸上任意流淌。

（1980年12月13日　黄昏补记）

我理想中追随的人啊，

您就在这一天离开了我。

忧伤，悔愧，不舍，想念……

您悄无声息地离去，

没有挥手，没有告别，

却把思念的痛苦甩给了我，

这痛还不时地伴随着美好的涟漪，

我深深地把您追忆……

最痛的时候，

我没有言语，没有表情，没有动作，

也没有了思维，

只有沉默，只是沉默。

1980年12月12日　星期五

傍晚来到教室，心依然烦乱，暂时看不进书，我无法改变这种心绪。

寒冷的天，冰凉的心，痛苦的爱，使我不知怎样处置自己。然而，我还是个学生，我还得学习呀，还得应付考试，所以我还要克制自己，使烦乱的心绪平静下来。

　　明天回家，有可能将是最后一次遇见康护士了，这最后一次与往常有什么区别呢？我不会再遇见他了，永远也不会了，难道不能在心里与他做一次告别吗？

　　这样的结局我是没有想到的，我期待的结局是什么呢？是让他面对着我说句话吗？我在祈求他的发声吗？不，不必了，我已尽力了！恐怕不会再有那样的时候了。

　　没有得到他的回应，应该说是幸运的，毕竟我才21岁呀！何必过早地去想这样的事，甚至过分地去追求这样的事。我应该清醒，多学点知识。

　　张华呀，如果你真的喜欢他，那么你就应该多学些知识，这些难道不是他所希望的吗？人生的事太多了，无须事事追求圆满。

　　我的思绪还是这样乱，晚自习又要荒废了！我很不想这样做，可是一点自我克制的能力都没有。我缺的是良师，尽管我自以为成熟，但毕竟刚踏上人生的路。克制自己难啊！忘掉他也难啊！

　　（1980年12月12日 晚自习于教室 补记）

　　我想赞美您，心却又使我失意。

　　我不知您能否理解，我此时的心情。

　　它失去了甜蜜的回味，也没有新的诗意。

　　它不平静，但也不泛滥，只是忧郁和遗憾。

　　我没有这样对待生活，而生活却这样对待了我。

　　我没有感受过您的细语柔情，却感受了您的些许冷漠。

　　我虽不是您所爱，但毕竟用心去感受生活，而您始终沉默。

　　我虽不高尚，但请您能谅解我的直爽。

　　我想埋怨您，可心不去这样想，我只愿您有美好的未来。

　　发颤了的声音，终于在笔下蘸着泪水，

　　写下了这几个字：我不再去想您，也不再去爱生活了，

　　至少关闭心中的爱。

　　别了，心中的爱；

别了，我心中的绿树！

1980年12月13日　星期六　晴

周末了，我多想早回家，可我又身不由己。他就要退伍回原籍了，我不能去看看他吗？恐怕再也见不到他了。我不相信康护士将要离开。

窗外冬日暖阳，我坐在教室里，向外望着，那些已枯萎的树枝悬在半空里，使天色灰沉了许多。室内温暖如春，与我的现实心情形成极大的反差。毕竟是冬天了，我担心我心中的绿树也失色、枯萎，等不到春天的来临。

（补记）

一切失去了，一切结束了。

回到家，我才知道，康护士已经在两天前，也就是12月11日离开西安回原籍了。他没有告别，我没有送别，就这样离别。这是我从没有感受过的刺激，眼泪浸在眼眶里，我恨自己没能在他离开之前见他一面，可是现在一切都晚了，都结束了。我该怎样地去看待他——一个初次闯入我心中的人，曾经使我深深爱慕的人，此时，我找不出任何词句去写他，也找不出任何词句来形容我自己的心情。黄昏的时候，我失去了歌声，失去了欢乐，我只有用心去感受这样的生活，这样的生活简直是折磨。因为只是我暗恋他，单恋他，他却不会知道我因为他的离开这么痛苦。

这些不敢想的事终于发生了，我没有受到情绪冲击而失去理智，我只是默默地坐下来，呆呆地想，没有怨天怨地。只是失望，只是失落，还好没有失控。这中间还夹杂着别样的心情。

这些天来，我心烦意乱，无边地悔呀，悔自己的冲动，悔自己的鲁莽，悔自己的无知，悔自己的不能自已，悔给自己喜欢的人带去心理负担。不向他表达爱意后悔，尝试着向他表达了爱意也后悔。悔啊，不是他给我的，是我自己给我自己的，他离开了我，我的心居然跟随他而去，也离开了我。

我不知道能再用怎样的词句去表达我对他的爱恋，我可以从笔墨中取消他的形象，可是我无法从心灵上消除我对他的种种感受。他曾经使我心跳加速，使我向往，使我感到甜蜜，使我充满激情，也使我迷茫。

　　此时，我明明感觉很痛，却再也无法畅快地流泪了。痛到无语无泪，无声无息。"情似游丝，人如飞絮。泪珠阁定空相觑。一溪烟柳万丝垂，无因系得兰舟住。雁过斜阳，草迷烟渚。如今已是愁无数。明朝且做莫思量，如何过得今宵去。"

　　我第一次见到他时，我并没有想到他对我如此重要，感觉只是喜欢而已，失去了才知这般重要，如同失去了自己最心爱的物件。我体会的失恋其实就是失控，自己不能控制自己的情感与情绪，失恋就是语无伦次，就是失神、失望，就是失魂落魄……

1980年12月14日

我叹息，痛苦的泪淹没了我的灵魂，

我失去了希望，我的悲伤是何等强烈，

四周的喧嚣阻隔了我的叹息，

我的痛苦再也不能宣泄，

我一面逃跑，一面喊叫，

你却不能听到，生活抛弃了我。

我如此悲叹，这是徒然，

我呼唤你，你却听不见，

我又悲伤地面向我的孤独，

我对着自己重新哭诉，

寂寞中，只有痛苦跟随我，

啊，我何时才能复活！

结束我抑郁的生活。

1980年12月16日　星期二　晴

　　既然失去了爱的寄托，那么就尽早结束这内心的痛苦吧。人生的路还长，学业尚未完成，还没有开始工作，事业上也没有取得什么成绩，因此，就是含着泪也要把爱献给大自然，献给知识的海洋，还是爱书吧。书，能使我忘掉一切吗？能使我从失去他的痛苦中解脱吗？直到现在我才体会到，失去他，可以让我难过到没有情绪，没有言语，没有表情，可以难过到一无所感了。唉，"倚遍阑干，只是无情绪"！

1980年12月17日　星期三

我发现我已经不能安静地坐下来，甚至去思考或解答一道数学题。他，我痛苦的爱，充满了我的肺腑，甚至是所有器官。我休息，他随梦而归；我醒来，他又浮现在我眼前。失去他，无论做什么事，我都莫名其妙地失神。我欺骗了自己，自己寻找了痛苦，一切的幻影全部消失在寒夜里。此时让我感到最痛的，不是没有和他当面告别，也不是他的沉默不语，而是他悄无声息地离开后，与他在一起的那些回忆还紧紧缠绕着我。

1980年12月21日　星期日

呼啸的寒风，预示即将结束的1980年，期待新的一年能让我从痛苦中解脱。我想起了父母，想起了在远方下乡的姐姐和从军的弟弟，他们给我以温暖，但是他们却不能给我力量。没有他，我就没有激情。新年即将到了，同学们都准备节目庆新年。我期望的是什么……我简直不敢再想下去了。

等待着吧，是痛苦我也承受，虽然能得到康护士回应的希望是极其渺茫的。"明月不归沉碧海，白云愁色满苍梧"，但我还一直保有这一点希望，因为这是我青春里苦涩而甜蜜的回忆。

1980年12月23日　星期二　晴

在教育学课堂上。

老师在讲什么，我一句也没听进去，从中午到现在，我坐在教室里写见习教案。上课铃响了，看来我的教案要在晚饭后方能写完，感觉我对写教案很没兴趣，这可是我的专业呀！

新年将要来临，我想念松花江畔的同学、朋友，远方的亲人，现在不知他们在干什么。还有康护士，这个我眼中高傲的人，我不能断定他终究是一个怎样的人，但我确定了他是我爱慕过的人，他使我痛苦使我快乐，这痛苦根本不是他离我而去，而是我自己不能释怀对他的感情。不记得是谁说的话了，却是我深切的体验和感受：爱，是一种感触，即使疼痛也会觉得幸福；爱，是一种领会，即使心碎也会认为甜美。我青春期懵懂的爱，怎么会是这样的啊？

1980年12月26日　星期五　阴　西北风

宿舍冷极了，这样的时候，我什么也干不成了，在不大的空间里来回踱着，没有任何思绪。我抬头平视窗外，一片凄然。周围的环境与我的心情契合，我感到周围的世界失了色，现实太冷酷了。每当一年将要结束的时候，我的心就不平静。

今天，物理课堂上，老师提醒我们要专心学习，不受任何外来因素的干扰，不做温度计，随着天气的阴晴忽升忽降，走自己的路。这些我都明白，可我从来就没有什么真正的体会，直到现在，我还沉浸在失恋的痛苦中。我无法忘记的人啊，我想，您完全可以选择不回应我，甚至可以选择离开我，而我只能选择思念您，或者更加爱恋您。对于我，这是多么无情的暗恋啊！又是多么无奈的初恋啊！

1980年12月29日　星期一　晴

又是一个黄昏，楼房的周围仍旧是静悄悄的，屋里也只有我一个人，我似乎感觉到有点怕，怕寂寞怕孤独吗？这些好像都不是，寂寞与孤独我已经习惯了，有时我喜欢这样的生活，可是我怕什么呢？我自己也不清楚。黄昏，这个使我伤怀的时刻，落日把它的余晖洒在床前，美好的夕阳就要西下了，我想起了我曾经追随的理想中的人儿，现在不知他在思索着什么。我又想到康护士是军人，是不能在驻地谈情说爱的，这是规定，作为军人，他必须遵守。我不能怨他，只能怨自己了。我理解他，还忘不了他。就这样我怀着种种复杂的心情去继续我的学业，感到身心俱疲。

在新年到来之际，我是这样烦乱。想他没了期待，忘记他又没这能耐。天哪，我怎么会喜欢上这样一个人啊！

理想中的人啊，

无论您在哪里，

我都愿向您致意，

愿您永远幸福！

1980年12月31日

这是今年最后一篇日记了，这最后的时刻我该留下什么呢？写满康护士的名字，写满我对他所有的心事。

我相信没有人和我一样，明知道记忆回不到从前，还要拼命地回忆。没有人和我一样，明知道他已经离开此地，却还要傻傻地期待。

回顾一年的往事，我曾幸福，也曾痛苦。我不曾得到他，一切都那么一闪而过，是我把握不了的。

我应该在这最后一篇日记中留下什么？夜里的冥想，现在也无踪无影。今夜很反常，什么也写不出来了，索性收住笔吧。

新年到了，我默默向我身在他乡的姐姐与弟弟祝愿！也默默地向他祝愿：新年好！

我心中的人，他不曾在我脑海中消失一时，我多么希望自己在他心中也没有消失一时。这是我唯一的安慰，唯一的希冀，然而，我全部失去了。"从此无心爱良夜，任他明月下西楼。"

当生活使我的期待化为悲伤的呻吟时，我突然间清醒了。呵！一切都显得那么清晰。我曾经为之欢欣的，为之悲伤的，全部都展现在我的眼前。

夜沉沉，天寒寒，新年之际不眠夜。我醒了！我终于知道了，总有一个人，让我疼到骨子里也不愿意放弃。这个人就是他，我用尽青春来爱恋他，此后便用余生的时光来忘记他。此时，我忘记了日月星辰，也忘记了天地人生，唯独忘不了他。

1981年元月1日　星期四　晴　有风

睁开眼睛，窗外已是霞光满天，新年的第一天，我并不快乐。在无尽的思念中，又写下了：

> 新年盼佳音泪尽，期望破灭又一回。
> 终日思君心揉碎，多为君情伤心怀。

痛苦的泪从我心底流淌，新年的第一天。人们过元旦，我却"完蛋"。不是吗？

"三杯两盏淡酒，怎敌他、晚来风急。"温暖的月光从窗外照射进屋内，我与家人正吃着丰盛的酒菜，美好的物质生活享受代替不了我精神生活的空虚，于是我提笔写下首诗：

> 饮酒冲愁愁更浓，伴着泪水心底流。
> 对酒当歌为君忧，不知愁绪何日休。
> 人生如梦几春秋，天涯何处觅知友，
> 饮酒思君又一回，泪尽心碎盼君归。

因为爱，我忍受了这般痛苦。心中的人呀，新年之际，我最后一次写出心的呼唤。您听：

我的呼唤，是这般强烈，
从昨天到现在，
不，
从1980年直到我今生每一个明天……
您不曾在我的记忆中消失，
我一刻也没有把您忘怀，
您如同血液，奔腾在我的身体里。
流向我生命的每一个细胞，
充满了我的肺腑和脑海。
平生，我只有一次爱。
人世，我只爱恋您一个人。

虽然您使我痛苦，

但为了爱，

我承受了这种痛苦，

您的沉默无语，

我理解。

我爱恋您，也许就是这一点，

我把您比作绿树，

愿您生命长青。

我把您喻作黄昏的夕阳，

短暂而美好，

永恒而交替。

在田野，在校园，

我声声把您呼唤，

您永远是我心中的春天！

黄昏于家

1981年元月2日　星期五　晴

一个人孤独地在家，寂寞笼罩着我。我想看书做题，却心不在焉，索性放下书本尽情遐思。此时，正是黄昏。夕阳从窗外照向屋内，我的孤影随之映在墙上。夕阳、孤影，使我这样失意、感怀。

人，要懂得克制。没有克制，就没有意志，没有成功，没有真正的生活与幸福。过分地自我折磨，自我消沉，会使生活变得庸俗与荒唐。我要告诉自己的是，应该时时把握住自己，不受任何外来因素干扰，沿着既定的目标走下去。如果学习能填补我内心的空虚，那么我就要加倍努力学习。我的好友得到了她爱的人，却并不感到幸福，我又何必去追求爱情呢？更何况现在并没有谁值得我的爱寄托于他。至于康护士，固然是我伤痛之源，这是我没预料到的，算是生命中最大的挫折，如果我继续伤痛下去，又有什么意义？我要振作起来，走自己的路！

远方的他啊，我没有刻意地去想他，因为我知道遇到了就应该感恩，错过了就要释怀。我只是会经常想起他，在我看一部电影的时候，在我听一首歌的时候，在我走那条小路的时候，在我复习遇到难解的数学题的时候，甚至是无数次闭上眼的时候……想念他，在时时，又在处处。"金风玉露一相逢，便胜却人间无数。"

"忘"字上面一个亡，下面一个心，除非心死了，才能忘了。

傍晚于家

1981年元月4日　星期日　晴

元旦倒休，上午的四节课上完，感到有些疲惫。下午，我和刘同学拿着书来到郊外，在僻静的田野，我们各坐一处静心看书。有时我喜欢一个人静静地思索点什么，面对黄昏的落日，我合上书，然后就开始尽情地遐想。我默默地向康护士抒发我对他的思念。他是不会知道的，他怎么能知道在这黄昏时分，在郊外的田野里，有位姑娘在思念着他。"枯藤老树昏鸦，小桥流水人家，古道西风瘦马。夕阳西下，断肠人在天涯。"

眼下，大地凄然，林木失色，吹来的风也夹杂着寒冷的气息，天空灰沉沉的，这般景色令人伤感。伤感中带有思念之心的我，在田间原野深深地把他追忆。泪水落在田地里，冰冻的泥土消融了，然而春天还没来临。

黄昏于郊外田野

1981年元月6日　星期二　小雪

清晨，细碎的雪花落在大地上已是茫茫一片。在寒风中依然直立的枯树上也落满了雪，一阵风吹来，空中飘落的雪花像零零落落的梨花瓣，又像我眼中闪出的泪花，落在地面上瞬间化为雪水。这是一场梨花雪，还是一场泪花雪？雪花，梨花，泪花，好凄美。

这是入冬以来的第一场雪。雪的到来让苍凉的大地显得壮丽无比，使人们看到大自然美的风光。

学校的课停了，同学们都认真复习，准备考试，我从学校回到家，在温暖而舒适的家里看书做题。偶尔，我走到窗前向外望着，窗前雪花飘飞，在低空中你追我赶、相互追逐，轻盈地落在地面上，不一会儿，大地已是厚厚的白茫茫的一片了。我呆呆地凝视，飘飞的雪花落在玻璃上，瞬间化成滴滴水珠，顺着玻璃由上向下慢慢流淌，我不由得伸出手指在玻璃窗上写着他的名字：康福德。一遍遍地写着，也不由得感慨雪花的生命竟然那样的短暂，它使我看到了人生的短暂。美好的青春逝去了，生活总是没有什么生气，一片沉闷。

眼前的情景使我不由得想起去年，差不多也是这个时候，也是一场雪，也是同样的地方，我们一起扫雪的情景。雪花在空中你追我赶，互相嬉戏，我有意靠近他，闻他身上的味道，他铲着，我扫着，连铁锨铲雪和扫帚扫雪都发出悦耳的声音。下雪的时候是浪漫的，雪花落在地面上的那一刻也是浪漫的，扫除厚厚的积雪便于行走的过程也是浪漫的。"昔去雪如花，今来花似雪。"因为相聚与离别，对雪花有不同感觉，相处时雪是花，离别后花是雪。眼前这雪花，这梨花，这泪花算是我对他的思念和守望吧。

康护士离开了，我只能在无边的思念中度过这美好的年华，止不住的叹息声在茫茫的雪天中回荡，只是风雪早已把它屏蔽了。

我很想写点东西，借着这雪来抒发自己的情感，但是我要看书做题应对考试，所以努力克制自己没有这样做，不然，一旦思绪展开，就会漫延无边，很难收拢。我尽力使自己恢复平静，去做题。写着写着，我的笔下又出现了他的身影：蒙蒙春雨中，他从对面走来，身背医药箱，一手撑着伞，一手拿着注射用品。从容的步伐，平静的眼神，一身军装、一件白大褂在春天的细雨中显得格外醒目，红领章更是夺人眼球。一阵风吹来，他身上特有的来苏水味儿沁人心脾……我不得不放下手中的作业本，认真地去想他，像是要完成一张试卷。我意识到自己又在想他了，索性站起来在屋子里踱步。

呵，又是黄昏时分，我更加思念他了。我对他的思念就像这飘飞的雪花，纷纷扬扬，时起时伏。我想他时，是那样的舒服，一离开他，我就觉得自己非常孤独。我心问口，口又问心，为什么会恋这样一个人，没有回应。大地上的积雪又加厚了一层，如同我对他的思念又续上了一层。

雪花纷飞，落在玻璃窗上，融化的水一条一条流下来，不知流向何方。怀着对他的思念，我离开了窗前，思绪也不知去往何处。"雪纷纷，掩重门，不由人不断魂，瘦损江梅韵。"

1981年元月11日　星期日　晴

夕阳的余晖洒满窗台，我站在窗前，油然呼出：呵，星期天的黄昏又来了！

往日的黄昏时分，我满怀希望行进在夕阳泼洒的路上，返回家，再返回学校，我心中充满期待，在一条不长但幽静的小路上，我的心快跳出来了。心中的绿树啊，我想着他的到来，等着他的到来，看着他的到来，我呼吸急促，我心跳加快，我兴奋得不能自已，但表情却很平静，与我狂跳的心形成反差，有时，我特别享受这种刺激的感觉。

想起这段不长的小路，有他陪我一起走过，经历过最美的风景，听他唱过最美的歌，与他畅快地谈天说地……现在这些只能是我内心最美的珍藏了。

小路有尽头，思念却无边。脑海里，他的身影一直伴随着我走回家，走进校园，进入夜的梦乡……"相思本是无凭语，莫向花笺费泪行。"

一切都结束了，成为过去。今天只有黄昏下的思念。我站立着，直到落日从我的窗前移走，也带走了我心中的希望。昏暗的屋里，我的思念绵长！到此，我才体会到人世间有一种思念叫守候，咫尺天涯，思念绵延千里，穿过千山万水……我心中的绿树，他感觉到了吗？我的视线移至窗前的一棵树上，不禁想到那树，不论春夏秋冬始终保持着一个姿势，站在路边，任树下青藤慢慢爬上树干，缠绕其间，任凭风霜雨雪凋零了青翠的枝叶和藤蔓，却不能改变树与藤的依恋。我终归是棵失了色、枯萎了机体，却不愿离开树的藤啊。我常常把他比作我生命中的绿树，作为一棵树，他的叶子在秋冬之际，都会随着萧瑟的秋风和呼啸的北风瞬间离开他。不是他生命机体一部分的藤，也就是我，不论什么时候，什么环境下都紧紧地把他缠绕、守护。

1981年元月13日　星期二

夜幕降临，教学楼一片灯火通明。此时，我应该在教室里上晚自习。然而我却留在了宿舍。如果我再不克制自己的话，我将怎样进入考场考试？奇怪的是，他，康护士的身影总是伴着我，我的心也似乎随时在呼唤着他，即使是一个很严肃的场合，我发现他都不曾在我的记忆中消失，包括考场上、考试中，他都会浮现在我的脑海，我的眼前、笔端，甚至试卷的字里行间。

我在纳闷，他是空气吗？他是阳光吗？他是水吗？他是维持我生命的维生素吗？他为什么总是在我的生命里呢？我的时间里全是他，我的空间里也全是他。

1981年元月17日　星期六

昨夜的梦我依稀记得，梦中穿越时空，他和我在一片青青草地上追逐，他手掐一朵紫色的小野花，把它戴在我的发辫上，我折下柳枝盘成圈戴在他的头上。激情蓬勃在他的指间，他撩拨着我的发梢。激情荡漾在我的心海，我用手比心形将他框在指间。远处村庄，农家的一缕缕青烟，袅袅升起。我们风中漫步，月下徘徊，窗前守望，深夜无眠。我使劲地睁开双眼想看清楚一点儿他，可是他却消失在深夜的浓雾中了，梦再次醒了。

送走了周末的黄昏，只有低吟：

想念，

是一种痛苦，

一种饥渴，

一种可望而不可即的追索。

然而，在我想念他的时候，

一束缤纷的烟花，

炫耀在我寂静又寂寞的夜空。

1981年元月20日　星期二　雪

"天将暮，雪乱舞，半梅花半飘柳絮。"漫天飞舞的雪花已覆盖大地，把萧条凄切的残冬点缀得颇有生活气息，枯枝上，一簇簇洁白的梨花绽放，好似阳春三月，这是入冬的第三场雪。"北国风光，千里冰封，万里雪飘。"毛主席与雪共舞，舞出的是气势磅礴的词。瑞雪遮天日，雪花遍地开。面对这壮观的雪景，我幻想着：

我和他穿行奔跑在风雪中，与雪共舞。我来到一棵挂满积雪的树下，摇下树枝上的积雪，洒落他满身，瞬间使他变成我心爱的小雪人。然后，我抓起一个雪球向他掷去，散落的雪花迷住了他的眼睛，他回了我一个雪球。我打过去，他打过来，散落在他身上的雪融化成水珠，我用围巾擦去他身上的雪水，投到他温暖的怀抱里，他把我揽在怀里紧紧地搂住。我像一朵雪花被他的温暖怀抱融化了……在太阳升起的时候，我和他如同雪一样，一起消融在阳光下了。

多情的雪，让多情的我又想起了他。在茫茫的雪地里，我孤独地向前走着，留下一串脚印，不知伸向何方。止住了脚步，我的目光投向远方。皑皑白雪覆盖大地，天地连成一线，模糊了边界，模糊了天地，只有那一串脚印，如细碎的花，缀在地上的一角。那远远不愿离去的脚印是雪对离人的思念和眷恋吗？

多美的雪，只有视觉的美，而无感动的情，物是人非，情随境迁。还好，我还有梦。我在想我写过的日记，大都是雨中的愁思、雪中的想念。秋雨冬雪，雨中思念，雪中回忆。怎奈得一个"雨"字，怎奈得一个"雪"字，更怎奈得一个"愁"字。在离人、思人的眼里，那雨就是思人的泪，那雪就是离人的愁。在我的眼里，雨和雪都是有情物呀。

我心中的绿树啊，您悄无声息地离开了西安，留下这秋雨冬雪来扰乱我的思绪。

雪飘无声，雪落无形，雪融也无情。我知道这西安的雪是飘不到南国的，途中便会化为水，成为滴滴相思雨，滋润着生长在南国的红豆树。"红豆生南国，春来发几枝。愿君多采撷，此物最相思。"原来那颗颗红豆居然是离人的相思泪啊。

前世的我，一定是喝了太多的红豆汤，不然怎么会有这么多的相思泪呢？

1981年2月4日　星期三　晴

今天是年三十，当我思念的泪水顺着面颊流淌的时候，我在想远方的他还好吗。好像有什么东西卡在喉头。尽管是年三十，我极力不想回忆往事，可是他的身影总是在我的脑海里徘徊，浮现在眼前。对于他，我真是什么都想过了。时值青春年少，他需要亲情。他是军人，退伍后必须回原籍。留在西安对他来说太不公平。只是不知道此时他是否会想到我。我不想写别的什么啦，只愿他春节愉快，我在遥远的北方祝福他。

认识他后，我再不想认识第二个人了。我把我的激情全部倾注于他，虽然他不曾回应，但我从不曾把他在我的心中抹去，"曾经沧海难为水，除却巫山不是云"。

大姐从外地回来告诉我说，是因为我的心全部被他占据了，我默认了。

05　春光的遐想

1981年2月7日　星期六　阴

这几天，人们沉浸在春节的欢乐之中，节日的祝福声不绝于耳，欢乐的歌声、悠扬的乐曲声，伴着春风吹入人们的耳畔，人们欢笑着，享受节日的欢乐气氛。

"酒入愁肠，化作相思泪"，我发现我又在偷偷地流泪，不知是为什么，我自己都无法清楚这种情绪，有时会有一股抑制不住的力量冲击着我，激荡着我，仿佛这一切又都是为了他。心中有道不完的思念，而凝结在笔下的也只有一句话：我心中的绿树，我想您，您好吗？

1981年2月10日　星期二

送走大姐，我刚坐下，心也平静了。

今年春节，他也许很幸福，是啊，他和大姐一样，都是出门在外当兵的人，春节都盼着回家过年。想象得出他回到家后该是多么快乐，而我却在为他的离去忧伤。但愿我不是他幸福中的苦涩，愿他永远幸福！春天来啦，让我的心像这大自然的春天一样充满生机。寒冬你停住脚步吧！春天你尽快地挺进吧！我要和大自然的春天拥抱！

1981年2月17日　星期二　阴

总是不由自主地想起过去与他在一起时的事，可见他对我的影响太大了。他的言行举止，他的只言片语，还有他的味道。我真是太喜欢他了，至少现在我无法改变对他的追忆，一切是那样的模糊，又是那样的清晰。离别像是在昨天的黄昏，时间流水般逝去了，流去的水还会回溯吗？不能，永远不能了。

> 满腹思绪目中忧，夕阳西坠感春秋。
> 冬去春来亦如水，唯有流水使我愧。
> 匆匆已去二十载，回首往事空悲怀。
> 茫茫暮色洒进窗，独在孤楼心惆怅。

1981年2月21日　星期六

我留恋假日的最后一个黄昏，它是这样令人神往，我向着遥远的天边久久地望着，心中泛起一缕缕情丝，不知是甜还是涩。我在黄昏时想念他，黄昏总有我对他不变的思念与等候。思念与等候中的黄昏，我在佛前点燃了一炷香。心静时的苦苦惆怅，将一个个梦境、爱的心痛燃放。感伤自心底抽出、拉长，直到光束无法触摸的地方。

我知道古人将黄昏视为消愁的工具，而我何尝不是呢？至今那两句"东篱把酒黄昏后，有暗香盈袖。莫道不销魂，帘卷西风，人比黄花瘦"仍令我感触良多。至于"古道西风瘦马，夕阳西下，断肠人在天涯"更是道出黄昏独特的忧思。想起唐代诗人李商隐的一句诗："夕阳无限好,只是近黄昏。"这千古佳句,令我思之再三……黄昏就像是我生命的隐语,它引导着我去领悟人生那一份平静与淡泊。黄昏,不代表哀伤,却令人感伤。

> 人到垂暮树到枯,人生如梦回首顾。
> 迢迢千里隔不断,终随暮归长夜孤。

书中"孔雀东南飞"的美丽传说,"孟姜女哭长城"的千古绝唱,"梁山伯与祝英台"的悲欢离合,"思君如满月,夜夜减清辉"的妙句佳章,都很凄美。我的思念从晨曦到黄昏,从夜幕到黎明,从朝阳到晚霞,从月圆到月亏。一天天,一年年,我才体会到:思念是心绪不宁时,勾起的记忆中的点点滴滴,是满怀激情而无人倾诉时,对日月的喃喃低语。

还是以李白的诗句,作为我假日黄昏思念的结束语吧,深知这句诗,其实不合我此时的心境,但就想到这儿了,"气岸遥凌豪士前,风流肯落他人后"。黄昏的美,其实是伤感的美,也是一种凄美。我因他的无言离去,而感慨美好的时光如同这短暂的黄昏;也因自己不能忘怀他,而感伤黄昏美的短暂。

1981年2月23日　星期一　雪

一场鹅毛大雪席卷而来,铺天盖地,使人想起李白《北风行》的诗句:"燕山雪花大如席,片片吹落轩辕台。"雪花飞舞,纷纷散落在原野上,犹如盛开的梨花一般,"忽如一夜春风来,千树万树梨花开",好美的一场雪。

我行进在漫天风雪里,迎面扑来的雪花落在我的面颊上,钻进衣领,有点点凉意,我感到这是一种快乐的享受。一路上,我尽情地享受着这春天的飞雪,感叹大自然的美是无限的。愿这春天的飞雪涤荡我的心,使我获得新生,像一粒种子,破土而出。

回到家,我立在窗前,窗外一朵一朵的雪花,如精灵般飘舞,晶莹剔透。我眸子里多了些醉意，缀在眼角。无声飘落的雪花，冰姿玉骨，凌波轻舞，我倚窗静立，遥听片片飞雪呢喃絮语，我心欲语。

这样的天气，是很容易展开思绪的，人们都认为爱产生于生活当中，如果离开了生活，爱似乎就不存在了。说来也奇怪，我怎么会恋上康护士，而且第一眼看到他，我就喜欢上了他，以致后来我想他、念他、爱慕他。其实，我和他根本就没有共同学习、工作、生活的经历，也时常没有见面的机会，甚至根本没什么太多的接触，依常理，按常情，循常规，我和他应该不会产生感情。可偏偏不是，在心里，我暗恋他，我确信他是这个世界上最可爱的人，也是我敬佩的人，总觉得他身上有无穷的奥秘，有巨大的吸引力，以致他默默地离去，我都能理解他，直到现在我还在追忆他，沉浸在对往事的回忆里，享受这种既痛又美好的回忆。

他退伍回原籍是必然的，是在我们这个年龄谁也改变不了的现实，我深知我终究得不到他的爱，但不愿这样想，也不愿接受这个现实。

他接到信后又能怎样呢？首先他是当兵的，在驻地不能谈恋爱，记忆中他连一句温于情、暖于心的话都没说过。其次他处在一个懵懂的年龄，回家心切，所以他也只能保持沉默。回去后，他工作也不一定顺心如意，还要去适应，但他还是给我爸爸写了许多封信，还受爸爸的委托，帮忙给我买了红色格子呢外套。其实，他已经做得很好了。相比之下，我做了什么？我什么实际的事都没有做，就是写了一封信，其实，后来我完全可以接着给他写信，稍微动动脑筋我就会有他的通信地址。而我却没有，每天就是在日记中写写我对他的思念。这种思念得不到回应，我就视为一种痛苦，虽然我能理解人生的这种分离，可我却不能使自己忘记这种思念的痛苦，我不顾一切去想他、念他。夜里想，白天想，梦里想，醒时想，甚至在紧张的考场上，我都会不由得去想他。

因为他，我感到做什么都没意思，我生活的每一个角落都有他的影子，我翻书，他就在字里行间；我看电视，他就是其中的一个形象；我走进书店、商店，走在路上，他就是我的影子；我吃饭，他就是我的味道；我睡觉，他就是我的梦。清晨他是我的微笑，夜里他是我的思念。我心里充满了矛盾，不知该怎样安慰自己，使自己解脱，更无法使自己平静下来。一次次发誓，一次次失败，一次次奋起，只有时间在悄无声息地嘲笑我，最终我成了时间的罪人，荒废了大好时光。

多少次，我翻过去一页书，不再回忆以往的事，以自己最大的毅力和意志去完成我的学业。可是，他就像奔腾在我血管里的血液一样，流遍我的身心，完全主宰了我的精神世界，控制了我的语言、思维和审美，我竟然觉得这种痛苦的思念就是一种美。

深夜静悄悄的，我的心却无法平静，心绪烦乱，我对自己所要走的路感到迷茫，我似乎清楚又很茫然。我感到这样的情绪把我封锁在了云雾之中，悬在半空，缠绕在圆圆的月亮上。因而我做什么都不踏实，甚至感到虚幻。我不能时时把控自己的情绪是我最大的痛苦。

我痛苦于不能时常看到他，痛苦于他的身不由己，痛苦于他的悄然离去，痛苦于自己对他的思念。现在更让我痛苦的不是得不到他的回应抑或是爱，而是我的无法忘却。真想去找一位老师，向他倾吐一下自己的心声，以此得到鼓励，让我忘记他，走上新的生活。能吗？能拯救我的人，不是他人，而是自己。

1981年3月3日　星期二　晴

> 白日思不断，夜晚梦缠绵。
>
> 相逢书窗旁，依书话衷肠。

昨夜，在梦中再次看见他。即赋小诗一首，以作纪念。

1981年3月4日　星期三　黄昏

喧嚣的白天，在黄昏到来之时逐渐消失，夕阳把余晖淡淡地洒在窗前。我趴在课桌上，沐浴在夕阳里，凝视着西去的落日，想着朝阳，这一升一落的接替，似乎启发了我，产生出新的感觉。我今天没有像往日般在黄昏时低吟，更没有日暮时的忧伤，而是产生一种新的认识。

我感谢夏洛蒂·勃朗特所塑造的人物——简·爱。我用了近两天的时间看完这本书，感受很深，有句话我想留在这里：如果可能，我要把这本书吃掉。

我努力使自己恢复以往的平静，但多次尝试都失败了，康护士的形象已经深深烙印在我的心里。我深知他的形象是"印"在我的心里的，而不是"刻"。我认为"印"字左形为手，右半边则为跪着的人，左边的手持着烧红的烙铁，在跪着的人的额头上烙下一个痕迹，然后将其发配到蛮荒之地，那么这个印记由生到死都会留在这个人的额头上。而"刻"呢，石刻、木刻之类的东西，都会随着时间的流逝，经风侵雨蚀，逐渐会被磨平了的。

他占据了我的心，不曾离开过我，我也没有忘掉他。

1981年3月5日　星期四　傍晚

"寂寞深闺，柔肠一寸愁千缕。惜春春去，几点催花雨。倚遍阑干，只是无情绪。人何处，连天衰草，望断归来路。"当我意识到自己不能在这景色怡然的春天里遇见他时，不禁怆然泪下。为他写下一首小诗：

暂别吧，

爱恋的人，

在春天到来的时候，

原谅我一时的迷惘。

我不会去湖边，

是因为我不愿再听到，

您的血在我的周身细细流淌，

我不会去赏花，

是因为我不愿再闻到，

您生命花朵的芬芳。

春天的丝丝细雨，化作我缕缕思愁。

春天的绿草，

是我迷茫的沙洲。

1981年3月6日　星期五　黄昏

小说的作用不在于其教育意义如何，重要的是让人从书中汲取一些经验，丰富自己的人生。如有可能，我想再看《简·爱》。

炽烈如火的心底，
感受到最真诚的爱情，
这爱情带着加速的欢跃，
给每根血管倾注如潮的生命。

每天，她的来临是我的希望，
她的离去是我的痛苦，
使她迟迟不来的意外，
像冰块，把每根血管凝住。

我梦想，我爱别人，别人也爱我，
是难以名状的幸福，
朝着这一目标，我向前赶路，
急切而又盲目。

然而，像没有通道的广漠地带，
横亘在我们的生命之间，
又像碧波滚滚的海浪，
湍急而又危险。

像盗贼出没的小径，
越过荒原，穿过林莽，
因为我们的精神被隔开，
中间站着强权和公理，愤怒和忧伤。

我不畏艰险，我蔑视障碍，

我向凶兆挑战，
一切威吓、骚扰和警告，
我置之不理，毫不胆寒。

我的彩虹继续前进，
像光一般迅疾，
我像飞翔在梦中，
因为在我的眼前，
光荣地升起，
那阵雨和光明的孩童。

温柔、庄严的欢乐依然辉煌，
照耀着朦胧的苦难云层，
如今，我已毫不在乎，
尽管那临近的灾祸是何等浓厚阴森。

我已冲过重重险阻，
在这甜蜜的时刻。
我什么都不在乎，
哪怕险阻还会迅猛地袭来，
宣布要狠狠地报复。

哪怕傲慢的憎恨会把我击垮，
公理，不容我上前晋见，
暴虐的强权，怒容满面，
发誓和我不共戴天。

我心爱的人儿，
怀着崇高的忠诚，

把她的小手放在我的手里，
誓让婚姻的神圣纽带，
把我们两人紧紧地系在一起。

我心爱的人儿已用爱情的一吻，
誓与我同生同殁，
我终于享到我难以名状的幸福；
因为我爱别人，别人也爱我！

1981年3月9日　星期一

我宁愿借自己的力量，铺设我的前途，也不愿求权力者的垂青。青云得志的道路是很多的，如果我用阿谀奉迎的办法换取权力者的提拔，我早该得志了，但是这不是我的道路。

——［法］雨果

我多么希望靠着自己的力量，去铺设我的前途。我多么希望靠着自己的力量，去获得康护士的爱。我突然感到，世间的一切，经过一番努力大都是可以获取的，唯有爱例外。爱，不是你努力努力就能有的，靠缘分吧，今生我与他看来是有缘相识而无分相守了。

1981年3月11日　星期三　傍晚

今天来到照相馆，照了两张相，以便毕业后用。

我几乎不愿再去想的事，但又时时忘不掉。今天更是无法消除这缕缕思绪，回到学校，我躺在床上想了许久。真奇怪，那个摄影的人，外貌多像他呀，那举动，那眼神，简直就是康护士。我不能控制自己，多看了他一眼。唉，"天长路远魂飞苦，梦魂不到关山难。长相思，摧心肝"。康护士没有他那么深沉，其实，真正的康护士深沉而欢快，他给我的感觉时而深不可测，时而欢快充满青春活力。想起现在的康护士，我只有无言，我只能无语。

1981年3月14日　星期六

我在想什么呢？想画展上的那几条简单的曲线和几笔墨色勾勒出的艺术画吗？还是在想那早已失去的他。也许，这二者本来就没有分离过。他是一个对我来说深不可测的人，如同一幅艺术性较强的画一样，令人深思，令人遐想。看着画中的背景，想我的处境，我如同画的作者一样心潮起伏，现代艺术的展览起到了它的现实意义。可有许多画很隐晦、含蓄，我不能完全理解画面的内容。确切地说，我还没有进入艺术的殿堂，想象也不够丰富、大胆，因此在一幅深奥的画前，我显得是这样无知，甚至我的经历局限了我的想象，我的理解。

站在画前我深思了许久，人们有着同样的向往，同样的彷徨，同样的痛苦，有的表现在画作里，有的含情在乐曲中，还有的徜徉在诗歌里，这一切反映的都是艺术家们的心灵呼声。看了一场画展，我深深地体会到"人间最苦，最苦是分离"。

1981年3月15日　星期日

今天，爸爸去北京参加卫生工作会，下午，我在电影院看《咖啡馆》，因此没有为爸爸送行。爸爸现在正随着火车奔驰在祖国的大地上。爸爸，我为您祝福，一路平安，工作顺利！

晚上回到家，我有些失望，每当我想在这个日记本上，在这页空白处写上要忘掉他的话的时候，不知怎的，我内心却感到不能这样做，我的良心不允许，我自己也舍不得。这难道就是所谓的善良吗？明明知道想念他是痛苦，却又放不下。眼前恍恍惚惚的，"相思一夜梅花发，忽到窗前疑是君"。

我多想忘掉他，一次次地在提醒自己，却又一次次地做不到。

1981年3月21日　星期六

昨天连着看了两场电影：《永恒的爱情》和《第二次握手》。这两部电影表现手法不同，但反映的都是一个主题。对于前一个影片，观众都称好，而我看了以后，却觉得没有那么好。或许是经历不同、感受不同所

165

致。目前,我还是喜爱类似《蝴蝶梦》这样的影片。

今天是周末,我走在回家的路上,在那条熟悉的小路上,走到他曾工作、生活过的楼下,早已物是人非啦。"风住尘香花已尽,日晚倦梳头。物是人非事事休,欲语泪先流。"只有思念、失望、期待、痛苦交织的泪,在我眼眶里闪着。

1981年3月28日　星期六

周末,我又要回家了,一路上我所想的一切,主题又是他。经过这几个月,我似乎成熟了,我一直认为,他临走前,我给他的信无疑使他有了压力,对此,我后悔。我想他会原谅我的,不管现实使人们的生活发生怎样的改变,但我坚信,我是不会忘记他的,永远不会。

明天,为毕业分配的事,我得去登门拜访一位长辈。前途茫茫,我祝自己今晚做一个好梦。

1981年3月31日　星期二　小雨

我可以收到同学朋友的意外来信,但我永远不会接到他的来信。回想昨晚上的梦,我与他在那条熟悉而陌生的小路上遇见了,他高兴地走过来,我高兴地走过去,彼此相视而笑。梦醒时分,我多么满足,在回味中不能自已。如果现实生活和梦境一样,该多好。我不会去抱怨命运,我会成为世界上最幸福的人。然而,丝丝绵绵的细雨就像我无尽的相思泪,我只有让泪水在我的心里为他流淌着。"几叶小眉寒不展。莫唱阳关,真个肠先断。"我虔诚地想念着他。思绪如同这天空中的云,思念的泪如同这天空中飘洒的春雨,一同铺展开来,我就在这样的意境中固执地想念着他。

1981年4月4日　星期六

昨夜的梦,我梦见了什么,真奇怪,他又一次闯入我的梦中,时而浮现,时而消失,见了面却没有说话,说了话又不知在什么地方见了,若有若无,时隐时现的,想不清,想不全,也想不透。我的思念绵长,我不愿意去追随。我在睡梦中淹没了我的灵感，我只有昏睡下去。

> 夜沉沉，盼佳音。春风吹，绪纷纷。
> 莫道长夜苦相思，绵绵思情无应声。

周末，我匆匆忙忙地吃了午饭，背起书包就踏上归家的路。要是去年的这个时候，我多么期待与他在那条小路上相见。

晚上，我和二姐躺在床上，交谈着我的学习、她的工作，以及我们各自的生活。我总觉得姐姐成熟多了，也现实多了，而我还是不能使自己成熟起来。

唉，此时，闭上眼是他，睁开眼还是他。二姐说我眼神游离，有些魂不守舍的。

1981年4月9日　星期四

本来我是无心赏花的，特别是在他离开西安以后，我生命中的季节似乎一直停留在他离开的那个冬季。同学在中午送我一朵小花，恰好我做完数学作业，需要休息一下，于是便细细地观赏起这朵小花。春天是花的季节，大地是花的海洋。人们常以花喻美，花的确能给人以美的享受，但在我看来，花除了美以外，常常使我感到伤怀。不是吗？我不知道别人在看到落花时是什么感受，我却常常为落花而伤感。人的青春不也和落花一样，极易消失吗？还有什么比失去青春更加令人伤怀呢？人生在世不如意，唯有落花作自喻。

失去他，也失去了欣赏大自然的兴趣。"直须看尽洛城花，始共春风容易别。"春光易逝，赏花也伤情。

1981年4月12日　星期日

窗外，阳光洒满大地，楼房周围静悄悄的，春风送来花草的缕缕芳香，拂面扑鼻，我感到心旷神怡，悠然自醉。

和煦的春风吹散了我的愁思，心底的思念更强烈了，"芳草芊绵，尚忆江南岸"。每当我接触了更多的人情世故，这种感觉就愈加强烈了。惋惜、悔愧、思念的泪在心底流。这是一种多可怕的单相思呀，几乎颠覆了我的现实生活，我却不能清醒。我想古往今来，人们的思念总是有所慰藉的，我却一点儿都没有得到他的安慰。愿春风把我的思念之情吹送到江南大地吧，让我心中的绿树在春天里更加益然。

1981年4月30日　星期四

昨天春游到乾县，参观武则天的墓地。由于我们对历史知道得较少，所以有许多东西我们只是看了看，真是太遗憾了。

在迷人的春光里，人们赞叹大自然的美丽，是呵，我应当在春天里有所创造。我想起一首诗：春天的后面不是秋，何必为年龄发愁？只要在秋霜里结好你的果子，又何必在春花面前害羞？

我意识到，由于他的离开，我对青春时光的荒废。

两天前，我偶然看到康护士给爸爸的一封来信，我的心里很不是滋味。看来，他似乎有些悲观，我为他的悲观而难过，而牵挂，而放不下。人的感情真是深不可测，我一边想忘掉他，又忘不掉他，一边又替他担心，为他难过。"相思难表，梦魂无据，惟有归来是。"康护士，我心中的绿树，祝您能一生如愿！我不再有什么希望和祈求，我只求您消失在我的生活中，我只求您能实现您心中的理想。

我为什么不能给他写封鼓励的信呢？难道仅仅因为他收到我的特别的信后的沉默吗？不！我，不能理解自己。

1981年5月12日　星期二

夜袭入大地，又度过了一天。"断送一生憔悴，只消几个黄昏。"此时，我不知自己的心是什么滋味。我想哭，可眼泪流过又不能洗刷掉过去的一切，更何况我现在这样的境况。这些天来，我读的文学作品很多，古今中外都有，看得我头晕目眩。我等待着深夜的到来，我明显地感觉到我很需要夜的宁静。宁静的夜里，我又一次想到了他，不知他现在怎样了，还悲观吗？我似乎明白人们在追求美好生活的同时，也忍受着痛苦。我永远不能忘记他，但我第一百次地告诉自己不能再去想他了，我不知道现在能否做到不去想他。我毕竟是人，有着血肉之躯的人呀。

1981年5月17日　星期日　晴　有风

我今天本来应该在家，由于意外的原因，我提前回到了学校，宿舍里只有我一人，静悄悄的。

家里总会有不和谐的时候，爸妈会为一些小事争吵，二姐的工作很忙。我在家是待不住的。

大姐结婚，在西安住了一个星期，发生了一些小事，总之，让我感觉大姐和姐夫两人是一个性格。

弟弟上次草草地写了一封信，总共还没有十句话。看得出来，他的情绪不怎么好，如果在家，他肯下功夫，一定能考上大学，可现在一切都晚了。

明天，我们就要去红星小学实习了，想起来觉得没意思，一点儿精气神都没有。据说这次实习的表现，关系到将来的毕业分配，那么，我就努力吧，不要再折磨自己，但愿我能如愿！

昨天下午，公交车上那个陌生人的眼睛真是奇怪，怎么这么像他？那轮廓、眼神简直太像他了。我知道不是他，生活，你让我感受到的是痛苦。我现在已经不愿意去想他啦。

春已尽，夏来临。春夏秋冬四季轮换，不变的是我对他的思念，想起我未送君却送春的时日，不免有些感伤，最后送自己一句："才始送春归，又送君归去。若到江南赶上春，千万和春住。"

写到此，突然发现写他的第一篇日记里引用的词，是王观的《卜算子·送鲍浩然之浙东》的上片，最后一篇日记选的是这首词的下片。没有刻意，只是偶然。

我的日记，记录了我的成长，翻开这些日记，主要记录的是没机会见到康护士时，我对他的想念和牵挂；记录的是得知他要退伍回原籍时，我决定向他表露心迹给他写信的复杂心情；记录的是信写好后，把这封充满对他的敬意和爱慕的信亲自交给他时，我的惶恐不安，我的无比羞怯，我的无法释然；记录的是他悄无声息地离开西安，在他走时我都没能去送他，或者说我亲自到场看一眼的悔愧之情……

1981年8月23日　星期天

你，

一条赤裸的路，依附大地，

在世人的脚下无尽地伸展着，任你走向哪里。

路旁的风，总不会吹散你过剩的热情，

天空的雨，也不会使你的狂热冷却成一定的模型。

我，就在这没有风雨的路上启程，

我怀着好奇心，

几乎是跑着在一条小路上，

脚下竟不知何时穿上妈妈在灯下为我做的那双绣花鞋。

犹如得意蹄疾奋飞的骏马，驰骋无息。

——这便是我的狂热，

年少的狂热，无形中产生，无意中流露，

岂不知扬起的尘埃，竟遮光蔽日，一染天际，

啊，我越是觉得无权去安抚因尘埃侵袭而遭受痛苦的他人，

就越是不能为此轻易地原谅自己。

瞬息，我猛然感到今天的我才有资格嘲笑昨天的自己，

为昨天的风和雨，我终于认识到：

春天的和风，夏日的熏风，深秋的西风，严冬的北风，

还有那长吁短叹者所呼出的气与大气层的冷空气相遇，

形成的一股冲天的浊风、旋风，

不仅吹散了我已经所剩无几的热情，

也早已让我轻悠悠地飘荡于天地间了。

在一个电闪雷鸣的雨夜，我如同一片落叶，

被西风撕得零碎，抛在泥泞的地面上，

不停歇的雨，也终铸成了我回避尘世的怪癖，

少时的狂热被风雨袭击。

痛苦，我和他彼此羞怯地相识了，年少懵懂，

在一条小路上，我停下来，第一次回望我走过的路，

有他的身影出现，我满心欢喜，看不到他时，无比失意。

我从学校回家的必经小路，接纳了我多少为他而泣的泪。

我回走漫步，无意中拾起路旁的一粒石子，

是留恋，是回味，还是途中彷徨？

我无端地抛洒了泪，一行又一行，

汗水与泪水伴着失去的痛苦，只是一样地流淌，

沾在衣襟的左角，浸湿了靠左的心脏，

涌着心血一起流在了我手中的石子上。

我对不起自己，将一块洒满生命血泪的石子轻轻地抛掷，

如同生活将我抛弃一样容易。

思念的泪水一次一次地飘洒，

但我并没掏出手帕悄悄地擦拭，只是任凭泪花闪烁，

我渐渐地发现脚下的路似乎不那么平坦，

而远方的路放眼望去，却笔直，

弯曲的、坎坷的都模糊得难以望见，

天空，晴朗无云，地面，风和日丽，一条无雨的路，

路上的我，是一路踏着自己的眼泪走来的。

为失去的他，为忘不掉的他，为他无缘的爱，

我多次走进深秋和初冬的夜，

缓缓坠入思念他又忘不掉他的痛苦深渊，

于是我在学习上闹饥荒，所学知识屈指可数。

我再也不要什么漫步在林荫幽径、花草丛中的幻想，

还有那徘徊明月下的柔情温语，

痛苦中我绝望地这样喊出，

但我还没有得到它却已失去，荒唐！

只好骗骗自己的情感，劝慰自己，

可又为失去的年华而长久地痛苦着。

闷来灯下孤身影，痛时窗前自泪流。

我恨我醒来得太晚，醒来之际，

我理解了生命的意义，如此简单。

悔愧交加，我惭愧我活着的躯体。

我似乎还祈求着，求得对良知的慰藉，

我想起，我要一生有过一次这样的奇遇，

在幽谷，在风光无限好的地方，

生命注定我要和他相逢一次。

在海边，在天边，在一望无际的草原上，

我梦想，我哭泣，我没有真正地笑过一次，

但不感到凄怆、凄美，

只因，我们相识得太自然了，亦觉得有些必然，

往日的生活与梦想，静静地流过……

一种久违的感觉复苏了，有些不合时节，

像旷野萌起依稀的绿色，

我颤颤地呼出，我需要欢乐！

对于我，欢乐只有一丝了，

悬挂在东边的天际，又是随日升月落。

"人们不会无缘无故地忘记过去，也绝不会轻易地放弃未来。"

于是，我拥有了一线快乐，第一次笑了，

笑着把狂热的爱献给事业，把痛苦留给自己，

不要怪我对你暂时收笔，

还有那些欢乐，我笑着送给你，

去耕耘、去经营人世间的真善美！

（补记）

从1981年5月18日开始，我要毕业实习、毕业考试，也面临毕业分配的许多问题，我的日记里也就少了他的记录，直到1981年8月23日，我接到分配通知后，怀着极为复杂的心情，为他写下了这样一篇日记，抒发了

我爱慕他的痴狂和失去却不能忘怀的种种复杂心理。那曾经的美好，曾经的青涩、苦涩也该随之结束了。

06　含蓄的情书

　　分享当年我写给他的信，抑或是情书吧，说是情书，现在看来，真是青涩。可那个年代，这已经是很有温度和热度的滚烫文字。毕竟年少懵懂，独自暗恋。但他是我的初恋，人生的第一封情书，记录了我和他的初识。

康护士：

　　您好！当我以从未有过的勇气写完这几个字的时候，我自己都不能明白这是为什么，内心有一种潜在的力量在支配着我，也鼓励着我。如果说这是一时冲动的话，那么我倒可以作长久的隐匿，可我又怎能昧着自己的初心而将其泯灭呢？造成我今生的遗憾和记忆的痛苦，也许我的自控能力不能使自己理智起来，不然，我怎能向您写出这些事？这些您不知道的事，就是我曾经偷偷地看您，偷偷地想您，偷偷地喜欢您。因您，我偷偷地笑；因您，我偷偷地哭。今天我要把这些曾经的"偷偷"公开在这封信中，公开在您的面前。

　　每当想到由于自身的虔诚，带给别人的不是愉悦而是烦恼的时候，我便犹豫了起来，而占据于欲念之上的那种敬佩之感又使我变得果断起来。我知道，即使是简单的表达也是需要勇气的，何况表达自己内心的情感是更需要勇气和胆量的。在犹豫和果断之间，我煎熬了很多时日，从得知您将要退伍，离开西安回原籍那天起，我难过，我失望，我知道这一别可能就是永远，而此时内心对您的崇拜也愈加强烈，最终我还是决定通过书信的方式，向您表达我对您的敬佩，我对您的情意，我对您的爱慕。书信，作为一种人们相互交流思想的工具，它所带来的某种感受不是每个人都能够享受得到的，这样一封偶然的信，一生会有几封呢？这是一封信，也是我向您传递信息，表达我的真情、真意、真心的一封情书。

这是我人生的第一封情书，语言青涩，深情难赋。我没奢望打动您，您不妨看看吧。当然，您可以笑我的年少无知、青春懵懂。您也可以不理解，甚至漠视我的真情表白。

生活中，我感到能真正得到他人的敬重实在太不容易了，也许人的本性决定了人必须要有信仰、寄托和追求。因此，我一直在寻找自己崇拜、敬重的人。

记得小时候，我就非常崇拜老师，当我把一张张小小的奖状装在镜框里，挂在墙上的时候；当我看到老师用红色的笔在作业本上，或者是答卷上写上满分的时候；当我不经意中听到爸爸妈妈赞扬声的时候……我认为这些时刻都是快乐的。我快乐，我崇拜着，年少时所遇到的老师和自己的父母都是我崇拜的人。

学校、家庭快乐的生活，使我对未来充满了美好的向往，寄托了无限的希望。那时，我虽然什么都不懂，但我总希望自己各方面，都能达到我所想象的那样至善至美。然而，那些迷乱的时日，使人们的正常生活发生了改变，可以说现实使很多人的希望破灭了，复杂的社会环境对我们这些未长大成人的学生有着潜移默化、耳濡目染的影响，使我们暂时丧失了灵魂的信仰。特别是我从吉林市搬迁来到西安以后，在高中阶段，我很奇怪，为什么学校经常组织学工、学农、学军，就是不组织学习？我纳闷儿，学生不学习，怎能称之为学生？所以，我也渐渐地从简单的快乐走向默默地消沉，对周围的一切都淡漠了，但我并不因此而感到惋惜，因为我看到同龄人也是同样的经历。年少的我们改变不了社会环境，只能适应这样的环境。因为我知道，适者生存，这也是当下的一种生存状态。

我读过鲁迅的《阿Q正传》，阿Q是一位被刻画得深刻的社会典型人物形象。他在地上画完了圆圈，却没有与我们告别，至今还留在我们的现实生活当中，不肯轻易地离去，阿Q精神依然延续在我们这个千年古国。

从鲁迅的小说中，我们看到了当时人吃人的社会现实与喝人血的人的狰狞面目。现今的社会中，我们看到的又是什么呢？大概只有贫穷与落后了。

记得我高中毕业，也就是1977年的年底，第一次离家去农村插队那天，是一个雨雪交加的天气，寒风吹着飘落的雪花，泥泞了山村小路。汽车在弯曲的小路上行驶着，透过玻璃窗，我看到了一片坟地，几只乌鸦在坟地的周围盘旋着，最后飞落在枯树枝上，发出低沉的哀叫声。一路上，雨雪、北风、寒气、泥泞，荒凉的田野一片茫茫，坐在卡车上的我也深感茫然。到了村里，看不到大人，也不见小孩，一片沉寂，只有几只狗在有气无力地对着我们狂吠。远处，几座低矮房屋烟囱里冒的烟，在寒风中飘散着，空气中弥漫着乡村独有的烟火味，更加显出这里的荒凉和空旷。眼前所见，多少让我感到好奇，这是在城里看不到的乡间田野一角，也让我对自己未来的知青生活有了最初的印象。

来到知青点，这里的环境更使我感到几分凄凉，也感到几分舒适。一面透风的灶房，冷锅冷灶的，但偌大的案板上却整齐地摆放着灶具，一口大铁锅没有盖盖子，锅内却擦得干干净净，稍远处靠墙有一个大橱柜，透过玻璃窗能看到，柜子里的东西整齐有序。在一间不大的屋子里，烟气弥漫，几个男知青两两相对坐着，正在打扑克牌，还有几人围在一起，一边看打牌，一边聊天或嬉闹。在另外一间无人居住的房间里，在老知青的帮助下，我很快地收拾了自己的床。但当我看到我所住的宿舍老鼠不避人满地窜，不知名的虫子的尸体挂在墙角蜘蛛网上的时候，我真是有些害怕。一旁的老知青告诉我，住上几天就好了，老鼠和虫子总归是怕人的，她们一边说着，一边用扫帚把墙上的蜘蛛网扫了下来。开门透气，刚洗过的毛巾和抹布不过十分钟，就已经僵硬了，窗户上的玻璃有的是碎了用纸糊着的，薄薄的一层纸，哪里抵得住北风的侵袭？风依然能灌进来，室内室外几乎是一个温度。瞬间，我的心凉了，但当看到被收拾得整齐干净的房间时，我又恢复了平静。

这里的一切，对我来说是如此陌生，但当我知道这将是我的落脚之地时，我不再胆怯和害怕，并坦然地送走了前来送我的亲人和同学。可是没一会儿，我还是忍不住哭了起来，也许为爸爸的暂时离去，也许一个人静下来突然感到了孤独，也许……哭声惊动了几个住在隔壁的知青，他们跑了过来，对我说，住上几天，屋子里就有人气了。是呀，老鼠没有因为我的哭声不再满地乱窜，呼呼的北风也没有因为我的哭声停止呼啸……哭过之后，我还是难受，但并没有绝望，摆在面前的无非就是恶劣的环境而已。晚上，借着昏暗的灯光，我把一天的感受写进了日记。就在这样的环境下，我开始了知青生活，也开始了我接受贫下中农再教育的生活，当然也开始了我每天面朝黄土、背朝天的大有作为的生活。其间，我一边调整自己的心态，一边适应新的环境。

记得我第一次从知青点回家，当我满怀激动踏进家门时，爸爸妈妈却好像不认识我。我觉得奇怪，离开家二十多天没照镜子，我不知道自己变成了什么样子。当我在镜子里看到自己时，我也呆住了，黑瘦的面容，脸颊因受冻起了泡。我的耳朵、手也冻得红肿起来了，脚后跟也冻烂了。爸爸的冻疮膏啊，再也治不好女儿的冻伤了。冻得鼻青脸肿，冻得手脚溃烂，就是我当年初下乡时的最大收获。可是，凭着一股热情，凭着满腔热血，心还没有被冻死，还在活蹦乱跳。

春夏秋冬，那些时日对我来说多么艰难。最让我难忘的是在农村，我学会了生活自理。那时，为了洗一身衣服，我就要牺牲半天的时间，用辘轳绞水，一桶一桶地绞着，洗完后，我便感到十分困乏，但心里是舒坦的。比起那些洗衣服靠他人帮着打水的人，我算是自立了，毕竟自己的事自己做，我常用"从来就没有什么救世主，也不靠神仙皇帝"这样的话来安慰自己，慢慢地，经历的事多了，也懂得了凡事要靠自己，不像在家，有父母可靠。

晚上，屋子里冷得无法入睡，既没有取暖的设施，也没有热水可以灌个热水袋，没有热水泡泡脚，更没有热炕可以温暖疲惫的身躯。每天钻进冰凉的被窝，一晚上就像遇到险情的虫子一样蜷曲，缩成一团。深夜，被冻了的脚奇痒无比。前半夜是因为冷而无法入眠，后半夜是因为痒而无法安然睡到天明。

吃的呢，算不上好却能饱腹。每天早上，玉米糁一碗和馒头，外加红萝卜丝、白萝卜丝调制的小菜。每天中午，面条。每天晚上，稀饭、馒头。一天的活计，没有一样可以不用心、不用力就能干好、干完的。出工平地，拉着架子车往地里送粪等农活，一个来回就会让人饥肠辘辘了，还好，知青点是可以吃饱的。

在农村的田间地头，每当我看到农民在夏收期间拼命地割麦，又在麦场上打麦子；在秋季的抢收抢种中，那样起劲地收着玉米，播着小麦，我深深地为他们所感动。可是当我看到他们有时为一个小小工分而争吵的时候，我又是那样无端地不能理解他们，更使我失望的是《征途》中，那轰轰烈烈的场景，在这里是看不到的。也就是说文学作品与现实生活还是有些差距的，也是啊，文学作品永远高于生活，这话也是您曾经说过的。

将近两年的时间过去了，我似乎对社会、对他人、对自己都有了一些新的认识。这个认识就是在我今天回忆的时候，对失去青春年华并不感到可惜，相反，我认为这种艰苦的农村生活在某种程度上，真的锻炼了我适应环境的能力，也磨炼了我克服各种困难的意志。农村不是我想象中那样，像一幅充满田园风光的山水画，那时的农村就是处于这样一个贫穷落后的状态，个人是无法改变这样的现实的。

从社会到家庭，可以说是两个世界。自卑又自负的我认识到，不能入乡随俗，按照客观规律行事，那么就会生活在漫长的孤独里，被视为不懂得人情世故，我实在不愿为这样的现实而活着。于是，我挣扎着学会奋斗，从书本中、从知识中，寻找新的出路，摆脱空虚乏味的现实生活，避免因没有知识的平庸和头脑的空泛而被时代抛弃，被人们看不起。幸运的是那段人生时光很短暂，我参加了高考，通过高考是可以改变命运的，也可以改变自己的生活。这时候，书本便是我唯一的精神寄托，但我时常感受到漂泊在知识的海洋里，到达不了彼岸的疲乏与困惑。

我开始用心、用自己的眼睛观察思考，生命对于我空无一物，我内心所发出的声音只有与漫漫长夜中的风共鸣，而这琢磨不透的风，说走就走。去向不定的风也没能告诉我什么，我清楚地望着这世界，不由得暗中诧异，难道以前对于我显得如此伟大而美丽的事，竟然在现实生活中不再重现吗？书中的美好与现实生活的差距令我困惑，令我不解。我寻找着，我追求着，我发现我的一颗心在崇拜着，但又有谁值得我去崇拜、敬仰？

我当然不愿去做无意义的努力，但是我发现我在求索我得不到的，而我得到的却不是我想要的。

夜晚，每当我想到这些，我都会被弄得了无睡意。然而，在我的幻觉中常常出现您的身影，我不否认对您的敬重和崇拜，您总是在我的眼中、心中留下美好的印象，使我由心底而生敬意，我也总是在心里默默地用最好的言语描绘您的形象。有时，我觉得不该有这样的意念、欲望，可我的一颗心却像被谁偷走了似的，它几乎不属于我，我已无法控制它的所想所为了。对这一新的症状，我只有把它默默地潜藏在漫漫长夜中，把它埋在心灵深处，因为我不敢纵容心头的欲念，可我还是常常失败。今天，我终于鼓起勇气要把这些曾经的煎熬写出来，大胆地告诉您，我偷偷对您的崇拜与敬重，勇敢地表达，不给自己留下遗憾。

我崇拜您，是在我回城复习期间，因为手中没有书处于极度失望的时候，是您通过我爸爸把您也在自学的数理化自学丛书给了我，您这一举动无疑使我绝渡逢舟。我知道您是不经意的，可是，您这不经意的善举从此改变了我的命运。让我从农村回到城市，身份也从知青转变为师范院校的学生。

从无意中接到您的书那时起，在心里，我就开始想象您的形象，因为我没有见过您，就接受了您这个对我来说还是陌生人的不经意的相助。所以，我会在复习期间，每到夜深人静的时候，来到您的窗下，看您映在窗玻璃上的影子，一边看着您的影子，一边想象着您的样子……今天，我可以大胆地告诉您，您的样子与我没见到您时，心里对您的想象描绘是一模一样的。

我从小在部队大院长大，在吉林市生活的那些年，部队的驻地是空军某航校。我喜欢有军人气质的男人，想象中，您眼睛不大却有神，浓密的头发遮住了眉梢，眉宇间透露出英气，微微上扬的嘴角总是面带微笑，处于正中间的鼻子大而有形，增加了脸部的立体感，使脸部的轮廓和线条更加清晰，白里透红的皮肤更显您青春活力。一直以来，我都是这样想象您的，实际上您就是我想象中的样子。后来与您接触多了，才感到您不仅有着令人着迷的外表，更具有内在的魅力。总之，您的言行举止，还有您的身影、味道、歌声、琴声、球技等都令我着迷，特别是由内而外散发出来的那种气质更让我感到您魅力十足。

记得有一次，我从知青点回到家，在家复习功课准备高考。复习时间久了，我透过玻璃窗向外望着，听着淅淅沥沥的雨声。出于习惯，我便长时间地这样望着，漫无目的地望着，仿佛要从这雨声背后去寻找什么。在这人世上，我似乎第一次明白了，我的生活是没有未来的，至少当时我不知道我会干什么，我的前途在哪里。我似乎在贪婪地寻求着自我认识。真是"往事依稀浑似梦，都随风雨到心头"。对未来的不可预知，一直困扰着我，于是，我感到消沉极了，也苦闷极了。我在期望着什么？又在失望什么？对往事已经没有什么惋惜，对人生我不敢有什么奢望，我只是在寻求着自我的平静，我的思绪在风雨中漫延，在我的眼里滞留的是没有流出的泪水，模糊的泪眼使我什么也看不清了。

不知过了多久，我忽然觉得眼前一亮，因为我看见了行进在风雨中的您。我的视线定格在那一刻：您穿一身军装和一件白大褂，一把雨伞遮不住红领章及红帽徽的鲜艳醒目，一手拿着注射用盒，肩背一个医药箱，雨中您迈着从容的脚步向前行走着。而屋子里的我，随着您的脚步，不停地在变换观察角度。我从您的前面，看到您的侧身，又从您的侧身看到您的背影，目光随着您的步子不时地在移动，直到您消失在雨雾中，我的心不知怎的"怦怦"地跳着。此时，我多想迅速跑下去，与您同举一把伞，用我纤细的小手勾住您的大手，与您一起经历这春风细雨。不用说，我知道您是去出诊了。风中的雨洗涤了这个大千世界的尘埃，一片清新，而您留在风雨中的身影，在我的记忆里又是那样清晰，我不知不觉地想了许久……

当我不能平息心中起伏的波澜时，我拿起了笔，把站在窗前看到的风雨中的最后一眼写了下来，记录在我的日记中。我每次看到您的时候，都感到心旷神怡，您引起我的遐想，勾起我对美的事物的追求，使我感到只有在您的身上，才能得到某种艺术美的享受。您，在我看来是那么挺拔、英俊、洒脱。

后来，我几乎形成了条件反射，一见到您，我就会全身充满活力，激情澎湃，甚至眼里、心里都是您的样子。有一段时间，周遭一切难以引起我的注意，我对周围的任何事都没了兴趣，我疲倦的心里只有您。我开始感到我的荒唐与可笑，可是让我感到无奈的，是我不能主宰自己的心了。

1979年8月我第一次参加高考，（1977年毕业后下乡了。1978年因下乡不足一年，大队书记不让我报考）考上了师范院校，读普通师范专业，虽不是我理想的专业，但总是摆脱了知青生活。记得我的一篇作文，就是以您的形象加以构思的。那是一篇记事写人的作文，题目是《给我力量的人》，老师布置完后，同学们都很快地从自己以往的同学、朋友、老师中选择，都有了自己描写的对象。

几天过去了，同学们陆续把作文交了上去，唯有我这个语文课代表，连所写的人物都没有确定下来。当老师向我问起没有交作文的原因时，我请求老师给我另一个命题。在没能得到允许的情况下，我只好说："在日常学习和生活中，在我所接触的人当中，好像没有谁能使我得到力量。即使有，我也不知道得到的这种力量，在自己的身上能持续多久，做怎样的一种发挥，才不至于贬低这种力量本身所固有的价值。"老师说我不热爱生活，不善于观察生活。在不好反驳的情况下，我隐隐地感到一种说不出的滋味，也似乎感到我对生活中的人与事，缺乏深入的思考。有时，我会从一部好的文学作品中汲取力量，而它所赋予我的只不过是感情的一时冲动、行为的短暂体现，没有深入自己的内心，因为我从书本里看不到文学意象与现实的平等，又怎么去写这个题目的作文呢？我甚至想写自己的父母，在无从选择的情况下，我认为这是最好的选择了。

后来，我找到老师说，在我周围熟悉的人和事中，我找不出能抒发自己感情的写作对象，对此，我很失望、迷茫，但我总是在一个我不十分熟识的人的身上，能得到一些异样的感觉，这种感觉或许就是一种力量。他能唤起我内心的情感，对未来充满希望，开拓思维，或者说开阔视野，激发我的青春活力，使我浑身充满力量地去做事，使行走在生活路途中的我，不知疲倦，并勇往直前地去努力。从他身上我懂得了生命的意义，他仿佛引导我去探索宇宙中的秘密。甚至他的形象，他的话语，他的眼神，还有他的身影，以及他的味道，在我看来都那么与众不同。我想这不是虚荣心的满足，而是被唤醒后的重生，只有他，让我感受到了生命的意义，而这种感受，我只从一个我常常想遇见，又常常见不到的人的身上得到。从一个说是熟悉却又不很熟悉，说是陌生却又不很陌生的人身上得到，这也许就是这种力量本身所具有的魅力吧。

老师听完之后，高兴地对我说："就写这个你既熟悉又陌生的人吧。"于是在这篇作文中出现了您的形象，在写的过程中，我感到为难的，是我既不能用过分的言语去表达我内心对您的敬意，又不能就此轻描淡写，以致不能直抒胸臆。于是，我在作文的开头就这样地写着：我有爱，却不能向您倾诉它的深沉，是因为我还有一丝对自己爱的程度把握不准的担忧，这种担忧甚至是痛苦的，就在这种爱与痛苦中我把您追寻，您已成为我生命中的追求目标，您是我人生途中寻找爱的象征……几天后，老师在讲评作文的时候，说我的这篇作文是同类题目中最成功、最感人的一篇，我很欣慰。

如果说陶渊明当年所想象的世外桃源，在当今社会已经实现了的话，那么我理想中所描写的人也已经被证实存在了，只是他咫尺天涯。

后来，在作文《灯下》中又一次地出现了您的形象，我写的是我发自内心的真实感受，也是亲身经历的。记得我考入师范院校的前夕，从知青点请假回到家复习功课。夜里，每当我复习到疲倦的时候，我会时常下楼走走，漫步在月光下，漫无目的地走着、想着。但最后总是在我常常停留下来的地方徘徊着，透过茫茫的夜色，我偷偷地向您的窗口望着，屋内柔和的灯光显得格外暖心又温情，窗帘将屋内与夜色隔了开来，我的思绪在银白色的月光下铺开，我在想屋里的人啊，您在干什么呢？我虽然不知道您在干什么，但在我的想象之中，您一定在执行您的作息安排。多少次我站在浓浓的夜色里，站在皎洁的银色月光下，站在您的窗下，借着从屋里映出来的柔和的灯光，我不能明了地想着、望着。

在这样的刺激下，我似乎更能静下心来学习。当我参考您的形象完成《灯下》这篇作文时，我没想到又是一篇范文，一篇成功之作。不能不说是您给了我思维的宽度与深度、写作的源泉及力量，只有您的形象才能激发我的写作热情，鼓励我写作的自信心，激励着我对语言、思维、审美的创造力。我从心底感到快乐与欣慰，可我更能感到快乐中的痛苦与无奈，因为这些我无法向您表达，我只有把它埋藏在心中。人世间最痛苦的事当属有爱却不能向那个人表达，这是让人心痛无比的事了。

我知道您是军人，部队里有严格的纪律。我因为崇拜、敬重而产生对您的喜欢和爱恋，但我不能因为崇拜您、爱恋您而破了规矩，影响您的名声。我不求您对我热情地回应，只求自己不去想您，不去对您表达这种热情。可是我常常做不到，因此，我会在快乐中体会到这种痛苦。我常用莱蒙托夫的诗句自我安慰："对人生我不敢有什么期望，我活着，像乱石中的一粒石子，我不愿把痛苦尽情地倾吐，让它们在我心中霉烂而死。我那些内心痛苦的故事，也不会把人们耳朵激动。难道说石头相磕碰的声响还能够深入他们的耳中？"我喜欢读他的诗句，甚至胜过普希金、马雅可夫斯基，尽管他们的诗句战斗性更强。

喜欢上一个不喜欢自己的人是痛苦的，但最痛苦的，莫过于我所喜欢的人，也就是您并不知道我喜欢您，而我也没有勇气让您知道，这就是我的偷偷的恋。当我有勇气让您知道的时候，而您却因为不可抗的因素，要离开我所生活的城市，离开我，这就是我的偷偷的哭。

从我诞生的那一刻，直到充满柔情的青年，生活就是这样在我的面前展开了这幅画。面对这幅画面，我不知以怎样的姿态，添上怎样的一笔色彩，才算作和谐，才算作强者，才算是有意义。我曾被牛虻、保尔的坚强精神所感动，为我们曾经一起看过、讨论过的《红与黑》中的于连而感叹，也曾经为《简·爱》所感动。但这些文学形象使我得到的只是精神上的鼓励，持续的时间毕竟短暂，可以说只是一时的。

当我行进在晨风中，读读外语单词或是背背诗歌，总觉得生活很美好，充满诗情画意。可是，那风总会吹散在我面前飘浮的幻影。当黄昏时分，我在郊外的夕阳下读完最后一页书，凝视天边，停留在心底的是为美好的夕阳如此短暂而感到的惋惜，感叹美好时光易逝而我却无力使它持续。当主宰黑夜的星辰明亮地占据天空时，您的形象不免投入我的心中，占据我的身心，让我思，让我想，让我进入甜美的梦中……我感到奇怪，是啊，除了敬重，除了崇拜，世间一切的爱似乎都该被鄙夷。

　　在一条我回家必经的、有您工作与生活处所的小路上，有过我多少期盼的眼神闪过。我多想做一棵树，生长在这条小路上，不是偷窥您，而是偷偷地爱慕您，静静地守候您。

　　在一条我回家必经的、有您工作与生活处所的小路上，异动的心在此有过多少次不安分的骚动，这种感觉，没有开端也没有结果，但它却时时刻刻占据我，那就是偷偷想您的感觉。

　　在一条我回家必经的、有您工作与生活处所的小路上，偶然几次重重的关门声至今令我难忘。当我看到您从对面走来的时候，那种猝不及防的如遭雷击的触电感，我偷偷地享受了，虽然我会表现得镇定自若，如同素不相识一般，一脸清高和漠然，可是难以掩饰心里的那份紧张、慌乱、羞怯和不安。我一直在偷偷地关注您，用您知道或不知道的方式。

　　偷偷地喜欢您，偷偷地恋您，这就是暗恋，暗恋就是喜欢上一个人，却不能或者不敢表达出来。只是将这份情、这份意、这份牵挂，偷偷地埋藏在心底。您将要离开这里，我终于藏不住了……

　　听说您要退伍回原籍，得到此消息，我非常难过，似乎觉得失去了什么，可我又不知失去的是什么。当下，就打算为您写封信，告诉您，我对您的爱慕，我差不多利用了一个月的时间才算把它写完。渴望着把我最想与您说的、最为深情的话表达出来，可我不敢。我不怕您见笑，而是怕我这样做给您增加压力，毕竟我们都年轻，事业未成，前途莫测。您又是军人，我向您表达我的深情无疑是为难了您，您会无所适从，回应我什么？怎么回应？这是不可能的。

　　您不回应我，会伤了我的心。让您左右为难，这是我最为担心的。

　　我之所以将曾经的秘密公开，是我不得已而为之。我怕从此您我天各一方，成为路人，我不能自已。我渴望把我想与您说的最为真实的话告诉您，可是我不敢，我怕您会不相信这些话，把我看得太庸俗。我使自己的痛苦显得荒唐可笑，我的心因虔诚而痛苦着，不由得发出了这样的感叹：当我们步入社会，走上人生道路的时候，就认识到，我们所处的环境对一个人的品质和成长有着多大的影响。您有部队如火如荼的生活，我有广阔天地、大有作为的知青经历，环境不同，对我们的教育是一致的。我喜欢有当兵经历的人。

无论快乐抑或悲伤，一个人总要对生活中所遇到的一切事有个姿态。当兵实现理想，为国家尽义务已经足够，回去找份工作过安稳的日子也是应该的。尽管现在提倡各尽其才，但在好多事上是没有落实的，当然这里的一切也不值得您留恋。

我深知现实无法超越，不可能强求某些事情，但我不愿意背离一切言语，走入永远缄默的歧途。我并不向空虚伸手，要求超乎希望的事物。尽管这些天来，我的心很烦乱，但我似乎更能理解一切，包括您退伍回原籍的心切。我感恩上苍，让我从您的身上感到生命的意义与力量。

康护士，您就要走向新的生活，我不敢当面对您致以祝词，因您高傲的目光和平静的心灵。

最后送您一首我摘抄的列宁同志的诗吧：

送别

不要让泪水冲刷内心的忧愁，

也不要一味地追求无源的泉水。

假如你错看了生活，

痛苦便是唯一的报酬。

不要在生活的道路上徘徊，

也不要让往事屡屡回首。

假如你选定了方向，

就要一往无前，永不回头。

张开思想的风帆，离开狭小的港口，

驰向蔚蓝的大海，生活将意志练就。

外伤会锻炼带血的皮肉，

我对生活的回答是——自作自受，

我对未来的回答是——生活与战斗！

我深信，高傲的心灵在任何时候都会是奋发向上的、自强不息的，绝不会冷却，也不会疲倦和消沉，命运绝不会扼杀了他，只能激起他对生活的激情。

这些天来，我如果有一时不在内心呼唤您，我都会感到我是一个胜利者，而这些我又完全做不到，我为我的不能自已而感到痛心。我想全身心投入我的学业中，摆脱眼前的这种有爱意却又不能表达的生活。我深知摆在年轻人面前的路只有两条，学业和爱情，当然这二者并不相互矛盾，但这是可遇不可求的。我深知纯真的爱在人生中只有一次，但不是每个人的第一次都能成功，大都是以不成功而告终，我亦如此。

我追求纯真的爱，追求永恒的爱，追求人世间的真善美，只追求这个过程，我不在乎有没有结果。我知道永恒的爱也只有建立在对事业的无限追求上。我失去，我失望，也是一种幸福的痛，毕竟有过期待，我享受了这个过程。

我写这些，本想作自我安慰的，可现在又把它转交于您，是爱的传递，是痛苦的增加，我都无法把握了。我从您的身上得到的是美，而您得到的只是这封充满极其复杂情感的信。

祝您前程似锦！

张 华

1980年11月22日

我对他的暗恋不知从什么时候开始，但我却清楚地记得是在他离开西安退伍回原籍的那个时候结束的。所谓结束，只是我没有机会和他见面了，没机会期待什么了。但他的形象，他的眼神，他的话语，他不经意的动作，他的味道，他的背影，他的一切，一直在我的心里留有印象，那时真的觉得很难忘。从认识他，到爱慕他，从得知他要离开西安为他写信，到写好信交到他的手中，从他悄然无声地离开西安到我对他难以抑制的思念，以及最后我想忘掉他却不能的痛苦。整个过程有爱有痛，有笑有泪，有想念无落实，有心动无行动……

第五章

余生缱绻淡墨朗

01 毕业实习

两年师范学习面临结束，毕业前的实习是必须要经历的。记得我们实习的学校是雁塔区红星小学，这是我当年写下的日记：

1981年5月18日　星期一　傍晚

今晚，我似乎有些反常，坐立不安。今天一天都在红星小学的校园里，第一次走进小学的校园，真是把人吵死了，下课时，那些学生在校园里大声喧哗，追逐打闹，那些老师忙得连走路都没法使步子从容起来，学生们跑，他们也好似在跑。与大学校园相比，真是热闹有余，安静不足，整整一天，我感到很累，提不起精神……

我的同学们都在忙着写教案。我不理解，一份简单的教案竟写如此多遍，我感觉没那么复杂难写吧，不就是写清楚教什么（教学内容），怎么教（教学方法），教到什么程度（教学效果），把握三大要素即可嘛。我的语文教案已写完，后天我准备把数学教案再写写，试讲后再修改一下就行了。

这是我实习第一天的感觉。

我第一次试讲的内容是数学，二年级的小数点加减法运算。初上讲台，我并没有常人的胆怯，而是很自如地，很清楚地讲完了这节课。以至于听课的校长、我的班主任老师，以及我的同学们都给予了肯定，毕业实习成绩也是优秀。一个月的实习时间很快结束了，这是我实习时的一篇日记：

1981年6月5日　星期五

一个月的实习，再有一个星期就结束了，我的讲课任务已完成，并且得到了很高的评价。总之，通过实习，我的确感受到了小学老师工作的辛苦。想到自己不久也要去从事这份工作，不免有些感伤。不管怎么说，教师的工作我是逃脱不了的，眼下只能如此了。毕业分配问题，真叫人心神不宁。刘同学建议我与她留在这所小学从教，有可能吗？我实在捋不出头绪来。前路茫茫，何以揣量。

面临毕业，班上的男女同学相互之间的交谈多了起来，校园中、小路上常常会遇到一对又一对熟悉的面孔。他们在毕业前夕，不仅抓紧时间学习，也抓紧时间交流感情，应该不是谈恋爱，这也算是增加人生的阅历吧。我因为爱慕康护士，也因他离开西安回原籍而伤感，所以也没有什么人能使我动心。就是有，也只能是同学间的一种友谊了。这是我写给张同学的一首诗：

不羁的思潮没能收敛住，
沸腾在我心中的是无韵的声音，
怀着真挚的情谊，
我把它倾诉于你，
虽然我们不可能一路相偕到底，
但我渴望的是人世间的友谊。
也许我又在欺骗自己，
但在你身上我抱有这样的希冀，
相信你不会再次使我失意，
因为你永远在我的记忆里。
痛苦的或欢快的回忆，
于我而言同样不可能泯灭，销迹，
我会把它们从心底激起，
但愿不会是唾弃，更不是悲哀的叹息，
我们需要的是共同历尽沧桑后的再相聚。

凡夫俗子们投来的目光，
不会使崇高的心灵感到悲凉。
让那人群中的嘈杂随意喧闹吧，
它们撼动不了友谊的城墙，
最终只能落得为人蔑视的下场。

啊，朋友，这才是生活，
不为愚蠢的热情而痛苦，
过早闯入你生活的她也许不是严冬的寒风，
也许只是夏夜中一阵柔和的晚风……
为什么要以不明的思想过早地滋养着忧郁，
并且带着怯懦的悲伤迎接那不可避免的分离，
清爽的秋风会使你在痛苦中清醒，
温暖的春风会使你生命更添新绿。

愿你，愿你，
在这样的时候，
去寻找风的力量——事业上的成功！
愿你呵，愿你，
啜饮欢乐到最后一滴吧，
潇洒地活着，不要忧心，
向着未来前进！

实习结束，面临毕业考试，还好没有谁在这个时候不在乎自己的成绩，大家都很努力地去复习、考试，经过一段时间的学习，全班同学都无一例外地毕业了。分别时互相赠言：

在茫茫的学海中，勤奋是船，意志是桨，只要不怕风浪，勇往直前，就能到达光明的彼岸。

一日读书一日功，一日不读十日空。

学习从来无捷径，循序渐进登高峰。

愚师　董万祥

1981年7月15日 于市师范

愿鲜花在大学校园重放芬芳！

同学　伍社会

1981年7月15日 于校

胸阔志坚勤奋勉，诚取人善求上进。

同学　张贵宝

1981年7月15日 于校

用一种无与伦比的美德——诚实的热情来永恒地对待事业和生活，那么收获的，我想应该是也永远是硕大美好的果实吧。

——与张华同学共勉

同学　李君利

1981年7月15日 于校

不管未来有多遥远，成长的路上有你有我。不管相逢在什么时候，我们是永远的同学，永远的朋友。

同学　赵志金

1981年7月15日 于校

又一张毕业照片，把我们定格在了1981年7月15日的西安师范校园。意味着从今天开始，我们已经毕业，走出了校门，回家等待毕业分配。这是我毕业后的日记：

1981年7月16日 星期四

我在想毕业后的第一篇日记里，应该写些什么。真是什么都想写，可什么也写不出来，我几乎麻木了。

昨天上午的毕业典礼大会上，校长讲了些什么，我几乎没听进去。我的思绪早已随风飘浮，如云朵般消失在遥远的天边。啊，仿佛是在昨天，我刚刚迈进校园，可今天，我已经毕业离校啦。师范两春秋，光阴似水流，永远地逝去了，向着远方，向着茫茫的大海流去了。两年的学习生活结束了，在我记忆里，它已经成为过去了，对过去的一切还是要回顾总结的。今天不写这些了，假期里完成吧。

又想起昨天上午班级毕业茶话会上，几位任课老师的发言很平淡，只是表达了一种惜别之情与对我们的希望。我也感到两年时间匆匆而过，还没来得及深悟点什么就各奔东西了。因为分配未果，同学们都忧心忡忡。

昨天还好，临走时，他（张同学）来帮我把行李提到车上，看得出他的情绪似乎不是很好，想起他给我写临别赠言的时候，握笔的手一直在抖着，我不能明白，难道为我们的分别而颤抖吗？当时我都不忍心看下去了，很难想象他是怎样的一种心情。不过，我却很坦然，上了车，很快地就回到了家。

今天，我为毕业分配问题一直闷闷不乐。说实在的，不可预知的前路，等待我们的将会是什么呢？茫然呀！

这个假期是最自由的一个假期了，我开始制订计划。我为这个假期不受限制而感到快乐。

我心中的绿树（康护士）啊，您好吗？您工作了吗？我在等待工作分配，未来的不可知很煎熬人。

1981年7月24日 星期五

假期里，已经毕业了的同学又被召集起来去爬华山，好多同学都报了名，我在犹豫。因为我想起在学校时，我们班级组织去翠华山、五台山游玩，乘坐的是我让爸爸借的解放卡车，这一举动，招来的不是感谢，而是一堆的风凉话。爬山时，更是那么令人不舒服，班上的女生大都会有男生帮忙或伴随，而我性格比较孤傲，只有班主任老师和刘同学（最好的朋友）陪我，我们走走停停，倒也自在。难忘下山时，我和刘同学，还有几个女生相会，我们遇到了一个和尚，这个和尚还为我算了一卦，算得还真准，说我是外地人，才华不一般，是个有福之人。还告诫我，尽量少搬家。哈哈，权当是真的啦！

假期过半的时候，我又想起了康护士，那个使我爱恋使我痛的人。翻开曾经的日记，一首小诗映入我的眼帘：

> 秋雨绵绵风阵阵，雨中思君泪纷纷。
>
> 雨过月明秋色新，邀来明月寄思音。

想起面临毕业时，我内心焦躁不安，现在等待分配，对未来有不确定的茫然，我也心烦意乱。又想起远方的他（康护士），我曾经追寻的人啊，我心中的绿树，您知道吗？我已经毕业了，在家等待分配。告诉您，假期里，我会和同学相约去照相，去参观博物馆，只是为了忘掉您，以此打发时间。

康护士离开西安至今半年多了，我居然还是忘不了他。分配没有消息，只有继续受煎熬。分享一篇在家等待分配时的日记：

1981年8月15日　星期六

周末的夜晚，我静坐在桌旁，心绪难以平静。眼下就毕业分配一事，居然使我如此不安，那以后更多复杂的事情缠绕，我必定六神无主了，这样的耐受力怎能适应社会？

毕业分配一事，我曾经找过两个人帮忙，奔波数日，却是徒劳。我不得不感到，生活在这大千世界中的人是多么使人难以理解，正像我不能被他人理解一样。从自己的身上去感悟他人，也是换位思考，我不了解，是否所有毕业生在等待分配时都同样地焦灼不安。

前路未定心慌慌，人世诸事皆茫茫。

心境不佳秋夜愁，坐等担忧何日休。

分配结果下来了，我写了一篇日记记录这重要的一天。

1981年8月22日　星期六

今天接到了分配通知，我被分配到了我所实习的学校——红星小学。从此，不再为等分配通知而感到心烦，终于度过了烦闷、焦躁不安的夏日，迎来了凉风清爽的秋天。对一个对生活充满无限憧憬的人来说，秋日也是很美的。金色的秋，大自然收获的季节。今天，我总算有了以前从未有过的，对秋天的热爱之情了，因为在秋天里接到了分配通知，结束了这段烦闷的日子，谢谢自己！

同学们也都有了去向，基本上是哪儿来回哪儿去，这是我们这一届的分配原则，富贵返故乡嘛。只有极个别同学被分配到了西安市直属单位等。我不羡慕他们，红星小学虽然离家稍远了些，但我心甘情愿，属于自己申请与自愿。人们都说小学教师的工作很辛苦，也时常不为人所理解，到底是怎样的一种境况，我实习时只是感性认识，还没有深入其中工作，具体是怎样的状况，还需实践后才能认识。我相信工作状态是由个人对事业所持的态度和感情投入程度决定的，我不愿再听到别人的任何多余的声音。在我还有一点热情的时候，我绝不轻易地放弃，我愿去闯，直到心灰意懒。

02　红星小学——我工作的第一个单位

最初的红星小学，是属于碑林区的，因此，我接到的是碑林区教育局的通知，通知上写着：根据个人的要求，由碑林区大新巷小学调至红星小学。也就是说，我本应该去碑林区大新巷小学，但我个人提出申请，不愿意去那所学校，提出要求要来红星小学。碑林教育局也同意了我的要求，毕竟大新巷小学地处市中心，红星小学地处郊区，地理位置上，大新巷小学占优势。这样，我又重新回到我实习时的学校，一所很不起眼的小学校。何校长很高兴，她如愿以偿，因为我当时实习成绩好，何校长建议我能到这所学校来。我呢，几经考虑，也就遂了何校长的心愿。

来到学校，何校长安排我带两个班的数学课，她记忆中，我的数学实习成绩很好，可我喜欢教语文，清楚地记得，何校长对我说："带语文课就要兼做班主任，班主任工作很辛苦，教数学是不用做班主任的，你自己考虑好后找我。"还没等她离开，我当下就对她说："何校长，不用考虑了，我还是喜欢教语文，不怕做班主任工作。您的好意我心领了，谢谢您对我的关心。"话说得不容置否，语气很坚定，表情也很果断。于是，何校长当下安排我带四年级的语文课兼班主任。从此开始了我的教师职业生涯，开始了我的教育教学工作生涯。

记得当时通往学校大门的路很难走，特别是遇到下雨天，道路泥泞得无法出入。我爸爸曾冒雨把我的行李等生活必需品送到学校，由于车开不进去，就一趟又一趟地运送东西，包括我取暖做饭用的蜂窝煤炉子。记得入校第一天晚上，我就用炉子做了大米饭。第一次做饭，盛到碗里的饭说干不是米饭，说稀不是米粥，没有菜，我就拌了点白糖吃了。就这样，生活上总算暂时安顿了下来，宿舍比起我下乡时住的房子也好不到哪里去，一样的低矮平房，草席的屋顶，砖墙、门窗都有缝隙，老鼠晚上在屋顶草席上窜来窜去的，蜘蛛等虫子也随处可见。

有了下乡的经历，我的适应能力也强了，不出一个礼拜，我自己可以独立做饭做菜了。工作上，我把全班四十多个学生的名字都记住了。孩子们也很喜欢我，有时我的窗台上，时常有他们从家里带来的苹果、点心，中秋节还会有月饼等放在上面，这是学生对老师的一点心意，但我不能让他们这么做。我很努力地教书育人，一学期下来，我的成绩不言而喻，令学校领导非常满意，我的工作总结，更让他们看到我这个年轻人身上的与众不同。本来工作总结属于应用文，我应该按照应用文体写，但我的第一篇工作总结，居然是用诗歌文体写的。工作上适应快，生活上虽会做饭了，但缺少生活经验。

03　二次获生

一个学期将要结束，西安的天气到这时，已冷得无法伸展胳膊腿了。记得放假前夕，我因为取暖不当导致煤气深度中毒。记得那个晚上，我用蜂窝煤炉子烧水洗了头，开门开窗透气不及时，当时我感到头昏恶心，就上床睡了……后来听同事说，第二天早上都已打了上课铃，而教室里却没有我的身影，也不见我在办公室，于是大家就报告了领导。何校长带着两个体育老师来到我的宿舍，敲门喊我无人应，门上又没有明锁。于是，何校长让体育老师一脚将门踹开，发现我躺在冰冷的砖地上，不省人事，地面上有垢物，再看炉子有明火，他们断定我是煤气中毒，生命垂危，甚至认为我死了。于是，他们赶快给我爸爸打电话。

我爸爸得知此消息后，连忙叫了留守处的救护车，大老远赶到南郊，准备处理我的后事。结果到了后，发现我还有体温和微弱的呼吸。毕竟我爸爸是军医，有多年的临床经验，立刻将我抱到救护车上，送到了离我们学校只有两站路的医院抢救。抢救过程中，我由于体寒，药液又很凉，所以输液时出现了身体抖动现象，并且越来越严重，剧烈的抖动使得医生、护士将我的胳膊、腿压住，绑在床两边的扶手上，即使这样都没能止住我身体的抖动。由于肌肉紧张药液还是无法进入体内，输液针也被我抖动的身体摇晃下来，我的生命体征越来越弱，甚至不再剧烈抖动了。情况越来越复杂，直到最后我没有任何生命体征了，抢救室的主治医生宣布抢救无效，转告家属准备处理后事。

我爸爸既是家属，又是有着多年临床经验的医生，得知这一情况后，不顾一切地冲进抢救室，查看了我的瞳孔。哭喊着："张华挺住！必须救活！给液体加温！找两个热水袋！"冥冥之中，我听到爸爸的喊声，感到有热泪滴在我的脸颊上。爸爸用手擦去滴在我脸上的泪，对在场的医生、护士说："还有生命体征，再次抢救！吸氧！"于是在场的医生、护士又一次投入抢救之中。

经过四个多小时的抢救，药液缓缓地输入我的体内，我体温开始恢复，慢慢地苏醒了过来。在医院继续治疗了两天，基本恢复到正常状态，我便回家了。回家后又继续打针治疗，我才彻底地恢复了健康。恢复正常状态后写的日记，字里行间记录的是我昏死再生的过程：

1981年12月28日　星期一

五天前的这次意外，让我知道了自己的生活经验极其欠缺，生活能力也差。回到家治疗了两天，打了六七针，我总算是恢复了健康。听爸爸说要不是他在现场，恐怕我早已是那天国里的人了。爸爸，谢谢您了！亲爱的爸爸，我一定会报答您的养育之恩，您给了我二次生命。

昨天下午，留守处的司机把我送回学校，星期天倒元旦的假，所以学校正常上课。我真感谢留守处的这位司机，我是没有力气乘公共汽车的，也感谢爸爸为我跑前跑后安排车接车送。部队的生活条件还是好一些，不然我该向谁求助呢？

回到学校还没来得及休息一下，就匆匆地跑上三楼，听吴老师的作文教学观摩课，紧接着又带领学生去西安电影制片厂看了一场电影。说实在的，这些并非是我愿意做的事，可又有什么办法，工作嘛。看完电影回学校的路上，我遇见了两个在师范学校时的同学，于是和他们在路边聊了许久。

晚上回到学校，校园依然是静悄悄的。打开门，我便开始擦拭已经好几天没有人住的房间里的桌子，以及收拾床铺，整理屋子里散乱的物品。渐渐地，夜更深人更静，我坐在灯下把学生的评语写完了。写着写着，我突然又感到一阵头昏，于是，不由得又想起几天前的那个晚上：

漆黑的屋里发亮了，我知道我终于把灯的开关拉开了。迷糊中，我口渴难忍，只想去喝点水，可是，我浑身无力，根本无法行走，连挪动一步都非常艰难。于是，我慢慢坐起身，还没坐稳呢，就不由自主地瘫倒了下去，倒在哪里我不记得了（应该是先倒在床上，后来又从床上滚落到地面上的），也不知过了多久。后来的一切我全不知道了。

等我再次醒来的时候，同样感到浑身乏力、发软，嘴里一股血腥味，我是躺在地上的……天哪，我这才感到恐惧，也才清醒一些，意识到刚才我已经昏死过去了，多长时间我无法知道。此时，我却幸运地醒了过来，拖着无力的身躯，向门口爬过去，想找人施救。爬呀爬呀，爬到门前勉强扶着门把手，我艰难地把门打开了。这时深夜的一股寒风袭来，我猛地一抖，黑夜的恐怖与阴森全然不顾了，慢慢地打量四周，月亮并不十分明亮，还有几颗星星，四周黑乎乎的，几乎也看不清什么。我想喊，可是，我嗓子干得发不出声音。

我住的这排房子共有四间，我在最西面的一间，其他三间房子白天有老师午休，晚上没人。前面一排是教室，后面一排是老教师的生活住房。即使是我能喊出声音，后面的住户在这个时段也是听不到的，何况我确实也发不出声音。靠他人施救已经不可能，只有靠自己。无望的情况下，我想喝些水，可是，也无力去找水壶倒水喝，我整个人是瘫软的。于是，我又只好艰难地关上门，并拉上插销。身体却不由得下滑，我呆呆地靠墙坐在那里，想刚才发生的一切，想夜里发生的一切。这时，我再次想喊人施救，嗓子还是发不出声，想喝水自救，身体无力又动不了，此时的我在想难道是煤气中毒吗？煤气中毒我应该怎么办呢？其实，我没有任何常识，不知道该怎么做。绝望中的我无奈地流下了眼泪，不知过了多久，我无力支撑自己继续坐下去，再次倒地。我想向床边爬过去，上床睡觉，我的头疼痛难忍，要炸开似的，眼睛也都无力睁开了，也爬不动了，也挪不动了，渐渐地没有知觉了。

后来怎么去的医院，我没有记忆了，只记得当时的感觉很绝望，很无奈，很身不由己。

现在回想起来，当一个人在面对死亡之时，是没有能力思考的，只能凭借人的本能了，呼天喊地无人应，只有绝望地流着泪。人在生死面前，特别是在死亡的边缘时，根本无法也无能力去思考怎样才能摆脱死亡的威胁，因为那时大脑是一片混沌，身体无力支撑去做任何拯救自己的事。

一切危险都过去了，学校的老师，我的同学都前来看望我，真是谢谢他们了。

学校明天要放假了，回家和爸爸、妈妈愉快地过元旦。爱，即意味着付出，元旦回去我要为他们做些力所能及的事。

04　教师的生活与工作

可以说那个年代，人们的安全意识不是很强，生活设施也不怎么到位，所需的水电都成问题。对刚参加工作的人来说，衣、食、住、行各方面不像现在这么便利。生活条件虽然艰苦一些，但工作热情不减。一学期将要结束时，我用诗歌的形式，写了我听一位老教师授课后的感受。

听课所想

如果有可能，

我多么想重新回到教室里，

和他们一样在倾听，在思考，在写作业，

或者举起小手发言，得到老师的赞许和微笑……

只是在此时，我有着这样强烈的要求，

允许我重度一次我的童年生活。

这不是为了给未来留下绿色的梦，

或者在回首时抓起一丝快乐！

只是在这普通的一堂课中，

我的心突然提了这样特殊的要求。

为了使自己实现愿望，

像这位老师一样去唤醒一颗颗沉睡的心灵，

我多么想，多么想重新坐在课桌旁，

这不可压抑的奇思，犹如绿叶在风的吹拂中奏起的天籁之声，

在我的心里回荡着……

然而风吹送给我的气息，

却悄声微语这一个不可能实现的希望。

往日的思绪如晨起的雾，

在太阳升空、风吹过后，便消失得无影踪，

我不抱怨风的无情，光的迅猛，

但我却苦于这没有收获的秋天，

更担心着明春的荒芜。

我多么想，多么想做您的学生，

老师，这是我挚诚的心声。

因为年轻，我特别虚心好学。其实老师间相互听课是很平常的事，我却很认真地记录下来听课的随感，真是"听师一堂课，胜读两年书"。由此可见，实践要比通过学习书本知识更能获得提升。

刚参加工作，大部分精力都用在了一边工作，一边适应生活上，同时也在学习，闲下来的时候，我会去见见同学，或者与同事一同外出参加一些娱乐活动，也无非是看场电影罢了。因为住在学校，所以下班以后，我经常与住校的夏老师（音乐老师）一起活动，跟着她学习拉手风琴。但最终也没能学会，不是我不用心学，而是她不怎么全心地教我。我发现后就没了学习拉手风琴的兴趣，这与我的性格有关。刚到学校没多久，同事们就发现我不太好接触，性格比较孤傲，说白了就是不太合群。我和同事都不怎么深交，只是见面打招呼。我感觉自己并没有投入当下的人与事中，总是怀念之前在学校时的人或事，甚至也在想念他。我在1981年中秋节时的一篇日记里这样写道：

1981年9月12日　星期六　中秋节

中秋节，没有月光，但我仍然走出家门，走出楼房，漫步在秋夜里，向没有月光的天空望去，向他（康护士）曾经住的房间窗前望去。思绪又一次铺展开来，想到康护士，此时一定与他的父母在一起过中秋节吧。我默默地想着，漫步在那条曾经让我期盼，让我遐想，让我心跳加速的小路上……

回到家，我同爸爸、妈妈、姐姐一起过中秋节，我们很愉快地畅谈着。往年的中秋佳节话月明，但今年没有明月，我们一样饶有兴致地谈天说地，论古道今。我表面上是高兴的，内心却难免有些凄然。

我无法忘记过去，而往事也总是不自觉地浮现在我的脑海中。我没有忘记去年的那个中秋夜，一年过去了，也仅仅一年的时间，有些事，随着时间的推移淡忘了，有些人，距离你远了，可心却近了。我想起了我的刘同学，在校时我们算是好朋友，由于刚工作都忙于适应，渐渐地关系远了，见面也少了。我也不由得想起了那个令我爱、令我痛的他（康护士）。他离开西安回到原籍，离我越来越远了，可我的心从未因距离远离他，一直很近。我和同学们建立起来的友谊被时间的流水冲淡了。他呢，随着时间流逝在我的记忆中却更加清晰了，我知道我又开始在回忆过去的事，想念他于今夜。

我不抱怨失去的友谊，也同样不抱怨失去的爱。我权当这个世界上没有真正的友谊，也没有纯粹的爱。从感情的另一角度出发，我完全称得上"超低温"的冷感人。我深信，时间的流水会把人与人之间至诚的感情，侵蚀得更加孱弱。我的高冷在我的日记中，我的孤傲在我的生活中，除了他（康护士），没什么人能得到我的欢心，唤醒我已经沉睡的心。

中秋佳节无明月，夜空苍茫弄月光。

伊人秋夜灯下思，寄语他乡问泰平。

人情随波去欲尽，犹如秋来花草衰。

冬去春来花草发，明月有时却不来。

这种性格的养成与我的生活经历，以及家庭教育有关。从小生活在部队大院，应该说有着优渥的生活环境，父母教育我们凡事靠自己，尽量少求人。所以在我的眼里，我与他人相处时可以随和，甚至热心助人，但不可以没有底线。在个人问题上，特别是情感问题上，我不会随波逐流，不会去追求物质条件的成熟，我会比较看重情感中爱的成分。所以，学校老教师给我介绍的对象，我一个都没看上。

记得刚参加工作没多久，同年级的鲍老师要带领我们班和他们班一起做一次野炊活动，我觉得活动很好就答应了。没想到同年级另一个老教师却将此事告诉了何校长。何校长不想让我们班去，但她没直接制止鲍老师，而是对鲍老师说了是我自己不想去的话。鲍老师为此很生气，认为是我在学校领导面前做小动作。于是，第二天见到我，她就劈头盖脸地说了我一通。我听后很委屈地告诉她，不是我不去，是何校长不让我去，并且当着她的面与何校长澄清此事。何校长一看我如此激动，就说了实话，为我澄清事实，鲍老师也就没再生我的气。这件事以后，同事们都说我是直脾气，不懂人情世故，都敢找校长去说理。

这个鲍老师，是个热心人，我与她在同一个年级组，她几次给我介绍对象。可是，介绍了好几个，我一个都没看上，气得她觉得我难伺候，就不再为我介绍对象了。虽然我对介绍对象没多少热情，但买国库券，那可是激情满怀的。当年的日记写道：

1982年4月30日　星期五

下午，学校传达了上级有关部门的文件，号召大家买国库券。

我是炎黄子孙，国家兴亡，匹夫有责。我们没有遇上戎装铁马、抛洒一腔热血的战争年代，处在和平建设时期，我愿我的祖国富强。我只喊一声："祖国啊，母亲，更强烈的爱在那感情的深处。只要祖国需要，我会毫不犹豫地倾尽全力。"这是我的发言，我觉得我的心没有死，正血气方刚。啊！我还有一腔热血，满怀激情献给我的祖国母亲！

傍晚，我看了电影《牧马人》，是一部激动人心的影片，影片通过许灵均的生活经历，突出地表现了他热爱祖国的无限深情。我也爱我的国，我更爱我的家，还有我的那个他（康护士）。我为国，我为家，也为他感到幸福与自豪。可有谁爱我呢？像我这样一个冰冷的小人物，又能得到谁的温暖呢？我只得到大地的温暖，太阳的光照，在冰封雪覆的冬天，我时常怀念我的故乡。

屋外传来一阵自行车的铃声。家里来人了！爸爸来看我了。我表面上虽还沉静，但内心却有说不出的内疚感。爸爸啊，您真是太爱您的女儿啦！我有爸爸的爱，足矣。在我的眼里，爸爸就是一座山，一座生机勃勃的山，一座靠得住的山。还好，今天的屋子里是干净整齐的，不会遭爸爸的训斥哦。

身为班主任，我经常带领学生去春游，西安周边都跑遍了，沣峪口、太平峪，甚至极远的楼观台都去过。那个年代带学生出去春游，除了担心，应该没有什么别的感觉了。

有一次，我们从蓝田县水陆庵春游回来后，有一个学生离家出走了。家长跑到学校来找我，我问明了情况后，得知这个家长有洁癖，不喜欢儿子用玻璃罐头瓶子饲养各种昆虫，类似于蛐蛐、蝈蝈、甲壳虫等，于是将儿子的瓶子连同这些昆虫，统统扫地出门了。儿子回到家后，看到他的宠物虫子都被老妈"驱逐"出了门，一气之下，便离家出走，去寻找那些被放生了的虫子，并去了同学家。

得知这一情况后，我便告诉这位妈妈，把那些扔掉的瓶子捡回来，然后擦洗干净，放到孩子的房间，她照着做了。之后，我便骑着自行车到这个学生要好的同学家去寻找。最后，还是在西影厂另一个同学家找到了这个学生，我劝他回家。他告诉我说，如果妈妈不让他饲养这些虫子，他坚决不回家。我告诉他，瓶子已经捡了回来，虫子没有了可以去逮，他妈妈不会再次扔掉他的"心肝宝贝"了，孩子一听，便与我一起回到了他的家。他的妈妈也向他保证，从今以后允许他饲养昆虫，这件事才平息了。这是我带五年级时印象深刻的事。从这件小事中我体会到班主任是太不容易做了，班务管理是要付出很多精力的。

稍微大一点的学生也一样不好管理，上课不注意听讲，时常惹是生非，调皮捣蛋。记得班上有一个女生和男生做同桌，两人学习都不错，但就是事儿多。

有一次，我正在讲课，结果女生举手打报告说她同桌"爱"她了。男生听后说："我没有说'我爱你'，我是说'你挨着'我了，妨碍了我的学习。"他们两个就为"爱""挨""碍"三个字不停地说来说去。我只好停止讲课，把他俩叫到教室外处理此事。都是聪明的孩子，才如此咬文嚼字的，我只能告诉他们汉字有多义字和同音字，请准确运用。

还有很多无奈的时候，20世纪80年代初，我带的学生大都来自知识分子家庭，孩子大都聪明，懂事早，所以他们时常给我出难题，搞得我也莫名其妙的。早读时，"无欲则刚，有容乃大""停车坐爱枫林晚，霜叶红于二月花"，他们会有意无意强调重音。从此，我开始留心他们的这种举动，尽量避免尴尬。学生在学习，当老师的也在学习哦，见识啦。

还有一些暖心的事呢。记得学期结束时，班上有个孩子的父亲转业，他随父亲从新疆回西安，到了这里学习进度跟不上，年龄还偏大，一考试就是不及格。我批评他，甚至很严厉地对他提出要求，再考试不及格，我就不再认他是我的学生了，以此吓唬他，把他吓得哭了起来。但再次考试结束后，班上的成绩还是因为他而落后于其他班级。成绩出来后的第二天早晨，我还没出宿舍的门，就感觉到窗外有声音和人影。于是，我推开门一看，他已经飞快地跑到离我宿舍很远的操场上了，窗台上放着两个红红的大苹果。

尽管我很厉害，但学生还是很喜欢我，我与学生建立了良好的师生关系，他们的家长也同样与我建立起了良好的关系。从此，我懂得了在教书之上还有育人，小学老师尤为如此。教育学生的同时，还要引导他们的家长，当然学生、家长反过来也教育了我，让我也经历了很多，也懂得了很多。

教学上，我也是崭露头角，工作后的第二年，我便代表我们学校到区里参加青年教师教学评优课比赛，先在区里拿了一等奖，然后，又代表区里参加西安市首届青年教师教学比赛，还拿了市级教学评优课比赛二等奖呢。

我第一次参加市级教学评优课比赛，上课的题目是《大森林的主人》，四年级的课。利用我刚进校时，学校派我去武汉武昌学习"六因素单元教学法"设计教案，然后，我在班里反复试教，教案也多次修改，最终取得了好成绩。难忘红星小学的万老师、田老师、赵老师、汪老师、刁老师、吴老师、杨老师、包老师等各位老师，为了我能取得好成绩，他们真的是竭尽全力帮我。我呢，也很争气，一举把赛教课从学校讲到区里，再由区里讲到市里。从此以后，我在红星小学的八年时间里，凡是学校的公开课、外来的观摩课、各级各类的评优课，大都是由我去讲授。当时，红星小学的老师们送我一外号，叫"公开课专业户"。

讲课在哪儿都是讲，我也不在乎学校给我的安排，更不能辜负同事们送我的"公开课专业户"的称呼。慢慢地，我在专业上成长了起来，担任年级组长、教研组长，职称问题也解决了。

现在想想，没有这些校级、区级、市级的教学评优课，没有老教师的现场传经送宝，没有个别老师的言传身教，没有一次次的修改教案，没有一次次的反复试讲，哪有我日后在课堂上的游刃有余呢？感谢红星小学的前辈们，他们是我工作起步时、职业发展时，给予我帮助的人，也是我教师工作由职业上升为事业的奠基人。感谢老师们，感恩相遇！

05　第一次带实习生

随着时间的推移，我的教育教学工作经验越来越丰富，取得的成绩也越来越大。刚工作不到两年，我就开始带实习生了。1982届实习生小汪是个男孩，也是我带的第一个实习学生。他一米八二的个子，一副温文尔雅的样子，年龄不大却很老练。年轻老师带实习生，其实更容易沟通，特别是我对教育教学工作又是如此用心与投入。实习期间，我尽力帮助他学会写教案，学会上课，学会班务管理。他呢，也很用心学习和实践。可是，我当时对他的某些要求却不知道该怎样处理。小汪经常约我去周围的公园散步，我呢，碍于他的面子不好拒绝。一来二去的，我发现他对我似乎有些不一样的表达，当然，这个表达不是有关教育教学方面的问题，而是另外的，直接说就是情感问题。小汪会跟我说他的家庭、他的人生抱负，以及他喜欢的人与事，表达他的人生观、世界观以及价值观。我呢，也就以实习指导老师的身份接受了他的一些要求。翻开早年的几篇日记，我很惊讶于当年的记录：

1982年5月31日　星期一

临近六一，学校大队部搞庆祝活动。儿童们快乐地过着节日。看到这些，我真觉得他们是幸福的一代，现在孩子们过六一，学校要为他们搞庆祝活动，学生所在单位团体还会给学生送礼物。而我们当年过六一节时，并没有这样的待遇，那时我们虽然没有礼物，却有一些值得回味的事。

昨天傍晚，学校的实习老师小汪约我与他去散步，出于礼貌，我们来到了学校附近的一片小树林里，我称那树林为"曲径通幽"。尽管树林里有好多人，但还是很安静的。我们谈了几个小时，聊各种话题。总之，他给我的感觉是年龄小，却老练，我挺佩服他的。生活当中，我接触的类似这样的年轻人是屈指可数。他模样很像我暗恋过的康护士，而且他也是各方面都能来两下的人，但他没有军人的气质。他的话真多，无论说到哪方面，都能说出自己的见解来。

1982年6月1日　星期二

六一儿童节，学校放假一天。今天上午，我领着我们班的五个"猴子"来到兴庆公园。也没什么意思，除了儿童的天真、嬉闹，再也没什么了。但是有他在，我还是快乐的，从内心讲，我是不愿放弃这种快乐时光的，但还是加倍抑制了。我也说不清，为什么在兴庆湖边他那一瞥，让我几乎眩晕，啊，这就是我吗？

下午，我们又来到了革命公园。在那里，我们一起说了一会儿话，逛了逛，照了几张相。聊天中，我知道了他准备再次考学。我真高兴，一种极朴实的情感控制了我，顿时觉得在奋斗的路上，我又多了一个同伴。我真的希望他能与我一起去考学，去奋斗。

1982年6月3日　星期四

我这几天的言行，冷静下来想想，真可谓是个疯子，可我有什么办法呢。往日，我的孤独，我的寂寞，我枯燥无味的生活，还有我对远方的他（康护士）的思念，有谁会知晓？我只是默默地承受着。但我也是人，有活生生的躯体，我也需要世间平凡人所应得到的一切。当我这样做的时候，一些所谓的"好心人"就开始议论纷纷了。

我究竟怎么了，我和实习生小汪不就是在一起多说了一会儿话吗？但是，我承认我们之间不会是他们想象的那样。我需要的是友爱，也希望得到这种友爱。一些人总是存有偏见，我实在搞不明白，为什么异性之间就没有真正的友谊？

以前，我能忍受孤独与寂寞，我现在却忍受不了了，有谁能救救我呀，我多么希望他（康护士）能来呀！心儿想着，泪儿流着，永远得不到回应。尽管如此，我还是想极了……放不下眼前的，想不尽远方的，到了最后痛苦的则是我自己。

1982年6月4日　星期五

这批实习的学生明天就要走了，他们中的其他人我倒也毫无留恋，唯有小汪给我留下了一缕缕理不清说不明的思绪。我该发言责己吗？这对我来说不是什么新鲜的事了。他离开了，带走了我的某些思绪，我恨自己的软弱，但我承认这是事实，当他没有来的时候，我不也是心烦意乱吗？甚至做什么也没兴致。

我这个人，单方面讲，我没有任何杂念去破坏我们的友谊，我总觉得我需要的是相互的鼓励，从这点上讲我愿意与他交往。从他与我交谈的内容上看，我没有任何问题。和他在一起时我又解释不清，我太寂寞，我需要欢乐，他能带给我，但对结果，我很少去想。没有结果的过程还值得去坚守吗？有些折磨人哟！

明年，我想去报考陕西师范大学成人教育汉语言文学专业，不知学校会不会同意。人活在世上真难呀。志者烦！庸者乐！愚者无所求！

实习生小汪算是我人生旅途中的一个过客，从此，我与他再无来往。倒是后来的实习生小舒、小苏、小朱、小侯、小杨等，以及更多的实习生给我留下了深刻的印象，甚至现在还有联系。这些实习生不同于小汪，他们对教育教学实习很努力，真是把我当老师一样尊敬，虽然我大不了他们几岁。班务上，他们帮我带学生去春游、秋游，沿途风光他们没看多少，心都操在学生身上。帮助我填写运动会名册，选拔运动员，组织运动员参赛，并取得良好的成绩。还有帮我六一前排练节目，办黑板报，六一节时搞庆祝活动等。教学上，这些实习生除了规定的听课、上课外，还帮我批改作业，辅导学习上有困难的学生等。即使我有些私事请他们帮忙，他们也会利用业余时间帮助我，记得他们八个实习生，一起将一架钢琴从一楼搬到了二楼我的家，好辛苦的。学习、工作、生活中，这些实习生给我的印象极好，现在有些已是校长了，但他们依然对我很尊敬，而我也算是桃李满天下了。

工作几年，我的教学能力显而易见。我在红星小学工作不足八年，但成绩却令人敬佩。什么"课改积极分子""教坛新秀""教学评优一等奖"，甚至优秀班主任、优秀班集体等荣誉证书一张又一张，也深得单位同事的认可。

06　第一个对象

1982年年底，二十出头的我每天活跃在校园里，工作上不乏学生、家长、同事陪伴，但生活上一直是形单影只的。这时，又有人开始为我个人的问题操心了，特别是前面提到的鲍老师，又不厌其烦地给我介绍对象，有一个鲍老师给我介绍的对象我没有拒绝，但最终也没有成。因我工作单位距离陕西省委很近，经鲍老师介绍，我答应与省委的一个大我两岁的小伙子见面。见了面后，大家彼此有好感，所以就经常联系。两人单位距离近，我们下班后就有见面的机会。

记得我们那时去得最多的地方，就是大雁塔东边的盆景园，现在已经是大雁塔北广场景区了。与他一起看过的电影有《三十九级台阶》等，与他聊天时，听他说得最多的就是他在工作中遇到的一些不解之事。对他的不解我也挺纳闷儿的，但这并不妨碍我们之间的相处。他告诉我，他十几岁就成为一名公务员，因此说话办事比较老练，甚至思维严谨。但由于他家在外县，觉得与我交往多少有些压力，就经常在我面前说起《孔雀东南飞》里的焦仲卿、刘兰芝，以及《梁山伯与祝英台》等的爱情悲剧。我呢，听了之后也是理解的。

谈着谈着，我便领他见了我的家人，家里人对他也满意。于是，他又带我去见了他的大伯与大妈一家人（在西安城里）。可不知为什么，之后的一个月，他突然与我不联系了，也不来学校找我了。我以为此事就此中止了，于是写了一封信，连同他带到我家的两瓶西凤酒，一起送到了他大伯、大妈家里。因为我觉得事情不成，不好收他的见面礼，这样我会不舒服的。没想到，又事隔一个月后，他突然来到学校找我，给我解释他之所以犹豫此事的原因，他觉得两个家庭有些门不当户不对，感到很有压力。

但看了我写的信后，他又十分后悔自己当初的犹豫与担心。我听了他的解释后也很难过，因为短短的两个月时间，我又认识了现在的丈夫，他是大学老师。这位大学老师可没有什么门不当户不对的压力，他每天下班就会来单位找我。

看他这紧抓不放的样子，我也犹豫了，这期间，原介绍人鲍老师，还有我们学校的几个老教师三番五次找我，轮流做我的工作，劝我与省委的小伙子恢复恋爱关系。但这边的大学老师也是穷追不舍，每天下班，他就会在我的宿舍门口等待。一来二去的，我磨不过，也抗拒不了后者的软缠硬磨，只好拒绝了省委的这个小伙子。唉，现在想想，其实是缘分不到，或者干脆说有缘相识而无分相守了。他是我人生的第二个过客，也是路过我心的旅程的第二个人。

07　申请调动被截留

1984年，是我难忘的一年。这一年，我报考了陕西师范大学成人教育，也如愿地考上了我想要学的汉语言文学专业。9月，我边工作边上学，同年11月我结婚了。1987年我毕业，又继续在红星小学安心工作。1988年，我生了女儿，因为带孩子不方便，我决定调动工作，原打算从红星小学调到某大学附属小学，这样生活上更方便一些。我没想到会被教育局挽留，特别是当时陕西省某名校的薛校长得知我这一情况后，便竭力邀请，还给我解决了住房问题。薛校长是我人生遇到的第二个贵人。于是，1989年6月，我由红星小学调到薛校长所在的学校，从此结束了我在红星小学的工作生涯。我难以忘记的是，当我要离开红星小学时，老教师们是如何对我恋恋不舍，特别是当时所在班级的学生与家长，他们更是不愿失去他们孩子的语文老师及班主任。

　　来到新的学校，平台更高，因为是陕西省和西安市的名校，所以对我来说也更具有挑战性。于是，我继续我的语文教学兼班主任工作，从一年级带起，一轮下来是六年。这六年我真是铆足了劲儿干，毕竟我是薛校长竭力"抢"来的，我不能让她觉得我的教育教学水平是经不起考验的。

　　但是，来到这所学校经历的第一件事，就给了我当头一棒。刚来学校，工会组织教职工进行爱岗敬业演讲比赛，其他老师都是四处寻找报刊上的稿子，而我却是自己写的。比赛时，我全程脱稿，自如地演讲，博得了所有教职员工的阵阵掌声，但最后的结果却毫无荣誉，许多老教师为这样的结果不平，校长也是不能理解，可结果就是这样不可思议。这时候，大家都前来安慰我，还临时召开评委会，专门为我设了一个优秀奖，奖励我一个搪瓷缸子，让我得以安慰。这件事以后，我才知道，忌妒是永远存在的，但公众的眼睛是蒙蔽不了的，是好是坏，谁的心里都是有一把尺子。

　　不久，迎来了迎接国庆节学校大合唱，一百多人的合唱，邀请西安音乐学院著名教授指挥，学校工会让我担任《我的祖国》领唱。我们不负众望，整个团队得到第一名的好成绩，又代表区里参加西安市的比赛。市级比赛，我的领唱被取消，毕竟不是专业水平的，不担任领唱也一样要参与合唱，这对我来说不算什么。领唱被取消，但又给我安排了领诵，一样重要。朗诵更适合我，毕竟我的朗诵还是有功底的。

08　委以重任

　　正因为我是薛校长竭力邀请来的，所以，区政府、教育局的孩子大都在我这个班上，关系比较复杂，我能与他们建立起良好的人际关系，是很不容易的。

记得一次家长会后，已经是晚上九点多钟了。班上一个男生不知去向。他的爸妈在学校开家长会，奶奶到了八点多不见孙子回家，便给在开家长会的儿子打了电话。于是，我与这个学生的家长和另外几个家长在家长会结束后，骑着自行车到处找，路上、街边、村子、影院……那时电话等通信设备不像现在这么发达，只能靠单位传达室的电话，才能传递寻找孩子的信息。大概到了晚上十一点左右，才得知孩子是去了位于长安县（今西安市长安区）的亲戚家。在小学当班主任就是这么不容易。

还有比这更令人揪心的。一次一个学生中午到校后，追逐打闹，不小心从楼梯上跌了下去，被直接送往医院。还好，学生五脏六腑并无大碍，也无外伤，算是有惊无险了。经历了这两件事后，饱受惊吓的我没有了奶水，我只好给女儿喂奶粉了。还有的学生，因妈妈住院，爸爸经常出差，家里人干脆把孩子领到我家让我代管，直到他家人出院领走孩子。

教学上，我已经在西安市获过奖。来到这所学校后，更是多次参加各级各类的教学评优。最令我自豪的是我的作文指导课，曾代表陕西省参加在武昌举行的全国作文教学大赛。在全国五十多个参赛选手里，我获得了二等奖的好成绩。第二年，我又录制了《我爱家乡的石榴》一课，获全国作文教学示范课一等奖，并且在全国范围内播放。

当时，同年级组的老师也对我的课进行多次打磨，那时的学校教风学风研风很正很浓。我特别清楚地记得，老教师不辞辛苦地为我修改教案，听课后再次修改，甚至边听课边让我停下来，告诉我这句话应该怎么说，这个环节怎么处理，应该有什么辅助动作，语气语调该怎样抑扬顿挫。特别是走进教室走上讲台后，不要急于喊上课，而是要环视四周再喊上课，同学们坐下后，不要急于转身板书课题，而是先口述本课内容再转身写课题。可想而知，有了这样的指导，我是受益匪浅的。我也很努力，写教案，连上课问"同学们好"之类的话，我都要认真地写下来。有时候一节课详细教案写了四五十页之多，上一次课字数就减少一些。最后正式比赛时，只有一张百十个字的简案，也就是板书，其余的都装在心里，这样才能自如发挥，才能上好课。在这一过程中，我体会到讲一节好课背后是要付出汗水和泪水的。

年轻时，经过多次历练，我讲课是越讲越自如，讲到市里，讲到省里，讲到全国。我真的是在各级各类教学比赛中成长起来的，我体会到教师的课品、教品就是人品。不怕吃苦、虚心专研，反复试教就能讲好课。当然也有些许例外，上好课也是要靠悟性的，不是每个人这样去打磨都能上好，还要有个人的悟性及基本素养。

后来，我调到某区教师进修学校教研室做了小学语文教研员，从事语文教学研究，指导青年教师的课，我用上述所说的方法去辅导、打磨他们的课，要求写详案，每一句说什么，怎么说都要细致地琢磨，所以老师们都喜欢我的具体指导，认为是接地气的指导。

六年当中，我对学生的影响是深远的。这届学生，我从一年级带起，六年后，他们的一手好文章，甚至他们的言行举止、衣着打扮都受到了我的影响。有学生对自己的妈妈说："你的衣服不好看，张老师的衣服好看，我希望你能像张老师一样去装扮自己。"还有的家长说，因为我教语文，孩子从此喜欢上了写作，到中学后，孩子的写作水平明显高于班级的其他学生，总是被当作范文，甚至在校报上发表。

是呀，我从来不觉得语文是讲出来的，而是老师引领学生通过阅读不断积累起来的。我从三年级起，就让他们准备一个"采花酿蜜"本，进行摘录和写日记，这些积累和对生活的细致观察，使学生文思敏捷，勤于思考，善于表达，乐于创作。我女儿的语文也一直很好，升入中学后，语文老师对她的语文学习很满意，她的作文《足球的魅力》等发表在校报上，以及当时的其他报刊上。

教学中，我一直用自己学习语文的经历，比如阅读、摘抄、记日记、写信等方式，引导学生从阅读到写作的迁移，其实就是通过阅读、写作，提高学生学习语文的综合能力。

09　入党提拔

　　六年以后，我被提拔为学校教导处副主任，主管教学工作，同时也加入了党组织。难忘我的入党介绍人宋老师，她是这所学校的学术带头人，陕西省的特级教师，是一个既有教研能力又有人格魅力的老师。而薛校长由于到了退休的年龄，不再任校长了。人生有幸遇见她，感恩。

　　我一边干教导处副主任的教学管理工作，一边带一个班级的语文课。可以说很有挑战性，我既要把管理工作做好，也要把语文课教好。教导处的工作我虽然之前没有经历过，但做过班主任的人是没有什么做不好的，小孩子那么难以管理都能管好，教导处主管教学又有什么做不好的呢？于是写教学计划、做全校的教学总结、组织教师开展教学研讨和青年教师评优课比赛，包括命题、考试分析、管理教师培训、课题研究等，凡属于教学教务的我都得去做。

　　由于经常命题，老师们送我一绰号"张单元"，一册书八个单元，一个单元考一次，八个单元就要命八套题，各年级课本内容不同，可想而知工作量有多大。由于我接手教学管理工作，使得学校的教学底蕴更加厚实。外省市前来参观校园、观摩教学的老师，是一拨儿接一拨儿的。有时我还带老师去参加市里、省里、全国的教学评优。

　　记得学校有一位老师多次参加省里教学能手比赛，基本上都是我一句句指导设计的全过程，细致到怎样走上讲台，环视后怎样说第一句话，怎样转身写第一个字，开课后的导语怎么说，包括课中各环节间的过渡语都是我一手写出来的，这位老师悟性很好，记忆力也超强，所以在封闭管理时，能将这些具体要求，在短时间内背下来，并在课堂上自如发挥。可以说我自己当年参加教学评优，老教师也这样细致地指导过我，但不是每一句话都会告诉我，而是要靠自己去琢磨，而我却毫无保留地指导年轻老师，促使他们的专业快速成长。有许多年轻教师在我的辅导下，取得了优异成绩。我经常会收到老师们获奖后打来的电话，说："张老师，您给我辅导的作文课，获得优质课一等奖。"

除了带领教师参加教学比赛外，我还做课题研究，开题方案的设计，结题报告的撰写，带领老师们做课题资料收集等工作。当时，学校有一个课题结题，我代表学校，在全国性会议上做课题应用推广报告。当时，深圳市主管教育的领导主动找我，希望我能去深圳从教，并给我很高的待遇，包括福利房及安排家属的工作。但我还是拒绝了这个邀请，依然留在西安，留在学校，继续我的教育教学管理工作。

第六章

奈何韶华情痴狂

01　公派支教

20世纪90年代末，民办教育开始兴起，政府也支持民办教育发展。我曾经被公派到当时的民办公助学校支教。我支教前的身份是学校教导处主管教学的副主任，到这所学校做教师工作，在我看来，只是工作内容不同，前者是做教学管理，后者是一线教师，所以我依然一如既往地做好自己的本职工作。因为是组织公派的，能被组织公派支教，也是对我个人教育教学能力的认可，还拿着双份工资，因此，我也就没有想太多，于1998年9月，我来到了这所民办公助学校支教，任教一年。

来到这所学校，我下的功夫应该比在之前两所学校都大，学生家长也特别满意，当时的校领导对我也很认可。民办公助学校管理上有别于公办学校，但不变的是教育教学。因为是小班制管理，所以，班务工作对我来说不费什么事，每天大不了就是从早跟到晚，这是小学生管理的特点。教学上，更是轻车熟路，毕竟有过多年的教学经验，这些经历还是为我的教学带来了与众不同的效果，与我搭班的老师总是夸我的班带得好，学生学习成绩也高。支教一年，我与领导和同事，甚至家长都相处得十分融洽，青年老师喜欢找我磨课，老教师喜欢与我一起探讨有关教育教学上的问题，校领导也找我做计划和总结，大家都很喜欢我在业务上的分享，家长更是愿意与我一起聊聊家庭教育问题。支教一年，大家对我的评价是：同样的一份常规工作，总能做出不一样的精彩。

一年后，我回到原学校了，也就是我支教前所在的那所学校，而与我一同来这所学校的其他老师，也无一例外地回到原学校，落实了教育局当时的文件精神，唯有我回到原学校后工作有变化，也就是不再担任教导处主管教学的副主任，而是继续我的班主任工作。因为这点变化，我还去教育局询问了此事。

在开学前我便找到教育局领导，第一次见面，他答应我此事缓后处理，回家等待通知。于是我只好回家等待。已经开学有两个星期了，我仍然没有等到什么消息，我便坐不住了，第二次又找到这个领导。他告诉我说，打算把我调到当时西安市某区教师进修学校教研室任小学语文教研员，只是各种条件还没有具备，就先在原学校干着。我听后满心欢喜，也很感动。原来所在的那所学校，因为我出去支教，教导处主管教学副主任的工作，已经安排其他人做了，我也不想再去做这个工作了，能到教师进修学校做教研也好，正适合我，所以能去这个学校我也满意。我坚信自己不管在什么样的环境下，都会认真工作，踏实做人，所以对工作单位没有太多的想法。这事就这么定了，我继续在家等待，准备国庆节后去上班。我认为此事就尘埃落定了。

我按照领导答应的时间准备着，没想到更大的打击接踵而来。因为教育局新旧领导接替，我去教师进修学校的事，又一次落空了。我只好在原学校继续我的班主任兼语文教学工作。之前的工作被人取代，将要去的单位又没有落实，一时间，我处于比较难堪的时期。人际关系也很尴尬，原来的同事朋友以为我个人有什么问题，甚至犯了什么错误，见面时都不跟我打招呼了，甚至避开我。我表面上看似平静，其实内心也在困惑，我从曾经被赏识的巅峰，跌入工作被取代、要去的单位又没有落实的尴尬境地。面对这一突如其来的打击，我该怎么办？于是，我决定去找新任的领导。

02 决定不变

　　来到新任领导办公室，我向领导叙说我支教前后的经历，按照文件精神支教一年后，我虽然回到了原单位，但是没有继续原工作。新任领导也向我转达了前任领导代表局党委的决定，就是哪儿来回哪儿里去，我从那所学校来，自然回到那所学校去，决定不变，教师进修学校的事已经不成了。于是，新任领导亲自协调此事，临时让我到某局政工科上班。差不多一个学期过去了，我才又回到我支教前的那所学校，还在教导处，只是之前是主管教学的副教导主任，现在这个位置已经有人取代，便安排我主管德育工作，负责少先队大队部相关工作。

　　我一如既往地拼命干。印象深刻的是我给全校一年级学生家长总共有四五百人，召开家长会，还邀请了陕师大教育学专家为家长作报告，陕西省教育厅对此授予"优秀家长学校"称号。德育工作相对教学管理工作，活动多，在此期间，我带领全校学生按照学校计划开展各种活动，把德育工作做得有声有色，受到各级各类表扬也很多，老师们都说我更适合做德育工作。

　　2003年9月，我被调到了某区教师进修学校，任小学语文教研员，从事小学语文教学研究工作，结束了之前的工作。后来我才知道，从支教那所学校回到原学校，没有继续原工作，是因为当时就考虑调我到教师进修学校担任小学语文教研员，而教研员属于教师，不是管理者，而我当时是教导处副主任，是管理者，这样调动起来不对等，再加上为此事我找过局领导，所以，就按文件精神回到原单位，但没有继续原工作，而是成为一线教师，后再调我到教师进修学校做教研员，这样就顺理成章了。过程有些曲折，也算是好事多磨吧。

在那所名校，我干了14年。有了这一经历，我对人生又有了一些思考，就是任何时候，特别是没有如愿的时候，都要坚持初心不变，守住底线，坚持做人原则，不做冲破底线的事。说白了，就是某一角落，某一时段会有一些假、丑、恶，而你始终要坚持追求真、善、美。想着当年薛校长因为我是首届西安市青年教师比赛的获奖者，将我留在她所在的学校。在这所学校工作十余年，我在教育教学工作上取得了很多成绩，却也遭受了工作被取代、没按时落实等不顺之事，可我都承受了。我庆幸这些年的经历，让我扎实地考验了自己的人生观、价值观、世界观。

03　投身课改

来到进修学校后，我面临的最大挑战不再是面对学生教学，而是面对教师教研。首先工作对象不同，其次工作内容有所变化，工作方式也不仅仅是课堂教学。总之，教研与教学有相似之处，但本质上是不同的。

我调到教师进修学校是2003年9月，刚好是我们国家新一轮教育改革的初始阶段，旧的传统教育观念已打破，新的体制建立不够完善，所以，没有统一的模式可套，怎么做好教研只能凭自己的感悟了。当然常规工作是基本不变的。诸如考试命题，组织教学评优课，学科教学指导、培训等都属于常规必做的工作，这与在学校教导处所做的工作没有太大的区别，只是范围大小不同而已，学校只是面对学校的教育教学管理，而区一级的教师进修学校是面对全区的教育教学管理。记得我刚到"进校"时，领导为了让我尽快地进入教研工作状态，让我看一线教师交到区"进校"的一些论文、教学工作总结，甚至教学设计、教育叙事、教学案例等，我每天去单位上班主要是看材料，阅读一线教师的作品。一年后进入命题状态，先是三、四年级的语文试题，后来就是一至六年级的语文试题，甚至退休之后还在做此项工作，十几年来，经我手命的题有成千上万套了，我的命题及校对几乎没有失误，这样的准确率保持下来，对谁来说都是一件不易的事。

随着时间的推移，在进修学校的教研工作不仅仅限于常规工作，还要做个人的特色工作，比如组织开展学科组的活动，从不同学校的一线教师中，抽来二三十名骨干教师，每两周举办一次活动，内容丰富多彩，形式更是多样化。语文学科组开展的活动，当时在西安市，乃至全国都很出色。

随着课改深入发展，因为我是教研员，每年都会有一两次外出学习和培训的机会。我个人也接受教育部北京师范大学基础教育课程研究中心组织的培训，慢慢地我也成熟起来，成为北师大课程研究中心培训团队的专家，代表北师大课程研究中心、北师大出版集团，前往甘肃河西走廊一带，福建泉州，四川成都，辽宁北票，河南三门峡、新乡、商丘，青海西宁，宁夏银川，以及江西南昌，陕西关中及陕北延安、榆林，还有陕南安康等地去做教材教法的培训，深受被培训老师的欢迎。在此，我特别感谢教育部北京师范大学基础教育课程研究中心的马老师、郑老师，以及北师大出版集团的张洪玲老师，是他们给我提供了更大更高的平台，促使我的专业迅速成长起来。

课题研究也是教研员必做的一项工作。在那所名校时，我曾参与撰写国家"八五"课题"多媒体在阅读教学中的切入点"的研究方案。到进校后，我又带领学科组成员及一线教师做了国家"十五""十一五""十二五"课题，有国家级和省级课题结题多个，而且是这些课题的负责人。

教学研究提升了我的教研能力，课题研究提升了我的科研能力。但是这过程中，我的人际交往能力并没有多少改变，成天忙于教学研究，埋头课题研究之中，个人职称问题一直没有解决。无奈之下，我决定重返陕师大读本科。

04　参加成人高考

2005年，已经46岁的我通过成人高考，考取了陕师大成人高等教育的汉语言文学专业。记得我参加成人入学考试时，省电视台还有记者举着偌大的摄像机对准我拍摄。是啊，46岁了，应该不是上学拿学历的年龄了，可我因为不想走捷径只能委屈自己了，多少人都认为我是个头脑有问题的人，起码与正常人有些不一样，可我却没有这么复杂地去想，认为只是上学而已，又不是上刑场。

刚入学时，抬眼一看大都是二十来岁的年轻人，连30岁的都很少，而我已经是46岁的人了，心里是有些压力的。任鲁迅研究专业课的史教授，并没有因此打击我，而是很得体很贴切地告诉我："过去人说活到老，学到老，现时唯有学到老，才能活到老。好在你的体态、模样还算年轻，与其他人比起来没有太大的差别，你就放下年龄包袱，轻松学习吧。"有了他的这些话，我也就没有太多的心理压力了。最初每次上课进教室时，我会找个不起眼的角落坐下来专心听课做笔记，很少抬头看老师，有几科任课老师比我的年龄还小，上课时偶尔到我跟前转转，用异样的眼神看我一眼，我呢，就把头低得再低一些，怕老师的目光在我身上停留片刻，因为我终究是快50岁的人了，不敢与二十几岁的人相比。久而久之，同学们忙于学习也就忽视了我的存在，老师呢忙于讲课也不太关注我了。

但是身体上的压力也还是有的，首先是记忆力不好了，特别是我有过煤气深度中毒的经历，记忆力减退是不容忽视的问题。以前是过目不忘，现在真不行，反反复复地看上几遍都记不住，这使我很苦恼，特别是英语，简直就是零基础，上师范自学的那点英语，三十年后不知道都去哪里了，一到考试大脑一片空白，有两次我的英语成绩不及格，只好补考。记得有一次，补考时间与我工作出差到福建泉州做教材培训起冲突了，为了能赶回来准时参加补考，我必须昼夜兼程，一大早赶回来，拉着行李箱走进考场补考。考场是严肃的，考场上人人平等，即便是年龄大了，记忆力减退了，也一样要补考。

记忆中的学生生涯中，除了体育有过补考经历外，这一次英语补考经历也是难忘的。英语学习很艰难，其他学科学习倒是没什么问题，成绩都还不错。三年中，寒来暑往实属不易，我自己的女儿是2006年参加高考的，我没有时间和精力去陪伴女儿，这其中的酸甜苦辣有谁知，有泪只能往肚子里咽，这是我的性格。

利用这三年时间，我读了大量中国当代文学，特别是获得茅盾文学奖的作品，从第一届到第七届我都读过，而且也都买了。在师范读书时，我读的是外国文学，稍有名气的作品一律拿来读。从1981年参加工作起，我就开始订阅《读者文摘》，后改名为《读者》，至今我还在订阅。读过、背过、朗诵过大量的古今中外诗歌。乐于阅读，勤于写作是我的一大特点。所以，有了阅读的基础，我的其他功课学习是很顺利的。

05　论文撰写与答辩

三年的时间说长不长，说短不短，反正是日子一天天地过，书是一页页翻着看，笔记也是一个字一个字地写着。毕业论文的撰写与答辩，使我的学习走向高峰，也是我的任课老师极力表扬我的一个原因。那些大大小小的考试成绩或许不能完全说明什么，但毕业论文的撰写与答辩成绩好坏却是关键。首先我在选题上是下了一番功夫的，我不想写前人已经写滥了的题目，我把对著名作家贾平凹获得茅盾文学奖的作品《秦腔》的研究，作为论文备选。看完了《秦腔》之后，我似乎没太读懂这位资深作家的作品，就去找评论看，一看不知道，再看真的是吓一跳，写《秦腔》评论的人实在是太多了，我不想再东抄西拼地去完成我的毕业论文。于是我找到我的论文指导老师，也就是前面提到的史教授，与他谈了这个问题，史教授建议我还是瞄准贾平凹，但作品最好是刚出版的，那只有《高兴》了。第二天，我就去书店买了本《高兴》，反复地读后，我准备写《别一种生存状态的别一种叙说——读贾平凹长篇新作〈高兴〉》这样一篇论文。写作过程中，我先是买书看，那时是边工作边读书，还要照顾女儿，给女儿做饭，这些是要耗费时间的，所以只能是挤时间学习了。

　　记得有一次，我去市教科所开业务工作会，由于到得早，会议室的门没开，给我们开会的教研员还没来呢，由于在走廊上看书灯光暗看起来费事，这时，我看到对面的办公室门有一条缝隙，从门缝儿我看到里面有人正在办公。于是，我居然忘了敲门，直接推门进去就说："老师您好！我是来开会的，到得有些早了，会议室的门没有开，我在您这儿看会儿书行吗？"没等对方答应，我就坐在他对面的沙发上，埋头看了起来。看了好一会儿，我才抬起头来，看到对面的老师一脸的疑惑，我立刻就说："打扰您了！"他说："没关系！"于是，我又埋头看了起来，直到有人推门进去喊了一声"张所长"，我才知道，我误闯了市教科所所长的办公室。

　　我看完书后就开始做选题，最终确定了选题。利用工作和生活之余，我着手写论文，写的过程中，我经常找我的论文指导老师史教授讨论，也找到我的邻居韩鲁华教授，听取他的建议。韩教授更是竭尽全力帮助我，所以我才能在论文答辩时取得优秀的成绩。记得答辩时有三位评委老师在座，其中李老师问我是做什么工作的，我告诉他，我是做小学语文教材教法研究的。他听了后当着所有同学的面，夸我论文写得好。

　　这篇上万字的毕业论文，最终的成绩是优秀。评阅老师史教授给的评语如下：

　　选择贾平凹最新的作品作为自己的研究对象，表现了论文作者的创新意识和探索精神，这是值得肯定的。从对"拾破烂者"类别的定位，到主人公对城市的感知，作者细加分析，得出的结论是真实的，既切合现实生活的实际，也切合作品的实际。第三部分就作家的叙事艺术技巧进行分析，点拨和把握得准确。第四部分把作家与作品联系起来进行考察，进行回归式研究，采用了比较的方法，得出的结论令人信服。此文论题集中，观点新颖，思路绵长，文笔练达，应属较突出的一篇论文。

这个优秀得来不易，论文选题是我自己的创意，但在写作的过程中，得到了我的邻居西安建筑科技大学文学院、著名贾平凹作品评论家韩鲁华教授的悉心指导，在此感谢韩鲁华教授的帮助。经过三年不间断的学习，于2008年1月我顺利毕业了，也拿到了大学本科文凭。现在回想起来，对当年学习的不懈努力，对当年学习精神的执着的追求，我认为是很值得的。人生能有几回搏，我也算是搏了一把。

这三年，我拿到的不仅仅是一张文凭，我也得到了人生的一个很重要的朋友——我的论文指导老师史教授。

他是从事鲁迅文学研究的，对中国社会看得很透，如同所研究的对象鲁迅一般，目光犀利、言语深刻。我自己那时正处在人生的不惑之年，说是不惑其实我有太多的困惑了，诸如工作、生活、学习、人生、社会，等等，有机会经常听史教授的指导，对以前所不能接受、理解的事，也能接受或者理解了。

特别是我前面曾经提到的那三四年的经历，更让我深切地体会到了人生的起起落落之事。师者，所以传道授业，解惑也。是啊，记得有人说了这样一句话：不是看你在成功得意之时，有谁在为你歌功颂德，而是在你失意的时候，有谁还在为你守着。

不经一事，不长一智，时间是最好的过滤器，岁月是最真的分辨仪。我自己也有这样的体会，想起当年我在那所名校被替代、没按时落实工作等事情时，我对人生终有了些看法，你得意时会有朋友，你失意时也会失去朋友。

06　申报职称

三年的学习结束了，拿到学历后，我就开始着手申报副高职称，又被告知我的论文发表数量不够，于是2009年至2010年我又开始疯狂地发表论文，不到两年时间，我就在《小学语文教学》杂志（全国小语会会刊，核心刊物）发表了四篇文章。发文章也有讲究，如果掏钱便会很快，但是我不能这样做，我知道学术界有这样的事，但我不会那样做。我就下功夫写，围绕一个主题一两篇地投稿。

发表四篇论文，就可以申报副高级职称了，但被告知还是不行，还得先说课，说课这一关过不了，是不能上报的。在我之前的职称评定说课，只在本区内讲一节课，有评委去听就行。现在评定职称，得先抽课题，20分钟独立备课，15分钟的说课与答辩，各个环节都有监考人员。过程越来越严格，也越来越规范。我终归是不怕这些，毕竟我上课的功底还在。记得我当时抽到的课题是《钓鱼的启示》，小学五年级的一篇课文，我一看到这个课题，当下感觉不好讲，而《中国结》我却没有抽到，手气不怎么好啊。可是紧张的考场上是不容我多想的，我马上着手备课，20分钟单人单桌，前后各一个监考老师。一页课文纸，一张白纸，没有教参，只能凭借自己的积累与经验了。于是，我从教学目标的设置、教学重难点确定，到教学内容的选择、教学方法的采用，甚至导语怎么说，教什么、怎么教、教到什么程度等方面详细备课。20分钟后，我被监考老师带到说课室开始说课。为了抓住评委专家的心，我的开课导语是这样说的：规则是什么？然后通过《分蛋糕》的故事来说明。讲完故事后我开始了说课过程。

说课结束后，紧接着就是答辩，记得评委给我提出的问题是：习作教学在小学阶段的问题与策略是什么？这个问题的答案恰好与我在《小学语文教学》杂志上发表的一篇文章，题目是"切实践行习作教学的新理念"有重合之处，于是，我结合习作教学实际，有理论有实践案例，用明确观点阐述问题。据当时的三个评委反应，我的说课及答辩令他们非常满意，属于实力派。就这样，过五关斩六将，我的副高级职称终于申报成功，到2011年年底才批下来。那年我已经52岁了，再有三年我将退休了。我也在反思自己，如果我能懂得变通一些，我的职称问题应该是早已解决了，用不着46岁了还要去拿本科学历，也用不着绞尽脑汁发表论文了，唉！难以改变的是自己。这个过程的酸、甜、苦、辣又有谁知呢？现在看来，这个辛苦付出是值得的。

07　结识新朋友

为了排解工作上、生活上的压力，1998年至2003年间，在丈夫及家人的陪同下，我去过山东日照，看那海潮的涨起和回落，仿佛人生的起起落落；去过新疆天山牧场，看那草原的一望无际和辽阔，与牧羊人聊天体验失落人的孤寂；去过西藏，看那藏族同胞是如何虔诚地祭天拜地，坚定自己最初的信仰。西藏之旅，我遇到了人生第二个重要的朋友，也是一位大学教授，他是我今生难忘的朋友。

某年暑假，我跟随丈夫所在的西安某大学教职工旅行团来到西藏旅游，我丈夫是三个团队中一个团队的带队领导。去过西藏的人都知道，内地人突然到了高海拔地区后可能会出现高原反应。胸闷气短，脸色嘴唇发青，夜里失眠睡不着觉，浑身无力还困乏。到了日喀则时，我的高原反应已经让我进入昏迷状态。当时三十多人的团，有五六个人同时挂吊瓶，丈夫因为是随团带队领导，他的责任与压力也很大，总以为我是自家人，就不太重视。那天晚上，文教授看到我的高原反应状况加重后，一直提醒我的丈夫送我去打吊瓶，但看到我丈夫忙得顾不上，他二话没说就连同团里其他几个团员把我送到日喀则当地医院抢救，吸氧打吊瓶。如果不是他的这个举动，恐怕我的魂儿至今都留在了日喀则。打点滴时，他为了安慰我，便鼓励道："张华，你放心吧，我们就是背也要把你背回西安去。"多暖心的话啊，是呀，没有他和随团朋友们的这一举动，我还会有今天吗？于是，从西藏回到西安后，我将我的网名改为"格桑花"（意为高原上的太阳花），以示我对这位朋友曾经关心的纪念和敬意。文教授是我人生中第二个收藏于心的朋友，因为他是在关键时刻救我一命的人。与两个大学老师为友，是人生的幸福。我在他们身上学到的是做人做事的风格，是一种思维的方式，可以说与他们相处，我的生活更加精彩，有了这样的朋友，我倍感幸福。财富不是真正的朋友，而朋友却是真正的财富。我很富有，因为我有两个真正的朋友。白居易说："平生知心者，屈指能有几。"我有两个大学教授朋友，足矣。

08 女儿的信

从1998年至2003年，也就是从被公派支教，到调到教师进修学校，整整五年的时间，是我人生工作的低谷期。俗话说"泥泞识马，落难识人"，这五年的时起时伏，再次考验了我的人生观、世界观、价值观，也让我再次对生存、生活、人生有了思考。

我的同学、我的家人是我落魄时最有力的拯救者。同学一别数十载，来日相聚分外亲。不记得是谁说过的话：人间最珍贵的是友情，最浪漫的是爱情，最动人的是恋情，最想要的是真情。赵同学是我读师范时的同学，也是要好的朋友。在校读书时，赵同学就是我们这一届的学生会主席，组织能力、工作能力那是没得说了，人品更是受到师生的赞美。毕业后，他在一线做教师，没多久就被提拔为区教育系统的领导，直到现在还在副厅级领导岗位上继续为人民服务，真正的人民公仆形象。我遇有不顺时，赵同学给予我鼓励和关注，时常打来电话，询问我的工作情况。不管结果如何，但过程中他的行为确实令我感动。

我想感谢他，而他的一句话让我打消了念头，从此懂得什么是同学。同学就是在你有困难时，帮你解决问题而不带有任何功利目的的人。几十年前洒泪惜别，我们各奔前程，天各一方。但一个朴素而真诚的称呼——同学，却让我们经常牵挂着熟悉的人物，念叨着他们的变迁，怀念着过往的情谊，祝福着不同的人生。我很敬佩他的为人为官，他曾经跟我说过，他从担任领导以来，每天晚上静坐三十分钟，反思自己一天的所作所为、所言所语。我今天做了什么事？说了什么话？这样的言行会带来怎样的后果？我想，他为官至今做到这样一个高度，应该与他善于反思、严于律己有关系。我也深受老同学的影响，勤于反思，人贵自觉、自律。

面对年事已高的父母，我只能报喜不报忧，因为他们生我养我不易，岁数大了，不想让他们为我担心。我的姐姐、姐夫看到我的现实情况，默默地为我做一些力所能及的事。

我的丈夫更是如此，总是在开导我，给我讲古代贤人，在落魄时是如何"柳暗花明又一村"的，还有"苏武牧羊""唐僧西天取经"等故事。鼓励我正视现实，不忘初心；坚定信念，弘扬正气；调整心态，砥砺前行。还利用寒暑假时间，亲自陪我外出散心。可以说没有他的陪伴，没有他在背后撑腰，我会更煎熬。写到此，我很感激他的陪伴，他是风雨中为我撑起伞的人。每到人生关口，他又是第一个为我指路的人，也是一路陪我同行的人。从他身上我学到了很多，我为他也改变了很多。在小事上，他可能没有无微不至的周到，但他对家庭、对女儿、对我的责任与担当，让我体会到了他给予我们的大爱。我知道远处陌生的地方有风景，远方天边的朦胧是诗，但我更珍惜近处熟悉的、接地气的生活，更钟爱眼前柴米油盐酱醋茶所带来的烟火气，锅碗瓢盆瓶盒罐所奏出的交响乐。愿我们伴随着现实生活的乐曲，品品茶，喝喝咖啡，饮饮酒，一路相携到底。时下讲究生活情调，我追求的情调，是夫妻间的相互包容、理解和尊重。是家里屋外无数次争吵后，心还能归于宁静，尽享生活的原汁原味。一句话，家和万事兴。夫妻和为贵是我生活的小情调，更是大情调。

女儿小小的年纪，告诉我说："妈，您把眼界放大，心放宽，就能走出困境，熬出头。"甚至给我写信，在此分享其中的一篇。

妈妈：

您好！咱们家搬到新房本应是件高兴的事，至少我们每天上下楼，不用再爬六层楼梯了。可是，自从搬到新家后，您一直心事重重，有一段时间，您还整日不上班，脸上没有了往日的笑容。夜间，我写完作业，看到您在偷偷地哭泣，我心里很难受。

妈妈，我从我同学那里略知一些您遭遇的事，他们告诉我说："程儿，你妈被免去主任了，成了老师了。"还有的同学也问我："你妈怎么了？"是啊，妈妈，您为什么不去上班？又为什么被免了？我也想知道，妈妈，您到底怎么了？

看到您目前的状态，听到同学们说的这些话，我都无心学习了。每天坐在书桌前，我会偷偷地观察您，您总是在发呆，看着您发呆，我也发呆。可是妈妈，我不想发呆，我不想让您难受，您能答应我不发呆、不难受吗？

妈妈，不管您在工作中遭遇什么事，受到什么打击，我都希望您能坦然面对，咱们这个家不能没有您，爸爸不能没有您，我更是不能没有您。我想要一个快乐的家，要一个快乐的妈妈。妈妈，您能满足我吗？

祝妈妈早日开心快乐！

女：程儿
10月10日书于家

看完女儿的信，我欲哭无泪，欲语无言。

在此写写我的女儿。我是家里的第三个女孩，从小到大不被妈妈待见，毕竟，老一代人重男轻女的思想还是有的，我能理解妈妈。结婚后，我一直希望自己能生个女孩，命运就这么眷顾我，让我如愿以偿。女儿到来后，她是我和丈夫的两个家庭亲戚关系中，唯一的一个女孩。可想而知，她是很受宠爱的。但是我对她要求很严，在我们这个三口之家可谓慈父严母。

幼儿园时，有一天，她回来对我说："妈妈，我们老师偏心，不让我去洗手间站着方便，而是让我坐在痰盂上方便，我自己跑去卫生间站着尿了，老师批评了我。妈妈，我为什么不能像男孩一样去洗手间站着方便呢？"针对她的疑问，我就让她穿上裤子站在马桶边方便，可想而知，我一边纠正她的行为，一边给她讲男女有别，甚至尿湿了的裤子也不给她换，让她亲身感觉到不舒服，这样就不会要求站着方便了。4岁，她开始学习钢琴，但凡哪天她不愿意弹琴了，我就不给她饭吃，以此告诉她，饭要顿顿吃，琴要天天练，一顿不吃会饿，一天没练手生。我不指望她考级或者从事相关专业，只是通过弹琴让她懂得坚持。

上学前班时，一天中午，她过来给在午休的爸爸脚上盖了毛巾被，躺在床上的爸爸感动地说："程儿懂事了，怕爸爸着凉，是个有孝心的孩子。"她回答说："我不知道什么是孝心，是嫌你脚臭才给你拿毛巾被捂上的。"借此我告诉她，大人给小孩盖被子叫关心，小孩给大人盖被子就叫有孝心，你嫌爸爸脚臭，可以告诉他勤洗脚、勤换鞋哦。

上小学时，我不仅重视她学习习惯和行为习惯的养成教育，诸如读书的习惯，善于合作的习惯等，也重视她的学业成绩，所以，小学毕业后，她以奥数第一名的成绩考入陕师大附中。

她是女孩却酷爱踢足球，给她的零花钱，她全部买了足球杂志，甚至着迷到看世界杯偶遇家里停电，她不与我们打招呼，一个人打着出租车去她二姨家看。我不知她的去向，急得到处寻找。事后，我批评了她，告诉她满足兴趣的同时，也要让家人放心。足球这扇窗开启了她对世界的认知，她写的有关足球的文章时有发表。

她考上了外地的大学，我送她去报到，刚到宿舍放下行李，看到卫生间有污垢，她居然拿起盆子就去冲，看到此我放心了，我对她成长中的教育起了作用。读本科期间，她获得两次奖学金，一次"三好学生"荣誉。寒暑假她很少回家，大多在做志愿者，去过哈萨克斯坦，为其国家高层领导人的孩子义务教英语。那时她才20岁，去那么远的国家，一个人拉起箱子就走，我们担心她，一夜无眠。

毕业后，她把她的书籍和生活用品，全部给了她的同学，甚至是我妈妈在我结婚时，送我的榆林毛毯这样有纪念意义的东西，她都送人了，我给她的羊毛衫、羽绒被子等，还没穿和用呢，她都送了人。我说她几句，她反而教育我，说："别人有需要就分享，妈妈要懂得分享哦。"

在英国留学时，她的宿舍是两男四女，从租房子到日常生活的打理，全是她一人管理，月月清账从未有过差错。研究生毕业后，大多学生都回自己的国家了，她却留在了伦敦，找了一份很好的工作，我与她爸爸劝她回国，要不是念及去英国路途遥远，是不会劝她的。回国后，她分别投简历，去"北上广深"应聘，结果各应聘单位都争着要她，特别是上海一家的外企老板，一路追着她希望她能考虑在上海就业，考虑到南北方气候的不同，最后她选择了北京的一家外企。

从小到大，受我们的影响，她也是酷爱阅读。五年级时，她就看《青年文摘》，四大名著启蒙阅读，都是她爸爸一个故事一个故事讲给她听的，有了兴趣后，她自己就去看原著，包括评论。直到现在，她依然爱阅读，甚至坐月子时还在买书、看书。她喜欢阅读，喜欢运动，性格开朗，乐于助人，知书达理，善解人意，懂得分享，尤其自强自立，凡事有自己的主意，不安于现状是她的特点。

结婚成家后，她很快融入新家庭生活，尊重他国、他民族的生活习俗。她经常跟我说的一句话就是，她婆婆对她比我对她还亲，比我还好，说我做后妈还算合格。她经常说："妈妈，你把自己打扮得很富裕，每天换一身衣服，把我弄得很贫穷，我几天才换一身。都说穷养儿富养女，我不知道我是穷养，还是富养，但我知道我是严养：严肃、严格、严厉、严谨。"很严很严，严到让她感觉到我是她的后妈，她给同学、同事介绍我和她爸爸时，经常说："这是我亲爸，这是我后妈。"我说："你是亲妈生的，后妈养的，我既是你的亲妈，也是你的后妈，双重责任。"偶尔我与她爸爸闹点小矛盾，她坚决维护她爸爸的利益。小学五年级，小小年纪的她会召开家庭会议，解决我和她爸爸之间的问题，不论我有错没错，她都不依不饶，非逼着我给她爸爸道歉。

　　写到此，我突然感到在家庭教育中，对孩子要求严，其实身体力行很重要。做教研，我对青年教师要求也很严，其实言传身教很重要。日常生活与工作中，我对自己要求更严，因为我懂得以身作则很重要，严于律己也是我的特点。严来严去的，不论孩子还是青年教师，他们都喜欢我。我认为，教育孩子，孩子事业成功不成功不重要，重要的是要成人，成为一个普通人，过普通人的生活。现在，女儿定居北京，且与朝鲜族小伙马氏结婚成家生育孩子，过着幸福美满的生活。

　　朋友的关心，同学的帮助，亲人的理解与支持，是我走出那段人生窘况的又一支撑点和动力。

09　喜怒哀乐之事

　　难忘的是2010年9月至年底，短短几个月的时间，我经历了人生中的喜、怒、哀、乐之事。

　　喜之事：2010年6月，女儿大学毕业，紧接着考雅思准备出国读研究生，申请英国五所一类大学，三所榜上有名，最终她选择了克兰菲尔德大学读商科。同年8月底到达英国，开始留学生活。她专心学习，告诉我每周写三篇万字论文，还不允许某词重复出现三次，每天熬夜到两三点钟，头发一把一把掉下来，但是她坚持了下来。在英国学习期间，她还游览了多国，以增长见识。还未毕业，就已经找好了工作。2011年10月毕业后，留在英国伦敦工作。学业有成，工作有着落，并且生活上稳定又自立，这对刚从学校毕业的研究生来说，也是一件难得的事，算是喜事。

　　怒之事：我丈夫是大学干部，担任工会某职，工作干得正起劲时，由于领导班子的调整，被调到大学社区居委会工作，他本人不同意，便主动提出不去居委会，于是便空闲了一年，后安排到总务处，成为一名普通工作人员。那时他真是想不通，其实只是他个人想不开，本来也到了退居二线的年龄。思想有压力，心里有负担，身体自然就出了毛病。他首先是心脏不好，时常因疼痛到附近的空军某医院就诊，同年12月还做了一个小手术，手术是号称"一把刀"的全国著名的雷大夫做的，选择最先进的技术，采用最好的材料，使得手术很顺利，术后三天，他就已无大碍，半个月后出院。

他住院只有我照顾他，其实我也很不顺。记得同年9月30日下午，我在陕西省教育学院给国培班学员上完课，沿兴善寺东街走回家，路过育才路东段，也就是陕西省省委家属院南门，由西向东走，时间大约下午五点半，一个骑摩托车的人抢我包。抢包人拉包时，将我拉倒在地，包还挎在我的右胳膊上，头摔在道沿上。路过的人帮忙打了电话，我丈夫把我接回了家，刚到家就开始呕吐，怀疑是脑震荡，于是来到了解放军某医院急诊，检查之后，脑出血十几毫升，两个膝盖有外伤。于是，9月30日晚上，我便住进了脑神经外科开始治疗，每天输液吃药，做各项检查，头发一把一把地掉了下来，通过治疗让颅脑降压，感觉头要爆炸了似的痛。国庆节放7天假，我在医院躺了7天，治疗了7天。8号来到单位上班，大家吃惊于我的经历，纷纷感叹有惊无险。

11月初，我又得了尿结石，因为我平时酷爱喝豆浆，尿憋着下不来，疼得半夜睡不着，只好下床走，走也不舒服，无奈又来到某医院泌尿外科就诊，体外排石，一周三次超声波。我自己还没完全好利索，丈夫也住院动了手术，我也是病人，还得去照顾他。遇到这一系列不顺事，人都崩溃了。怨自己不小心，被抢后留下伤疤；怒自己的不争气，疾病几乎是同时缠绕我们，使得我们难以开心展颜。

哀之事：我家住21层，按说这可以算远离地面的楼层，诸如"四害"之类很难光顾到这个楼层。可偏偏不巧的是我家居然有了老鼠。起初厨房有声响，甚至有啃食的东西遗留在地面上，我们就很纳闷儿，终于有一天我和丈夫发现客厅有老鼠屎，于是我们才判断出家里进了老鼠，消灭老鼠为第一要务，买来鼠夹不顶用，夹不住，于是再买粘鼠板，放上香油及油条。第二天早上起床，进厨房一看，一共六只老鼠，在粘鼠板上拼命地挣扎着，一只鼠妈妈带了五只小老鼠。悲哀吧，这么高的楼层是怎么爬上来的呢？21层呀，差不多四五十米高呢，老鼠是怎么一层层爬上来的，又是怎么进屋的呢？经过仔细勘查，终于发现了它们进的地方，原来是客厅空调管道口没有堵实，老鼠将塑料管都咬破了，从那个小洞洞里进到家的，祸害我们这个在短短的几个月内，遭遇很多不顺之事的家。

这几个月，一生难忘，五十多岁的我深感人生其实有许多无奈的事，要学会接受。

人生新三乐：知足常乐，自得其乐，助人为乐。我丈夫每年免费为很多单位或者是个人写春联，以此为乐。我呢，经常去贫困地区义务讲学、送教，以此为乐。现在我们都已经退休，做善事我们义无反顾，为我们的退休生活添点乐趣。

正如人们所说的，前二十年没钱也没阅历，中间两个二十年有钱了，有经历了，可未必有时间和健康，第四个二十年起始，也就是六十岁后，可谓是黄金时段。可对我个人来说，还上有老下有小，父母与孩子永远是我的牵挂，父母生我养我，孩子是我生的，孝敬父母，养育子女是我的责任。不知什么时候才能活出自己，像那些无牵无挂的人，拎起包就可以去旅行，自由自在地生活，我只能期盼这样的生活。就算这个期盼实现了，那时的我还能走多久，还能走多远，恐怕不由自己了吧。岂止是生活上有无奈之处，工作上也是如此呀！

10　吃亏吃苦心安

吃苦：20世纪50年代末出生的人，比"共和国"小10岁，除了战争年代的血雨腥风我们没有经历外，其他也都经历了。1960年闹饥荒挨饿，身体从小就亏。上学时闹学潮，学工、学农、学军就是不学习。高中一毕业就上山下乡，更是苦不堪言。跟随在部队的父亲"南征北战"，远离家乡亲人朋友，一辈子漂泊他乡。工作后，既是单位的主力军，又是家庭的顶门人，一线老师、班主任我做了12年，教导副主任我做了10年，教研员我做了11年。这三种职业没有哪一种是可以不付出体力与脑力就能做得好的，其实小学老师真的干的既是体力活，也是脑力活，反正身心都不得闲。现在还好，前半生吃亏吃苦，后半生该尝到甜了，权当吃苦也是福，先苦后甜也好。福兮祸兮，自知吧。

由于我不怕吃亏吃苦，不管大环境、小环境如何改变，我始终坚持做我自己，临退休前的"七·一"庆祝会上，经教师进修学校党支部推荐，我被评为某区教育系统"优秀共产党员"，奖励了我200元的购书卡，在我看来根本不是200块钱的价值，而是对我的认可。我还是我，一直这样，但因时代不同，领导不同，对我的认可度也不尽相同。

参加工作以来，我先后换了三个工作单位，但都是教师职业，学校不同而已。最后来到西安市某区教师进修学校，以下简称"进校"。进校王校长支持我工作，想方设法为我尽快适应教研员工作角色搭建平台，为我专业成长创造条件，给机会。有宽松的工作环境，有良好的人际关系，有和谐的领导关系，也是获得职业幸福感很重要的方面，相比较我在那所名校最后四年的遭遇，不知道要好多少，我很知足。"一项工作交给你，总会有出人意料的效果，不同于他人的一种效果。"这是"进校"王校长对我的评价。是啊，其实我不管在哪里，虽然单位不同，但是我对工作的态度，我为人处事的原则，我的"三观"都是一样的，只是我遭遇的结果不尽相同。我没有办法改变他人，更无能力改变当下环境，但我可以管住自己，改变自己的选择，这个选择就是始终坚持人世间的真、善、美。

在学校时，我就是一个好学生，一个各方面都好的学生。当了老师，受到社会教育，就是要为人师表。家庭对我来说，影响更大，父亲是军医，曾参加过抗日战争、解放战争、抗美援朝、湘西剿匪，为部队的医疗事业奋斗了一生。母亲是沈阳新燃缝纫学校毕业的高级裁缝，也是一个勤劳、善良、心灵手巧的人。我从小在部队大院长大，养成了我正直的性格，不善事权贵。所以面对诱惑，诸如提拔、分房子等，我还是比较清醒地对待，虽然这个过程中，我遇到了人为制造的不顺的事，但都能坦然面对，毕竟我是一个在党旗下宣过誓的人，起码的党性原则我有。俗话说，不在于你说什么，在于你做什么。具体事中，彰显人性。

清楚地记得，我曾经不但面临工作、人事上的不顺，还面临着生活中一些不顺的事，并且是我自己能力解决不了的事。我为此找到新任领导，领导帮我解决了，我很感激他。

千禧年后，我住进了某局给教职工新盖的家属楼，我选择的是二层，下水道也在二层，这样上面的三至七层下水都从我家管道过，由于施工不到位，导致我家的卫生间和厨房每年都会有三四次被堵，每次被堵，屋内污水横流，臭气熏天，只好找人来疏通，记得每次遭遇下水管被堵时，我会一层一层去通知三到七层住户暂时停止用水，那种艰难简直让人受折磨。

印象深的一次是2003年的除夕夜，滔滔不绝的污水向外涌，我家厨房瞬间成河，接着，流向餐厅、客厅，流势不可阻挡。天呀，时值大年夜，辞旧迎新之时，谁家用水量这么大？于是我与家人分开，我上楼逐户通知暂停用水，我丈夫便拿着长竹板绕到楼南的下水道去疏通。人们都在欢度新年，而我在干什么？看着污水横流，我的眼泪止不住地流了出来。这是过年吗？寒假过后，我找到了新任领导，领导立即安排人修理下水管道。造成此现象的原因是楼上有人将洗衣机装在了厨房，而厨房的下水管道是专门为厨房下水设计的，不是为洗衣机设计的，没有那么大的流通量，大量的水流到我家的下水管道后，不能及时地排下去，就从我家厨房冒了出来。

后来我在外面买了房，那个房子我租出去了，被堵的事没有再发生。

下水道疏通了，我工作上的事也顺畅了，终于能静下心来做教研了。从2003年到2014年我退休前，我的工作再次取得成绩，尤其是我作为教育部北京师范大学基础教育课程研究中心培训团队的专家，每年都要参加国家级的培训。除了培训，我还做教学研究，听课、评课更是不计其数，老师们送了我几个外号叫"精点""经典"，前者意为精准的点评，后者为引经据典，以及服饰庄重大方堪称经典。

培养青年教师是甘为人梯，我辅导参赛课从来都是倾囊相助，从导语设计，到课的结束语语气语调、表情动作都在辅导之列，我不知培训出了多少个陕西教学能手，学科带头人。从科研课题研究、开题方案、结题报告的撰写，到指导青年教师搞小课题研究等，从不计较个人得失，被辅导的教师名利双收，而我呢，到退休前连个省级教学能手都没有评上，这也怪我自己。临到52岁时，"进校"王校长让我申报教学能手，我考虑再三，毕竟马上面临退休，就调侃了一句："我评个能手又如何？"因为那时我对此已经没有了兴趣，外表的不在乎掩饰不住内心的不平衡，终究付出与所得相差太大。权力、名誉、利益我也想得到，得不到我也一样心里酸酸的，也有失落感，每每遇到这些，我都会告诫自己：是你的少不了，不是你的来不了，吃亏是福，吃苦是甜，一切顺其自然吧。我理解的社会环境是适者生存，能者发展，庸者淘汰。而我又不允许自己庸俗，所以就只能接受委屈了。

我个人大概统计了一下我曾获得的证书与荣誉，从1981年开始参加工作到2014年退休后，林林总总就不在此赘述（详见附录二）。每一张证书的背后都有一份他人所看不到的艰辛，谁都不是随随便便就能成功的，即便是一张小小的证书，背后也有付出的汗水和泪水。2019年以后的很多聘书我没有再写。但从1998年至2003年，差不多5年时间，我工作上什么业绩都没有，5年时间说长也长，说短也短。我想一个人在工作中取得如此多的成绩，是靠努力得来的，但是努力了，也未必能获得成功，还有环境的因素，即便是在工作环境不顺心的情况下，我也没有改变初心，没有放弃对真、善、美的执着追求，坚信只要有一颗执着的心，任何困难都能战胜，任何困难也都是暂时的。写出这些遭遇，也是对我坚定信心的一个考验。记得有名人曾说（大概意思，不是原话）：在你面前，拉着你前行的人，是真正的朋友，在你背后，给你使绊子的人，也是朋友，是用反作用力推着你前行的朋友。如此想来，环境异同，顺境逆境都是你前行中会遭遇的情境，身处顺境时，退一步考虑，逆境时，进一步思考。有成绩不一定有证书，有证书一定是有成绩。什么证书都没有的5年，释怀了。

我从教33年。令我欣慰的是，我做教师，我是学生、家长心中的好老师；做主管教学的教导副主任，我是领导信任的好帮手；做教研员，我是教师心目中的引路人。可以说33年从教无怨，33年事教无悔，33年治教无愧。我尽心尽力了，也尽职尽责了。那上百本大大小小、各级各类的证书见证了我的成长、成熟，以及平凡的成功，字里行间记录了我33年从教、事教、治教、乐教、献教的真实经历。

父母的护佑，领导的关心，朋友的帮助，知己的懂得，亲情的呵护，使我的人生很完满！生活很幸福！

2014年9月，我退休了，对从事了长达33年的教育教学工作是十分留恋的，退休前领导让我写"自传"，否则不办理退休手续，于是，一份自传结束了我从教工作生涯。我已经退休了，但实际上我是退而未休，也退而难休，现在依然是"撸起袖子加油干"。如今的我很享受职业带给我的幸福。一生从教的我，早已是桃李满天下了。我的学生、我的家长，我的老师、我的同事，我的实习生、我的干女干儿，他们时常关心我，关注我，愿意与我分享他们在工作中、生活中的快乐。一个把职业做成事业的人，注定一生是幸福的。

附录一

父亲三周年祭

今天是我们敬爱的父亲离开我们三周年的纪念日。三年前的今天，父亲撒手人寰离我们而去，留给我们无限的悲痛，无尽的哀伤。爸爸，三年的岁月流逝，带不走儿女对您无尽的思念，纵有千言万语也表达不了我们对您的深切怀念。

您出生在辽宁省庄河市一个渔民家庭，祖辈们靠海吃海，打鱼谋生。十五六岁时，您就在当地参加了抗日武装，十七岁加入中国人民解放军。您参加了四平战役、大石桥战役，以及中华人民共和国成立后的抗美援朝战争和湘西剿匪等。曾在硝烟弥漫的战场上，冒着枪林弹雨，抢救伤员，救死扶伤，奋战在血与火的生死一线。您多次立功，二十来岁就荣立特等功一次。由林彪、罗荣桓两大元帅亲自签发立功证书，所属部队为您送上立功喜报。

中华人民共和国成立后，您服从命令由第四野战军转为空军。和平时期，您又跟随部队南征北战，为空军国防建设奉献您的青春年华。不论是国防建设第一线，还是部队驻地留守处卫生科，您兢兢业业、恪守职责服务于国防建设；您医术精湛、妙手回春，为部队官兵与军属解除病痛。

离休以后，您依然坚持在治病救人的岗位上，在部队干休所发挥余热。"张医生"是干休所离退休老干部及家属对您最尊敬、最亲切的称呼了。

您从军即从医。五十多年从医生涯，养成了您勤于学习、善于总结的习惯。您根据自己的临床经验与实践经历撰写了近百万字的医学案例分析以及您留下的四门书柜的医学书籍，是您从医五十多年的宝贵财富。您把一生都献给了部队的医疗事业。身为医生，您还酷爱文学，特别是诗歌。书柜里那一本本《历代诗歌选》都是您精心挑选、亲自买回来的。您不仅教育我们要博览群书，诵读诗文，还经常利用闲暇时间与我们对诗赏析，教我们背诵诗词歌赋，让我们从小就受到文学的熏陶。您酷爱养花，楼前屋后有您养的牡丹、玫瑰、杜鹃、海棠，因为有了您，我们家四季如春。

晚年，您与疾病作斗争，您的坚强意志，令我们为之动容，感叹生命的顽强。您对生死的态度，令我们为之敬佩。

三年前的今天，您带着对生命的无限眷恋，带着对亲人的极其不舍，在无数双泪眼的挽留中，永远地离去了……留下的是我们对您深切的追忆。

爸爸，您有山的高远，让我们依山而攀；爸爸，您有水的绵长，让我们傍水而行。走过千山万水，即使您已与我们阴阳两隔，我们与您依然如山水相依。

父爱无言。忘不了我们要么从军，要么下乡，您是我们年轻彷徨无依时最温暖的港湾。

父爱无声。忘不了我们从部队、农村回乡归家，您是我们前途莫测时坚强的后盾。

父爱如山。忘不了我们在人生起始阶段，您告诉我们即便压力重重也要挺直做人的脊梁。

父爱如水。忘不了我们踏上人生征途蒙上岁月风尘时，您依然使我们的眼睛纯洁而明净。

父爱是一缕阳光。我们的心灵，即使在寒冷的冬天也能温暖如春。

父爱是一片祥云。我们身处困境，即便浓雾遮眼也能化凶为吉，清澈如水。

父爱是我日记中的点点滴滴；父爱是我生活中的时时处处。

忘不了啊爸爸，我从知青点报考大学回城复习时，您一次次、一趟趟风里来雨里去，骑着自行车到东大街骡马市的对面，用粮票为我换取了数理化自学丛书中的两本。余下的四本是您的同事康护士得知您在为我复习换书奔忙时，将自已在北京时购买的书通过您给了我。我知道您从不愿意麻烦同事，可是为了便于我的复习，您还是破了例。

忘不了啊爸爸，我考上大学后，从不愿求人的您，又托您的同事康护士为我买来了袖珍收音机，便于我学习英语。

忘不了啊爸爸，我毕业后被分配到西安南郊的一所小学，您几乎每周一趟甚至几趟，踩着泥泞的小路来校园看我，打理我的衣食住行，教我学会自立。

忘不了啊爸爸，20世纪80年代初您去北京参加卫生工作会，为我买来京城最时尚的衣裙。我工作后的第一个冬天，您又托您的同事康护士为我买来最漂亮的红色格子呢大衣。那是我今生穿过的最美丽的一件衣服了。它温暖了我人生的几度寒冬与春秋，让我成为这个世界上最快乐无忧的女孩。

忘不了啊爸爸，我工作后的第一个寒假前夕，在用蜂窝煤炉子取暖时，由于操作不当导致煤气深度中毒。同事打电话告诉了您，您叫了部队留守处的救护车，把我送到离学校只有一公里的空军医院抢救。由于身体寒冷，加之输液时液体过冰，身体剧烈抖动，液体无法进入体内，我的生命体征几乎没有，医生宣布抢救无效。您因为既是医生又是患者的家属，便不顾一切冲进了抢救室，对着主治医生和护士声嘶力竭地大喊，让他们想尽办法二次抢救。危急时刻，您查看医疗器械，指导在场的医生、护士拿来热水袋，并要求给液体加温。冥冥之中，我好像看到您戴着深色镜查看我的瞳孔，哭着喊道："张华挺住！必须救活！"于是再次输液。最终液体输进体内，我的生命体征恢复，您把我从死亡线上拽了回来。空军医院的医生、护士十分敬佩您，如果不是您沉着冷静、临危不惧、不言放弃地抢救，爸爸，我早已是那天国里的人啊。爸爸，爸爸，您给了我两次生命。爸爸，没有您，就没有我的生命；爸爸，没有您，就没有我的今天。

泪眼模糊，笔尖难移；去世三载，历历在目；九泉之下，慈父放心；但有来世，还做女儿。爸爸，爸爸……

附录二

主要工作成果

1. 1982年至1985年，先后四次被市、区教育局评为市级和区级课改积极分子。

2. 1990年9月，被中共西安市雁塔区委员会和西安市雁塔区人民政府评为"优秀教师"。

3. 1991年10月，参加陕西省教育科学研究所举办的小学作文公开课活动，所讲的《石榴》一课获全省第一名，并代表陕西省参加了全国作文课大奖赛。

4. 1991年10月，参加了由中国民主促进会湖北省委员会、中国写作协会全国小学作文教学研究会、全国小语会《小学语文教学》编辑部联合举办的"全国首届叶圣陶杯小学作文教学竞赛"获二等奖；课堂实录《我爱家乡的石榴》一节课获全国作文教学示范课一等奖，录像课制成光盘全国发行。

5. 1993年，在《陕西电教》第四期上发表了一篇文章和教学设计。

6. 1995年3月，参与撰写的《电教媒体优化小学语文阅读教学的实验报告》和《电教媒体与语文教学的整体优化机制实验论文》被西安市、陕西省和中央电教馆在"电化教育促进中小学教学优化"课题（全国教育科学"八五"规划教育部重点课题）阶段研究成果评选中获一等奖。

7. 1996年2月，由雁塔区大雁塔小学承担的全国教育科学"八五"规划教育部重点课题《电化教育促进中小学教学优化实验研究》子课题"电教媒体优化小学语文阅读教学"通过鉴定，由全国教育科学规划办领导小组办公室、中央电化教育馆颁发证书。在湖南长沙、广东深圳举办的大会上，我向全国与会代表介绍和推广经验。

8. 1997年，在《陕西电教》1997年第二期上发表文章《陕西省普教系统第三届电教成果评选活动电教教材成果评述》。

9. 1998年5月，被西安市教育委员会聘为"宣传通讯员"。

10. 2005年4月，在全国小学语文实验教材课堂教学研讨会上，指导李文芳老师执教的《体育世界》获一等奖，由教育部北京师范大学基础教育课程研究中心和北京师范大学国家基础教育课程标准实验教材总编委会颁发证书。

11. 2006年8月，在陕西省中小学现代教育技术实验学校"十五"课题成果评选中，论文《信息技术与小学语文整合教学之探究》获陕西省教育厅一等奖。

12. 2006年8月，获陕西省中小学现代教育技术实验学校"十五"课题研究优秀个人荣誉称号。

13. 2007年6月被北京师范大学出版社评为新世纪（版）小学语文教材培训团队培训专家（获荣誉证书一份）。

14. 2007年12月，在新世纪小学语文课程改革实验中成绩突出，被教育部北京师范大学基础教育课程研究中心、北师大版基础教育课程标准实验教材编委会评为优秀教研员。

15. 2008年10月，指导王瑞静老师执教的《葡萄沟》在全国第七届青年教师阅读教学观摩活动中荣获二等奖，由中国教育学会小学语文教学研究会颁发荣誉证书。

16. 2008年12月，指导谭晓凤老师执教的《口语交际：说说自己的家乡》一课在"西安市小学语文习作教学研讨会"上进行了展示，由西安市教科所颁发荣誉证书。

17. 2009年6月，学术类论文《切实践行习作教学新理念》在中国教育学会小学语文教学研究会会刊，全国中文核心期刊、山西省一级期刊《小学语文教学》上发表。

18. 2009年6月，被西安市现代教育信息技术中心聘为西安市小学语文教学"国韵拼音"实验研究课题指导专家。

19. 2009年10月，被陕西省教育学会复式教学研究委员会、陕西省教育科学研究所评为陕西省农村初等教育先进教研员。

20. 2010年1月，课例精选《〈家乡〉教学》发表在中国教育学会小学语文教学研究会会刊，全国中文核心期刊、山西省一级期刊《小学语文教学》2010年会刊版第一期上。

21. 2010年2月，教学论文《继承与创新的"三度"》发表在中国教育学会小学语文教学研究会会刊，全国中文核心期刊、山西省一级期刊《小学语文教学》2010年园地版第二期上。

22. 2010年4月，《切实践行习作教学新理念》一文在2009年"西安市基础教育优秀教学成果"评选活动中获文本类一等奖，由西安市教育局颁奖。

23. 2010年5月，教研测评思路《让学生在评价中学会阅读》一文发表在中国教育学会小学语文教学研究会会刊，全国中文核心期刊、山西省一级期刊《小学语文教学》2010年会刊版第五期上。

24. 2010年10月，承担的陕西省基础教育研究"十一五"教育技术规划课题《轻松识字，能读会写，快乐学习》（省教电馆研068002968），通过结题鉴定，被评为优秀课题。陕西省中小学现代教育技术实验学校工作领导小组办公室发证书。

25. 2010年10月，被陕西省教育厅师资与师范教育处、全国中小学教师继续教育网聘为"国培计划"陕西省农村中小学教师远程培训学科辅导教师。聘书一份。

26. 2010年12月被西安市教育科学研究所评为"西安市优秀教研员"。证书一份。

27. 2011年1月，根据陕西省教育厅《关于下达"国培计划"——陕西省农村骨干教师培训项目（2010）任务的通知》（陕教师〔2010〕61号），在由陕西省教育厅主办的"国培计划"——陕西省教育薄弱地区中小学骨干教师培训项目中，被聘为此项目学科组专家，讲授本次相关专题。聘书一份。

28. 2011年5月，被西安市基础教育科研领导小组办公室、西安市教育科学研究所聘为西安市基础教育科研"十二五"规划2011年度小课题研究小学语文学科指导专家。聘期至今，聘书一份。

29. 2011年10月，在教育部北京师范大学基础教育课程研究中心于河南新乡市和商丘市进行的小学语文教材培训回访与教学研讨会上，因对教材翔实的讲解和丰富的备课案例，受到了培训教师的好评。教育部北京师范大学基础教育课程研究中心发证书两份。

30. 2011年10月，被陕西省教育厅师资与师范教育处、全国中小学教师继续教育网聘为"国培计划"——陕西省农村中小学教师远程培训学科辅导教师。聘书一份。

31. 2011年11月，在教师教学能力提升培训项目2011年度小学语文学科培训活动中承担了专家点评任务，西安市教育科学研究所发证书一份。

32. 2012年6月，被西安市雁塔区人民政府教育督导室聘为兼职督学，聘期三年。由西安市雁塔区人民政府发督学证。

33. 2012年7月，在甘肃省敦煌市、张掖市、白银市、定西市的课程标准解读培训会上被评为优秀培训专家。教育部北京师范大学基础教育课程研究中心发证书一份。

34. 2012年12月，由陕西师范大学远程教育学院承担的"国培计划（2012）"——陕西省中小学教师校本研修远程培训项目，经专家组推荐为第三次答疑活动专家。

35. 2013年5月，由我主持的陕西省教育科学"十一五"规划课题《新课标本小学语文实验教材特色与学生语文学习质量评价研究》子课题（课题批准号：SGH0801-057-64），经总课题组评议，省教育科学规划领导小组办公室审核，通过鉴定验收，准予结题。

36. 2013年10月，多次在陕西省"名师大篷车"行动计划、西安市送培下乡活动中进行了语文学科《教学活动设计的撰写》的专题讲座。市教科所发荣誉证书。

37. 2014年6月，被聘请担任陕西省教育厅主办的"国培计划（2014）"——

省级学科带头人"工作坊"高级研修项目小学语文学科指导教师。

38. 2014年7月,被评为2013年至2014年度"优秀共产党员"。由中共西安市雁塔区教育局委员会发荣誉证书。

39. 2016年6月,被聘为北师大版小学语文教材培训专家,聘期三年。由北京师范大学出版社(集团)有限公司发聘书。

40. 2016年11月,由陕西师范大学承办的"国培计划(2016)——吉林市乡村小学语文学科教师访名校项目"研修班于2016年11月17日至11月23日开班培训。特聘我为此次培训的授课专家,讲授相关培训专题。由陕西师范大学教师干部教育学院发聘书。

41. 2016年7月任北京铭师之路教育技术研究院顾问,负责品牌建设、宣传交流等相关业务的指导。长期聘用,由北京铭师之路教育技术研究院发聘书。

42. 2016年11月,由教育部办公厅、财政部办公厅主办,陕西师范大学承办的"国培计划(2016)示范性综合改革项目——陕西省教学能手成长助力研究项目"小学语文班,于2016年11月16日至11月30日在陕西师范大学开班授课。经"国培计划"项目办公室审核同意,聘我为此次培训项目的授课专家,讲授相关专题内容。由陕西师范大学教师干部教育学院发聘书。

43. 2017年4月,"美丽园丁教育基金会·陕西师范大学·庆阳市农村学科骨干教师培训项目"小学语文培训班,于2017年4月10日至4月30日开班。特聘我为此次培训的授课专家,讲授相关培训专题。由陕西师范大学教师干部教育学院发聘书。

44. 2017年6月,由陕西师范大学承办的"国培计划(2017)"——西藏自治区薄弱学科骨干教师培训项目小学语文教师教学技能培训班,于2017年6月7日至21日在陕西省师范大学开班。经陕西师范大学项目办公室审核同意,特聘我为此次培训的授课专家,主讲相关专题。陕西师范大学教师干部教育学院发聘书。

45. 2017年8月,承担黄陵县桥山小学联盟暑期教师培训,共计16课时,成效显著。由黄陵县教育局发荣誉证书。

46. 2017年11月，经遴选推荐，被确定担任山西省第十批特级教师评选工作评委。由山西省教育厅教师工作处发聘书、邀请函。

47. 2018年8月，成为陕西省渭南市合阳县2018年中小学学科教师教材教法培训授课专家。由合阳县教育局发荣誉证书。

48. 2018年8月30日，在陕西省延安市黄陵县教育局主办的2018年暑期教师培训中做《课标解读与教师专业能力提升》专题讲座，成效显著，获得一致好评。由黄陵县教育局发荣誉证书。

49. 2018年10月，由周至县教育局主办，周至县教师进修学校承办的周至县2018—2019学年度中小学幼儿园一级教师专业能力优化工程专项全员培训项目，我被邀请为"课例研修"模块课堂教学全过程的执教人（授课与点评、报告）。周至县教育局发邀请函。

50. 2018年8月，被聘为2018年"国培计划"——陕西省定边县、靖边县、安塞区、白河县乡村教师培训团队研修项目《教学案例分析与教学评析》专题授课专家。由西安文理学院继续教育学院发聘书。

51. 2018年10月，被聘为2018年"国培计划"——西安文理学院国培计划（2018）教师培训团队"送培到县"暨中小学骨干教师培训小学语文授课及评课、报告专家。由西安文理学院继续教育学院发证书。

52. 2018年10月，西安市周至县教育局主办2018—2019学年度中小学幼儿园一级教师专业能力优化工程专项全员培训授课专家。周至县教育局发聘书。

53. 受聘为中国儿童文学研究会继续教育委员会学术委员会副主任。

后　记

感恩相遇　倡和为贵

生活、工作到此我不再叙说了。写写我的发小，我的初恋，以及我的丈夫。

我的发小李明现在山西，与我隔着一条黄河，他在河东岸，我在河西岸。感谢你，让我的童年生活如此美好。祝你家庭幸福，生活美满！

我的初恋康福德现在江南，与我隔着一条长江，他在长江南，我在长江北。感谢您，让我的青春初恋如此刻骨铭心。愿您韶华永驻，事业蓬勃！

我的丈夫程和阳，现在古城西安，与我相识相守，共度人生，同饮一壶水。感谢你，让我的人生如此完整。愿你每日挥笔，书写美丽！

感谢以上三个男人：相识的发小，让我体验到了童年时朦胧的爱；相助的初恋，让我体验到了青春期懵懂的暗恋；相守的丈夫，给予我今生和余生平淡与永恒的爱。你们是我美好生活、美丽人生的陪伴者，也是在不同时期走进我生命里的人。回首一生，我被爱过，也爱过，现在能与家人互爱。我的人生很圆满。

感恩相遇，感恩相助，感恩相守！

普通生活，普通故事，普通方式，讲述普通人的普通人生。

最后以我60岁生日感言为结束语：一本书，几度春秋；一个人，几多故事。年少时，春日纵情；青春期，月下思念。被赏识，眉间含笑；遇不顺，眼眶含泪。一转眼，耳顺之年；一回首，往事如烟；一转身，人事沧桑；一挥手，字里行间。人与人，讲究缘分；我与他，有缘相识；却与你，无缘相守。他追我，寻找四方；我恋你，难忘数年。他、你、我，终于再会；三个家庭，各自安好。曾经的故事、上百篇日记、日有所思的梦、数首朦胧诗、含蓄的情书、一封女儿写给我的信，讲述那些年，那些日，那些事，那些情。年少时，从未触摸到的爱的懵懂与纯真；青春期，翻滚在内心又不得的爱的热烈与煎熬。人到中年，职业、事业和家庭——爱的责任；耳顺之年，守护一份温暖，守候一份宁静——爱的平淡。愿与他，愿与你，愿与我，他们、你们、我们，咱们共读人生，共度余生。